鼎新北科外语学者丛书

互动视角下汉语省略结构的动态解析

于 月 著

对外经济贸易大学出版社
中国·北京

图书在版编目（CIP）数据

互动视角下汉语省略结构的动态解析 / 于月著. —北京：对外经济贸易大学出版社，2019.11

（鼎新北科外语学者丛书）

ISBN 978-7-5663-2113-8

Ⅰ. ①互… Ⅱ. ①于… Ⅲ. ①汉语–省略（语法）–研究 Ⅳ. ①H146.3

中国版本图书馆 CIP 数据核字（2019）第 246611 号

互动视角下汉语省略结构的动态解析

于 月 著

责任编辑： 史伟明

对外经济贸易大学出版社
北京市朝阳区惠新东街 10 号 邮政编码：100029
邮购电话：010－64492338 发行部电话：010－64492342
网址：http://www.uibep.com E-mail：uibep@126.com

北京九州迅驰传媒文化有限公司印装 新华书店经销
成品尺寸：170mm×240mm 12.75 印张 222 千字
2019 年 11 月北京第 1 版 2019 年 11 月第 1 次印刷

ISBN 978-7-5663-2113-8
定价：49.00 元

本书为北京科技大学中央高校基本科研业务经费专项基金（Fundamental Research Funds for the Central Universities）资助项目（项目编号为2302017 FRF-TP-17-079A1及FRF-DF-19-013）

总　序

AI时代加速到来，外语学者仿佛走到绝壁悬崖，纷纷探寻出路。

我们坚持的是，提倡人文，坚持鼎新。智能时代固然无法抗拒，但科技无法给予人性的温度，无法产生人文的光辉。唯有与人声相应、与文气相通，才能共生未来。因而，外语学者必须是人文的、人性的、人味的。他们应以独特的个体思考，“标新理于众家之表”“立异义于众贤之外”。最终，从人文出发，达于鼎新之境，立于不被时代淘汰的先声之地。

奉人文鼎新为圭臬，北京科技大学外国语言文学学科砥砺前行、蓬勃发展。2006 年获批外国语言文学一级学科硕士点，2011 年获批外国语言文学一级学科博士点，已成为本硕博齐全、特色明晰、规模适度、注重质量、在国内具有一定实力和影响的外语人才培养单位和研究单位。纵观英、日、德三个语言文学学科，无不以“人文”思想贯之，展现了解放思想、力求突破的鼎新理念。

人文教育关心人类的终极目标。它不仅关注人类的人性和命运，也关注人类境况的不同和统一。本套丛书就是这一人文思想的结晶，该丛书囊括了英语、日语和德语世界的多维度研究成果。凭栏静听，世界各国皆有所思；沧海横流，英雄各路方显本色。这些著作有助于我们认知人类知识多样的呈现方式，探索人类命运的整体性和同一性，如此方能知其利弊得失所在，形成我们自己权衡取舍的广阔视野。

鼎新理念乃北科外语学者之教研风尚，催生了新一代之学术思想——求知更要求智，蜕故更要孳新。这套丛书无疑是这一学术思想的最佳体现，皆为我院不同学科背景的教师近年来最新的探索之作。事实上，人文鼎新之于我们，不仅仅是理念，不仅代表一种客观的知识，告诉我们“是什么”；更重要的，它还是一种实践，让我们学会如何辨认、形成和追问种种价值性的问题，去探寻“为什么”和“应该怎么”。唯有如此，才能从“求知”上升到更高一层的“求智”，在 AI 时代重返“挚爱真善美，关切天地人”的精神家园。

春江水暖，鼎新者当作先知；继往开来，人文者当为人先。让我们共勉。

北京科技大学外国语学院
2019 年 4 月

前　言

语句省略是人类语言中普遍存在的一种现象，它是人们在言语交际过程中自觉遵守省力原则的体现。由于其音—义不匹配的特征，以及强烈的语境依赖性，省略结构一直是形式语言学界研究的热点与难点。本书在动态句法学的理论框架下，力求将语句的语义内容与语用环境的表征结构化，采取从左至右的动态解析视角，对汉语中的一些省略结构进行了一致的形式化分析。通过动态解析，本书认为省略结构解析的本质是一个语用充实过程；语句省略是句子结构、语义内容和语用环境之间相互作用的结果，是句法、语义及语用接口研究的典型例证。将三者结合起来，能使我们对人类语言的省略机制有更深入的认识。全书一共分为八章，具体如下。

第一章为引言，介绍本书的研究背景、研究对象和意义、研究理论和方法以及本书的章节安排。

第二章首先从宏观角度介绍省略结构的一致性条件和解析途径，之后对汉语中争议较大的几类省略结构，如主语省略结构、空宾语结构、动词短语省略结构、动词空缺句及话语片段等进行文献综述和评析，重点评介生成语法框架下省略研究的优缺点，为后文从动态解析的角度研究省略结构奠定基础。

第三章重点介绍本书解析汉语省略结构将要采用的理论框架：动态句法（DS）。本章首先简述 DS 的理论起源以及理论模型等，重点介绍 DS 语义逻辑树构建所依赖的计算规则、词项行为和语用行为以及 DS 的主要特点，如句法—语义的并行演绎性、动态递增性和语境性等。然后，我们构建适用于汉语的动态解析模型，包括汉语词项行为、语用行为等，其中重点介绍汉语动词的词项行为，以及“的”字领属结构等名词词组的表征方式。此外，本章还在考察汉语语料的基础上提出扩展的语境刻画内容，在完善动态句法模型的同时为解析汉语省略结构打下基础。最后简单分析 DS 对汉语省略结构的处理方案和主要优势。

第四章至第七章运用动态句法理论、结合前文构建的汉语动态解析模型，对汉语各类省略结构及其相关问题进行解析，并作出形式化刻画。其中第四章主要讨论论元省略结构，第五章主要解析动词短语省略结构，第六章主要关注动词空缺句，第七章将解析范围扩展到对话中的话语片段及简短答语等。

结束语是对全书的归纳总结以及思考，指出创新点及不足。

目　录

第一章

引　言

1.1 研究背景

省略是人类语言中普遍存在的一种现象，它是人们自觉遵守省力原则的体现（Zipf，1949）。理论上讲，语言符号是音和义的结合体，“音”是其物质表现形式，“义”是其内容。而在实际使用中，“音”和“义”经常出现不匹配的情况。从句法角度讲，声音与意义之间的不匹配主要体现在两个方面：“有音无义”和“有义无音”（李艳惠，2005），前者如虚指代词“他”“它”“ta”“it”“there”等；后者如省略结构。诚如 Merchant（2006）所言，省略是语言符号音—义对应观所面临的最大挑战。一般来说，一些语言成分若能从语境中推断出来，在交际过程中就可以省去，如例（1）所示。

（1）阿 Q 看见吴妈了吗？
　　［Ø］看见了［Ø］。

上例中的答句是典型的省略句。从形式上看，“看见了”虽然只是只言片语，但是有问句作为语境，我们很清楚是谁看见了谁，即“阿 Q 看见了吴妈”。作为音—义不一致的典型语言现象，如何解析省略结构一直是理论语言学界研究的热点问题。文献中，省略结构的解析途径大致可以分为两类：非结构性解析途径（nonstructural approach）和结构性解析途径（structural approach）。非结构性解析途径（参见 Ginzburg & Sag，2000；Culicover & Jackendoff，2005 等）主张句法结构与语音是一致的，句法上不存在省略掉的空结构/空位置，可从语义角度直接解释省略的部分。但如刘丽萍（2015，p.50）所言，“该途径大大简化了句法操作的过程，把对省略结构的解释任务主要放在了语义层面，但……会影响到句法结构的整体一致性”。结构性解析途径是基于乔姆斯基生成语法理论（Chomsky，1964，1970，1977，1986，1993 等）对省略结构进行的研究。该途径又可以细分为空位基础生成观（base-generated）和语音层面删略观（PF-deletion）。空位基础生成观认为省略的地方实际上存在一个成分为空的空形式（null proform），该空形式替代了缺失的成分，它的意义来源于先行词（antecedent），要么与常规代词的解析一致（参见 Wasow，1972；Shopen，1972；Hardt，1993，1999；Lobeck，1995；Depiante，2000 等），要么通过拷贝先行词的逻辑式层面表征（Logical Form representation）获得解析（参见 Fiengo & May，1994；Chung，Ladusaw & MacCloskey，1995；Wilder，1997；Beavers & Sag，2004；Fortin，2007）。语音层面删略观（参见 Merchant，1998，2001，2004 等）认为省略的位置原本有完整的句法结构（fully-fledged syntactic structure），相关句法结构在语音层面被删除后形成空位。然而，语音删略法和逻辑式复制法都有各自的解释力和局限性。语音删略法会带来很多需要在语音部分解决的问题，如在语音删除的过程中会出现曲折形式变化的问题。先行词的逻辑式复制法难以解释省略的成分出现歧义解读等问题。而且，单纯的句法删除或者语义重建的方法都不能解析所有的省略现象（见 Lappin，1996；Winkler & Schwabe，2003；Ai，2008；Huang et al.，2014 等），也就是说它们无法对省略现象做出一致性的解析，更无法解析出现在对话中的简短答语、片段等更为简洁的语言表达形式。

不难看出，以上纯粹的句法或者语义分析之所以都存在一些问题，是因为它们忽略了这样一个基本事实：一些语言成分之所以能够省略，是因为它们大都能从语境中推断出来；否则，任意省略语言成分势必会影响言语交际的顺利进行。只有充分考虑句法结构、语义表达和语用环境之间的相互作用，我们才能看清省略结构的运作机制。因此，本书将从句法、语义、语用接口的角度对省略结构进行研究。

1.2 研究对象和意义

1.2.1 研究对象

为实现交际的经济性，省略结构普遍存在于人类语言中。基于汉语语法具有较大灵活性的特点（见吕叔湘，1986；张劲秋，1997；石定栩，2000 等），省略结构在汉语中的分布更为广泛。吕叔湘（1986）明确指出汉语句法灵活性的表现之一是“省略”现象，省略某些成分后的“简洁生动的语句在现代汉语里是经常可以遇到的”。石定栩（2000）指出汉语灵活性“（一方面）来自句法对上下文和语境的依赖性，或者说体现在句法同语义、语用以及话语之间强烈的相互作用上”。省略结构的解析，正是句法对上下文和语境具有强烈依赖性的典型例证。因此，本书研究的对象主要是现代汉语中的省略结构。我们尝试在刻画其解析过程的基础上，探讨这一同时受句法、语义、语用等多重因素制约的不规则语言现象的本质属性。因其音一义不一致的特点，以及强烈的语境依赖性，省略结构一直是形式语言学界研究的热点与难点，这对脱离语境的形式语法理论来说更是一大挑战。本书主要关注的是理论语言学文献中论述较多、争议较大的几类省略结构，如主语省略结构（pro-drop）、空宾语结构（Null Object Construction）、动词短语省略结构（English-like VP ellipsis/vPE）、动词空缺句（Gapping）、对话中的简短答语和片语（Fragments）等，如下例句所示。

（2）a. 阿Q看见吴妈了吗？
　　　______看见了______。
　　b. [张三在爬树。]
　　　李四：我也敢______。
　　c. 毛毛喜欢德国足球，娜娜也是。
　　d. 张三吃了三个苹果，李四______四个橘子。
　　e.（B打断A的话语。）
　　　A：张三吃了。
　　　B：三个苹果。
　　f.（A与B之间的对话。）
　　　A：阿Q看见了谁？
　　　B：吴妈。
　　g. A：张三吃饭了吗？
　　　B：没。
　　h. A：张三喜欢流行歌曲吗？
　　　B：不。

例（2a）的答句是典型的汉语省略句。从形式上看，“看见了”虽然是只言片语，但是有上句的问话作为语境，我们很清楚是谁看见了谁，即“阿Q看见了吴妈”。当然，我们也可以用“他看见了”作为答句，主语位置上用一个代词，但例（2a）的答句显然更为经济些。在理论语言学文献里，“看见”的主语省略一般叫“代词脱落”（pro-drop），宾语省略则叫“空宾语”（null object）。只省略宾语的句子就叫“空宾语结构”（null object construction），如“豆豆喜欢苹果，瓜瓜也喜欢__”。例（2b）—例（2c）都是省略动词短语的句子，与英语中典型的动词短语省略结构类似（如“Tom likes this house，Bill does too.”），因此文献中称此类结构为类似英语的动词短语省略结构（English-like VP ellipsis/vPE）。其中例（2b）由情态动词如“敢”“会”“能”“可以”等引导；例（2c）由“是”字引导，因此也被称作“‘是’字扶持句”。例（2d）后续句省去了相关的动词，常被冠名为“动词空缺结构”（gapping construction）。例（2e）—例（2h）是典型的话语片段（fragments），或一句话分裂于（split）谈话者之间，或听话人对问句做出简短回答。

不难看出，以上各种省略结构的共同特点是：一些语言成分若能从语境中推断出来，能省则省。这清楚地表明，语境是探讨省略结构不可或缺的主导因素，省略不只是单纯的句法现象，而是句法、语义及语用三个因素相互作用下的复杂现象。因此，以“脱离语境”的语法为指导的省略研究必然难以掌握各种省略结构的全貌，也难以对省略结构的理解机制做出一致性的分析。本书在动态句法学（Kempson et al.，2001；Cann et al.，2005）的理论框架下，力求将语句的语义内容与语用环境结构化，从线性的动态视角对现代汉语多种省略结构的解析过程做出刻画，并进一步探讨语言的三个平面：句法、语义及语用的接口问题。

1.2.2 研究意义

本书的研究对象是省略结构。语句的省略不仅受结构因素的制约，也受语义语用因素的影响，是句法、语义及语用三个平面接口研究的一个典型例证。诚如胡裕树、范晓（1993）所言，“在语法研究中必须自觉地把三个平面区别开来；在具体分析一个句子时，又要使三者结合起来，使语法分析做到形式与意义相结合、静态与动态相结合、描写性与实用性相结合；这样，语法分析也就更丰富、更全面、更系统、更科学 ”。本书对省略结构的研究，正是在结合三个平面的基础上，分析语言在一定语境下的具体使用情况，同时采用理论与实证相结合的双向原则，一方面为研究语言理论三个层面的互动关系提供一个良好的平台，另一方面为探究省略结构本身的生成与理解机制提供理论支持。

此外，自然语言信息的计算机处理仍是当今全球研究的热点话题。由于句法—语义不匹配、理解过程同时受制于多重影响因素，省略结构的解析一直是计算机科学处理自然语言的难题。本书采用高度形式化的动态句法理论，该理论不仅将语句的句法结构、语义内容的表征结构化，也将语用环境的表征结构化，使我们能够对省略结构的解析过程做出精确的形式刻画。因此，本书的研究将有助于计算机理解省略现象，为计算机处理自然语言做出一点儿贡献。

1.3 研究理论和方法

1.3.1 研究理论

语言学工作者在分析语言时，常常把一个完整的语句分成语音、句法、语义和语用等若干个层面，这种做法主要是为了研究的方便。但若一味地割裂语句的合成结构与其表达的语义内容及使用语句的特定语境，我们可能难以看清语言的运作机制及其本质属性。由英国语言学家 Ruth Kempson 等人创立的动态句法学（Kempson et al.，2001；Cann et al.，2005）在世纪之交应运而生，较好地完成了结构、语义及语用界面的形式一体化工作（亦可参见 Wedgwood，2005；Kiaer，2014；Wu，2017）。动态句法学（Dynamic Syntax，以下简称 DS）认为，所谓“语言能力”就是人们处理语言时所具备的能力，即在言语交流过程中从语音单位提取语义信息的能力。显而易见，这种语言观就是普通人对语言的常识性认识。DS 也由此主张，人类语言里语句的构建都是由语义驱动的，一个完整的句子表达一个有完整意义的命题，代表语句意义的逻辑式才是自然语言句法分析的核心，而句法的任务就是模拟语句逻辑式的动态生成过程。

作为一种基于解析的形式句法（parsing-based grammar formalism）理论，DS 将句法定义为依据语境渐进地构建语句逻辑式的动态过程。为体现语言实时理解及表达的高度渐进性，DS 对语句采取由左至右的递增式解析方法，以扩展树结构的方式实现建立语句命题逻辑式的目标。与最简方案（Minimalism，见 Chomsky，1995）类似，在动态句法模型中只有一个表征层面，即逻辑式（Logical Form）层面。而不同于最简方案的是，DS 的逻辑式是对语义内容的表征，反映语句的函项—论元结构。动态句法学强调词义、结构和语用之间的互动关系在自然语言表达和理解中所起的作用，把句法和语义融合在一个能够对语句进行完整解析的理论框架里，从而将结构形式与语义功能的解释统一起来。更难能可贵的是，DS 不仅将语句语义内容的表征结构化，也将语用环境的表征结构化。Gregoromichelaki et al.（2012，p.574）指出："'语义'是内容的结构表征，'句法'是构建表征的行为(actions)集合，而'语境'是内容的仓库(store)"。在解析过程中，人们可以拷贝（copy）储存在语境中的语义内容或重新利用（reuse）储存在语境中的行为序列构建语义解释。由此可见，动态句法为形式化地解析省略结构提供了一个良好的理论平台。

1.3.2 研究方法

本书主要采用描写与解释相结合、理论与实践相结合、静态与动态相结合的研究方法，力图在尊重语言事实和语言个性的基础上，对各种省略结构做出一致性的形式化解析。

描写与解释，是语言学中相辅相成的研究方法。本书在对省略现象描写的基础上，对其解析过程做出了精确的形式刻画。描写是解释的基础，回答的是"怎么样"的问题，但理论语言学的更高目标在于解释的充分性，回答"为什么"的问题。正如 Chomsky（1972，p.48）所说，"语言学最富挑战性的理论问题是……解释看起来任意和杂乱的语言现象。"本书力求在动态句法理论框架下，对各种省略结构做出一致性的解释，探究省略结构的本质属性。

此外，本书在动态句法的理论框架下解析省略结构，同时在参考语言事实的基础上合理地修正理论细节，以求达到理论分析材料、材料完善理论的双赢目的。本书根据汉语的语言事实，初步建立适用于汉语的动态解析模型，然后根据语料的要求进一步修订该模型，并利用扩展修正后的理论模型，对现代汉语省略结构的解析过程做出一致性的形式刻画。

最后，以往脱离语境（context-free）的语法研究大多关注单个的完句，是静态的研究。而对省略结构、对话中的简短答语、片语等需要依赖语境来理解的"不完美"的语言使用现象，我们需要结合具体的语境进行具体分析，考察省略结构在具体交际中的动态解析过程，是动态的研究。吕叔湘（1994）、范晓（1996）等也指出在研究语法时，应该把静态研究和动态研究结合起来，结合语用平面在静态的基础上进行动态的研究对语言的运用有直接的指导意义。范晓（1996）认为语法的动态表现在使用之中，也就是"表达"之中，因此在研究一个语族的断代语法时要有"语用"的观点。本书是在动态句法学的理论框架下对省略结构进行的研究，动态句法是关于话语理解的语法框架，考察语言在实际使用中的释义，具体地说，动态句法采用动态的视角，关注语言在具体语境中的实时理解及表达的高度渐进性，对语句采取由左至右的递增式解析方式。因此，基于 DS 的省略研究不仅关注话语中词汇等句子成分的静态释义，更关注静态基础上的、实际使用中的实时动态解析。

1.4 章节安排

本书共分八章，第一章为引言，介绍研究背景、研究对象和意义、研究理论和方法，以及本书的结构框架。第二章综述省略结构的一致性条件和各种解析方案，重点评介生成语法框架下省略结构研究的优势及局限性。第三章介绍本书的理论框架动态句法学（DS），并构建现代汉语动态解析模型。第四章至第七章运用动态句法理论、结合现代汉语动态解析模型对汉语各类省略结构及其相关现象进行解析，并做出形式刻画。其中第四章主要讨论论元省略结构，第五章主要解析动词短语省略结构，第六章主要关注动词空缺句，第七章将解析范围扩展到对话中的话语片段及简短答语等。结束语总结了本书的要点、创新点，以及下一步需要进行的工作。

第二章

省略结构研究综述

已有文献对省略结构的研究主要集中于两个方面：限制条件（restrictional conditions）和解析途径（parsing approaches）。从前文例子可见，并不是所有结构的任意成分都可以被省略，成分省略与否受到一定条件的制约。那么，哪些成分可以被省略？省略的成分受到什么条件限制？Lobke （2010）指出，省略结构有两大限制条件（restrictions）：可还原性（recoverability）和允准性（licensing）。可还原性是从语义角度而言的，只有听话人能从语境中还原被省略成分的意义时，该成分才可以略去不说。但可还原性只是必要条件，不是充分条件，也就是说，并不是所有可以在语境中还原的成分都能被省略，如以下例句（*表示不合法，全书同。）。

（1）a. *Max having arrived and Morgan not having_, we decided to wait.
　　b. Max had arrived, but Morgan hadn't_, so we decided to wait.

（Lobeke，2010，p.13）

a 与 b 中的第二小句均省略了动词“arrive”，然而只有限定性小句（b 句）的省略是合法的。由此可见，除语义能被还原外，句法环境也是省略结构被允准与否的约束条件，即句法允准条件（licensing）。Lobke 提出的语义及句法限制条件，与先行语（antecedent）和目标语（target）之间的一致性关系/等同条件（identity condition）一脉相承。只有当先行语与目标语之间存在一致性关系时，目标语才可以省略。根据现有研究，一致性关系大致分为两类：语义一致性与句法一致性。事实上，语义一致性探讨的便是省略结构的语义限制条件，而句法一致性则探讨句法环境对省略结构的限制条件。对此，我们将对省略一致性问题做简要回顾。

2.1 省略的一致性条件

2.1.1 语义一致性

学者语义一致性条件的研究大致可以分为三个阶段：选项语义学阶段、给定途径阶段、省略给定途径阶段。

（一）选项语义学阶段

早期语义一致性条件的提出是以选项语义学（Alternative Semantics，参见 Rooth，1985，1992a，1992b；Tancredi，1992；Romero，1998）为基础的。“蕴含”（entailment）条件是语义一致性的核心。大体而言，若一个显性的先行语（salient antecedent）与目标语之间存在蕴含关系，即先行语蕴含目标语，则目标语可以删略。由此可见，持此观点的学者认为省略结构是由删略而来。Rooth（1992b）基于动词短语省略和动词短语弱读之间的相同特征，认为二者遵循相同的允准条件。

（2）满足以下条件中的任意一项，目标句 IP 中的动词短语 VP 就可以删略或是弱读，

a. IP_1 是$[|IP|]^F$中的一员

b. IP_1 隐含$[|IP|]^F$中的一员

其中，IP_1 是先行句，IP 是目标句。$[|IP|]^F$ 是 IP 的焦点语义值（focus semantic value of IP）。用变量替换焦点标记成分（F-marked constituents）便可获得焦点语义值[①]。我们可以联系以下例证加以理解。

（3）[$_{IP1}$Mary sang] because [$_{IP}$ **BILL**$_F$ did [~~sing~~]] $\sim p_1$[②]

（转引自 Ai，2008）

---

① 选项语义学认为每个焦点成分在表层结构上均已被赋予一个焦点特征，该焦点特征会给予一个额外的焦点语义值。焦点语义值是所有替代句子焦点的命题组成的集合，一般义是这个集合中的一员。在表现形式上，焦点语义值（选项义），是一个以变量代替焦点成分的命题集合（参见李宝伦等，2003）。

② ～是焦点算子，根据 Rooth（1992a），焦点标记成分 XP_F 通过焦点算子“～”解释，焦点算子附接于包含 XP 的小句上：［IP...XP_F...］$\sim p_1$，焦点算子要求存在一个凸显的先行语 p_1。

将焦点 BILL 用变量 x 替换可以获得 IP 的焦点语义值：[|IP|]^F= x sang = {Mary sang，Bill sang，John sang…}。IP_1=Mary sany，是[|IP|]^F 中的一员，符合上述条件（a），因此目标句 IP 中的动词短语可以删略。然而下例（4）虽然也满足上述一致性条件，删略却会导致句子不合法。

（4）*[$_{IP1}$ Mary called John an idiot] and then [$_{IP}$ SUE$_F$ did [~~insult him~~]]～p_1

用变量替换焦点 SUE 可以得到 IP 的焦点语义值：[|IP|]^F = x insulted him（him= “John”）= {Mary insulted John，Sue insulted John，Bill insulted John…}。IP_1 “Mary called John an idiot” 不是[|IP|]^F 中的一员，但是，“Mary called John an idiot” 隐含了 “Mary insulted John”，而 “Mary insulted John” 是[|IP|]^F 中的一员，满足条件（b），先行语 IP_1 隐含[|IP|]^F 中的一员，因此按照一致性条件，目标语 IP_2 中的动词短语可以删略。但如 “*” 所示，删略后的句子不合法。由此可见，上述一致性条件太过宽泛，会产出不合法的句子。

一致性条件的提出是基于这样的认识：VP 省略与 VP 弱读可以归为一类现象，VP 省略是 VP 弱读比较极端的例子，可以同样对待。然而由上例可知，两者并不相同，VP 省略的条件较 VP 弱读更为严格。例（4）显示的问题一般被称为隐含桥问题（implicational bridging），即在隐含桥的语境下 VP 省略不成立。

（二）给定途径阶段

随后，Schwarzschild（1999）提出了“给定”途径（“the Givenness Approach”），不过他同样认为 VP 省略与弱读遵循相同的允准条件，即凸显的先行语与目标语之间存在蕴含关系：先行语蕴含目标语。因此该方案同样面临隐含桥的问题。

（5）Givenness 给定条件（Schwarzschild 1999）

a. 如果一个成分 α 没有被焦点标记，则 α 必是给定的。

b. 当且仅当一个表达式 E 具有一个凸显的先行词 A，并通过“存在类型转移模式”，A 蕴涵焦点封闭 E 时，该表达式 E 可以作为省略给定条件。

其中，“存在类型转移”（type shifting）模式是指通过存在算子约束非空题元来转换逻辑类型的操作。如对 VP *insult John* 进行存在类型转换操作，可以得到 VP'=∃x，*x insult John*（单引号代表应用存在类型转移模式的结果）。

“焦点封闭”（F-closure，α 的焦点封闭被写作 F-clo（α））是指通过对变量进行存在类型转换来取代焦点成分的操作。如把 VP *insult* ***John***$_F$ 的焦点标记成分 John 以变量 y 替代，得到 *insult y*，然后进行存在类型转换操作，得到：∃x，x insult y，即 F-clo（VP）=∃x，x insult y（参见邱春安，2008，p.9）。

以上条件表明，如果一个表达式 E 是给定的，则该表达式可以弱读或省略。但该省略允准条件也是基于先行词 A 蕴含目标语 E 的设想，因此同样无法解释为什么在隐含桥（implicational bridging）语境下省略句不成立，即例（4）所示的问题。

“给定”途径虽然没有解决上述问题，但为 Merchant（2001）提出省略给定途径（e-Givenness approach，e 代表省略 ellipsis）奠定了基础。

（三）省略给定途径阶段

Merchant（2001）认为当且仅当成分 A 满足省略给定条件时，成分 A 才能被删除。成分 A 是否满足省略给定限制，取决于句法环境中是否存在凸显的先行词。

（6）省略给定条件（e-GIVENness）
当且仅当一个表达式 E 具有一个凸显的先行词 A，并通过“∃类型转移模式”（type shifting），该表达式 E 可以作为省略给定条件，其两个子条件为：
i：A 蕴含焦点封闭 E，且
ii：E 蕴含焦点封闭 A。

存在类型转移模式的应用结果一般用单引号“'”表示，α 的焦点封闭一般被写作 F-clo（α），据此，我们可以将上述省略给定条件（6）的两个子条件改写为：

（7）i：A'蕴含 F-clo（E），且
ii：E'蕴含 F-clo（A）

由此可见，省略给定条件（e-GIVENness）不仅要求先行语蕴含目标语，还要求目标语蕴含先行语，这就解决了选项语义学和给定条件（Givenness）所不能解决的隐含桥问题，如例（4），为方便起见此处重复为例（8）。

（8）*[$_{IP1}$ Mary called John an idiot] and then [$_{IP2}$ SUE$_F$ did [~~insult him~~]]

我们先看条件（i），要求先行词 A 必须蕴含焦点封闭 E，即 A'蕴含 F-clo（E）：该句中，先行词 A=VP$_1$=called John an idiot，对 called John an idiot 应用存在类型转移模式，可得到 A'=∃x，x called John an idiot。目标表达式 E=VP$_2$=insult him（him=“John”），对其应用存在类型转移模式，可得到：E'=∃x，x insulted him（him=“John”），进而得到 F-clo（E）= ∃x，x insulted him（him=“John”）。称约翰为傻瓜蕴含侮辱约翰，因此 A'蕴含 F-clo（E），满足条件（i）。

再看条件（ii），要求目标语 E 蕴含焦点封闭 A，也就是 E'蕴含 F-clo（A）：该句中，对目标语 E 应用存在类型转移模式后可得到：E'=∃ x，x insulted John；对先行语 A 应用存在类型转移模式后得到 A'=∃x，x called John an idiot，进而得到 F-clo（A）= ∃x，x called John an idiot。E'不蕴含 F-clo（A），因为侮辱某人并不一定非得称他为傻瓜，还可以通过别的方式，故省略给定条件的第二个子条件不满足，删除目标语 E 会导致句子不合法，由此解决了在隐含桥语境下省略不合法的问题。

“省略给定途径”虽然能有效解决“隐含桥”的问题，但根据其给定的条件即目标语与先行语的双向语义蕴含，同样会允准或生成不合法的句子。Ai （2008）和 Lobke（2010）等均指出 e-GIVENness 条件太过宽泛。

（9）John croaked after MARY ~~kicked the bucket~~.

（10）a. *Max having arrived and Morgan not having, we decided to wait.

b. Max had arrived, but Morgan hadn't, so we decided to wait.

（Lobke，2010，p.13）

例（9）中，VP$_A$'=∃x，x croaked；F-clo（VP$_E$）=∃x，x kicked the bucket，不管是用词汇“croak”还是“kick the bucket”，均表示某人死亡。因此，VP$_A$'蕴含 F-clo（VP$_E$）。

VP$_E$'=∃x，x kicked the bucket；F-clo（VP$_A$）= ∃x，x croaked，同样，VP$_E$'蕴含 F-clo（VP$_A$）。因此例（9）满足 e-GIVENness 双向蕴含条件，但删略后语句接受度不高。

例（10）中，尽管 a 句和 b 句中的动词短语都符合省略给定条件，但只有出现在定式句 b 中的省略才是合法的。由此可见，除语义一致性（语义等同条件）的要求外，句法环境对省略结构的允准也起到关键作用。

2.1.2 句法一致性

从上节可见，并非所有的句法结构都能允准省略，省略受制于特定的句法环境。即使语义解读明晰且省略的成分可在语境中还原，省略也只能发生在特定的句法环境里，即省略除了受到语义一致性的要求外，还受到句法环境的限制。Fiengo & May（1994）提出了省略的句法等同限制条件。

（11）VP_E 在句法上必须与 VP_A "同构"（$VP_E=VP_A$）[①]

句法等同，顾名思义，就是要求当目标语与先行语在句法结构上一致时，目标语才能省略。对省略部分进行句法结构重建，把先行成分复制到省略部位后将得到省略句的逻辑结构，如下句所示。

（12）John was reading a book while BEN was_.

（改编自 Ai，2008）

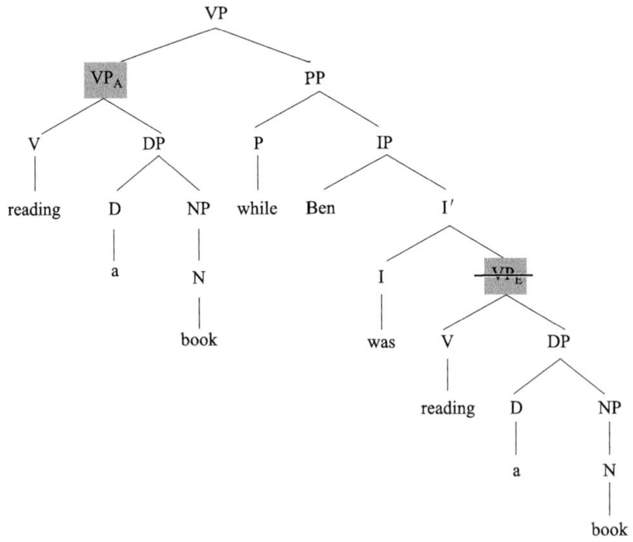

图 2.1

如图 2.1 灰色部分所示，先行语与目标语在结构上相同，即 $VP_A=VP_E$，

① 由定义可知，Fiengo & May（1994）提出句法等同限制条件的主要研究对象是动词短语删略结构。

根据句法等同条件，VP_E 可以删略构成省略句。句法等同的优势是可以解释省略部分和先行语之间的依存关系，如下例所示的约束关系。

（13）a. *I hate $John_i$, and he_i does, too.
b. LF:*I hate $John_i$, and he_i hates $John_i$, too.
（邱春安，2009，p.20）

根据句法等同的观点，对省略句（13a）进行句法结构重建，把先行部分复制到省略部分后得到如（13b）所示的逻辑结构。（13b）违反管约论（Chomsky，1981，1986；Chomsky & Lasnik，1993）中的约束原则，因为根据约束原则 B，代名词（he）在管辖语域内不受约束；而根据约束原则 C，指称语（John）总是自由的，因此 he 与 John 同指是不合法的。

虽然句法等同原则能解释上例所示的约束关系问题，但在某些情况下会违反管约论中既有的原则，如例（14）所示。

（14）a. They [$_{VP}$ arrested [the guy who lives over the garage] $_i$]
though he_i thought they wouldn't_. (VPE)
*b. he_i thought they wouldn't [$_{VP}$ arrest [the guy who lives
over the garage] $_i$]].
c. he_i thought they wouldn't [$_{VP}$ arrest [him_i]].
（Lasnik，2001，（41a））

根据句法等同原则，省略部位需与先行语在结构上相同（如 b 所示），这样就违反了原则 C（指称语总是自由的）：指称语 *the guy who lives over the garage* 被 c-统制它的代词 *he* 约束，此例句应当不合法，与事实相悖。为解决这个问题，Fiengo & May（1994）提出特征转换（vehicle change）装置，即 R-表达式可以作为代词解析（如 c 句所示），这样便可解释例（14a）的合法性。

但句法等同的提出是以 VP 省略为基础的，因此适用性有限，无法适用于所有省略结构（可参考 Merchant，2001；Ai，2008；邱春安，2009 等）。截省句[①]如例（15）—（16）便不符合句法等同限制条件。

（15）a. John was reading，but I don't know what_.

① 截省句也称 IP 省略，被省略的部分通常被认为是一个完整的小句。一般来说，它是指在一定语境下，在充当宾语从句或主语从句的特殊疑问句中省略除疑问词以外的其他成分的省略句（刘丽萍，2015，p.36）。典型例句如：Somebody just left-guess [who_]（Ross，1969，p.252）。

b. John was reading, but I don't know *what* ~~[John was reading *t*]~~.

（Merchant，2001）

（16）a. She has five CATS, but I don't know [how many DOGS].

b. She has five CATS, but I don't know [how many DOGS ~~[She has *t*]~~].

（邱春安，2009）

上述两例中，先行语 IP_A 与目标语 IP_E 在句法上不构成等同关系，但是省略结构依然合法。由此可见，句法等同的条件无法精确地刻画所有省略结构的允准条件。实际上，先行语与目标语之间是否需要遵循严格的句法等同关系，一直是个有争议的问题且目前尚无定论（参见 Hankamer & Sag，1976；Sag，1976；Hardt，1993，2004，2005；Lasnik，1995；Fox，2000；Johnson，2001；Sauerland，2004；Nunes & Zocca，2009 等）。

最近，Lobke（2010）以荷兰语情态补语省略（Modal Complement Ellipsis）为切入点提出了一套新的省略允准理论。

（17）i 省略被允准是通过省略特征和省略允准核心的一致关系来实现的。

ii 允准核心一旦被合并，省略就发生在推导中，此时省略部位不仅对于任何进一步的句法操作是不可及的，该部位在 PF 层面上的词汇插入也被阻止了。

Thoms（2011）质疑了该理论的一致关系、允准核心等问题，并认为该理论不能解释英语谓语省略中的虚位（expletive）和附连成分（associate）。张天伟、李大勤（2011）认为，该允准理论的提出主要基于荷兰语情态补语省略和部分英语省略结构，对英语这样的 SVO 型语言来说具有一定的解释力，但对于日语等 SOV 型语言的解释力尚缺乏考察。而且，该允准理论只分析了部分省略结构，却并未涉及动词空缺句（gapping）、剥落句（stripping）、片语（fragments）、N-删略（N-deletion）和并列删除结构等多种结构。

综上所述，省略结构应该遵循怎样的限制条件目前尚无定论，文献中提及的语义等同、句法等同或 Lobke（2010）允准理论等一般只适用于某类省略结构，不具备普适性。探索一种跨语言的、通用于所有省略结构的允准条件，将是我们今后探讨的方向之一，本书不做过多论述。接下来，我们简单综述已有文献中省略结构的解析途径。省略结构的解析将是本书讨论的重点。

2.2 省略的解析途径

省略的解析途径，是相关文献中研究的热点。形式语言学对省略的解析主要有两大途径：非结构性途径（nonstructural approaches）和结构性途径（structural approaches）。前者认为省略部位没有内部结构，即“所见/听即所得”，不存在没有语音形式的句法位置。后者认为省略部位有内部结构，存在没有语音形式的句法位置。结构途径又可以细分为两类，一类认为省略部位为一个空成分（null proform），该空成分的意义通过先行语还原，其解析要么类似于常规代词，要么通过拷贝先行语的逻辑式层面表征获得（LF-reconstruction）。另一类认为省略部位的句法结构并未缺失，只是语音形式在 PF 层面被删除。Merchant（2005，p.3）用下图形象地展示了上述解析途径的区别。

（18）省略解析途径（改编自 Merchant，2005，p.3）

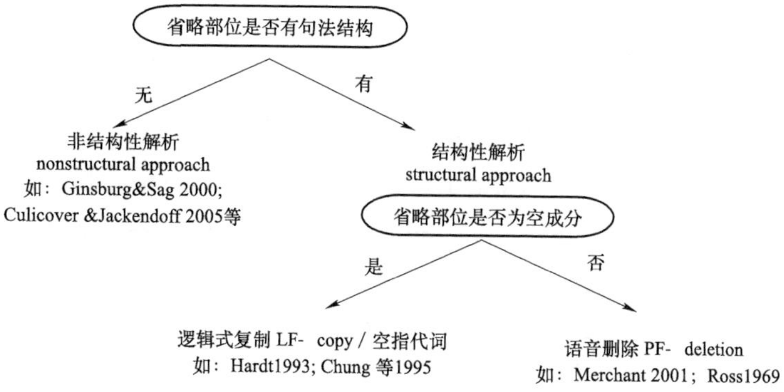

图 2.2

2.2.1 非结构性解析

一些学者（van Riemsdijk，1978；Ginzburg & Sag，2000；Schlangen，2003；Culicover & Jackendoff，2005；Stainton，2006 等）支持非结构性途径的解析方式。“非结构途径是一种从语义角度直接对省略部分进行解释的

途径，该途径侧重对省略部分的完整语义解释，而对于省略句式的内部句法结构不做细致的分析”（刘丽萍，2015）。该途径认为省略结构中不存在隐含的结构，也就是说省略部位既没有空成分也不存在被删除的现象，表面看到的成分就是省略结构所拥有的全部成分。然而省略结构的释义却比表面听到或看到的结构的意义要丰富，这就要求句法—语义界面发挥重要作用。下例展示了非结构性解析途径下截省句的句子结构（转引自 Lobke，2010，p.4）。

（19）Someone was singling *La Marseillaise*，but I don’t know who.

(a)

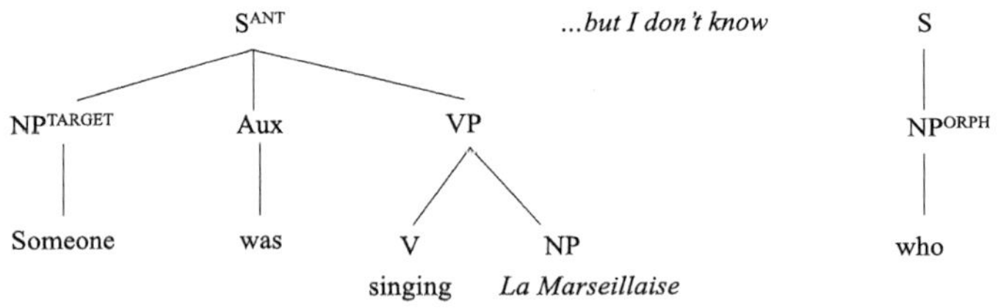

(b) S节点的句法语义：Syntax: $[_S \text{ wh-phrase}_i{}^{ORPH}]^{IL}$ Semantics: Qx [$F(x_i)$]

图 2.3

如图 2.3a 所示，S 节点下的唯一成分是疑问词 who，结构中没有其他空位置，既没有空成分也没有删略后的语迹。它通过先行句中恰当的 NP 获得句法语义特征。该节点的语义式（b）显示，疑问算子 Q 约束此疑问词，表明当前结构应被解析为一个内嵌的疑问句［疑问词 who 是该疑问句的论元：（but I don’t know）who was singing La Marseillaise］，疑问句的命题内容 F 可通过间接允准（indirect licensing，Culicover & Jackendoff，2005）从上文的先行语中获得。正如刘丽萍（2015，p.50）所说，“该途径大大简化了句法操作过程，把对省略结构的解释任务主要放在了语义层面，但把疑问词作为一个句子节点 S 的唯一词项，会影响到句法结构的整体一致性”。

2.2.2 结构性解析

相比非结构性解析途径，结构性解析途径的支持者更多。该途径主要是在乔姆斯基生成语法理论框架下进行研究。文献中对汉语省略结构的形式研究大多采取此种解析方法。结构性解析途径认为省略部位是有内部结构的，该部位或是一个基础生成的空成分（pro-form，空位基础生成观），其语义在逻辑层面得到重建；或是原本存在完整的句法结构（full-fledged syntactic structure），拼出时（Spell-Out）相关结构在语音层面缺失（PF 层面删略观）。Lobke（2010，p.6）给出了空位基础生成观下的解析例句。

（20）a. Someone was singing La Marseillaise, but I don't know who.

b. …but I don't.

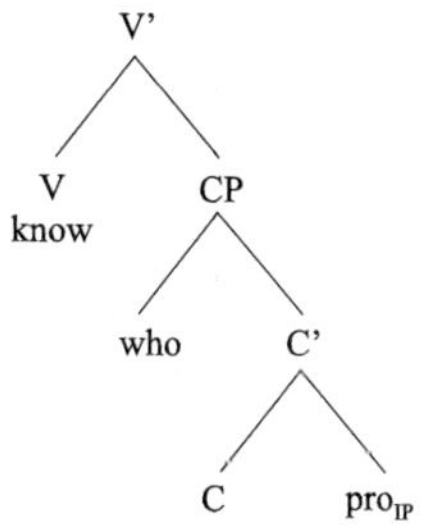

图 2.4

由图 2.4 可见，截省句 who 之后的空位置是存在句法结构的，由空成分 pro 占据，其释义可通过在逻辑层面复制先行词的意义获得。李艳惠（2005）认为在汉语动词短语省略结构中，省略部位也是基础生成的空成分，由 pro-form 占据，该基础生成 pro-form 的存在及意义都由中心词（head）的选择性特征（selection property）决定。只有中心词选择的成分才能以空成分的形式出现，比如，情态动词可以选择动词短语 VP，因此例（21）中 VP“讲英语”可以以空形式出现（中心词“能”选择 VP 作为其补足语）。

（21）小明能讲英语，小红也能__。

语音删略法（PF-deletion）的支持者认为省略的部位原本有完整的句法结构，拼出时相关结构在语音层面被删除了。按照这种解释方法，省略句与相应的非省略句在句法、语义上是一致的，即句法—语义之间是匹配的，而省略句部分语音缺失，句法与语音之间是不匹配的。Lobke（2010）同样给出了语音删略途径下的解析方式，见下例（22）。

（22）a. Someone was singing La Marseillaise，but I don't know who.

b. *...but I don't*

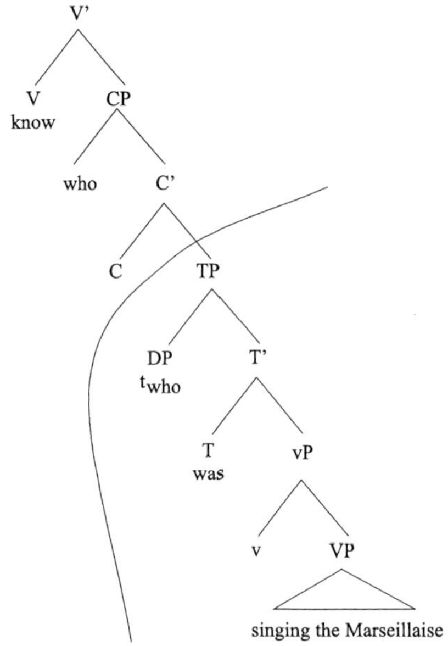

图 2.5

由上图可见，省略结构的空位置原本是有完整句法结构的（弧线下方内容），不过这些结构成分在语音层面上被删除了。汉语省略研究中也有学者持语音删略的观点。Huang（1994a，1997）、Ai （2008）等在探讨汉语动词短语省略时认为，类似英语的汉语动词短语省略结构（English-like VP ellipsis）的生成过程可以表述如下。

（23）a. 主语$_i$（否定词）情态动词/助动词~~[$_{vP}$…[$_{VP}$ t_i…]]~~）

（VP 主语内置假设）

b. 主语$_i$（否定词）情态动词/助动词~~[$_{vP}$ t_i…[$_{VP}$…]]~~

（轻动词理论）

无论是在 VP 内部主语假设下，还是在轻动词理论下，动词短语省略结构均被看做为语音层面删略 vP 形成的（具体分析将在下节展示）。

以上主要从宏观角度综述了与省略结构研究相关的两个大问题：省略结构的限制条件和解析途径。具体来说，限制条件包括（先行语—目标语之间）句法一致性条件和语义一致性条件，但是单纯的句法或语义一致性条件都无法刻画所有省略结构所遵循的限制条件，或许将二者结合能提供更强的解释力。省略结构的解析途径包括结构性解析途径和非结构性解析途径两种，二者的区别在于省略部位是否存在看不见的句法结构。当今，认为存在句法结构的结构性解析观点占主流地位。对现代汉语省略结构的形式研究，学者们也多采取结构性解析途径。[①]接下来将对汉语省略结构解析的相关研究进行简要评述。

2.3　汉语省略结构

2.3.1　论元省略

2.3.1.1　空语类、省略与隐含

在回顾汉语省略结构的解析研究之前，我们先理清一组概念：空语类、省略与隐含。三者均为具有语法语义作用却没有语音形式的空成分，因此常常容易混淆。空语类为管辖与约束理论（Government and Binding Theory）的重要组成部分。乔姆斯基根据［±照应性］{［±anaphoric］}和［±指代性］{［±pronominal］} 两个参数把空语类分为四种。

［+照应性，–指代性］：NP 语迹（NP trace）
［－照应性，－指代性］：变项（variable）
［－照应性，+指代性］：pro
［+照应性，+指代性］：PRO

上述四类空语类分别与几种有形的名词性成分相当。NP 语迹具有照应性，其出现的典型环境为被动结构的宾语位置，如：

（24）a. $John_i$ was criticized e_i.
b. 小张说小李 $_i$ 批评了他自己 $_i$。
（改编自徐烈炯，1994，p.322）

John 原本在宾语位置，在被动结构（24a）中被移位到主语位置，原宾语位置留下了空位 e，该空位与主语 John 共指，相当于（24b）中的反身代

① 本书的研究重点是省略结构的解析，特别是现代汉语省略结构的解析，因此对限制条件暂不作深入研究，不过这将是未来努力的方向之一。

词“他自己”。“他自己”不能独立指称其他对象，只能与主语“小李”共指。而且“他自己”只能指“小李”，不能指“小张”，必须在局部范围内被约束（bound）。

变项（variable），也称 wh-语迹，出现的典型环境是疑问结构、主题结构等，相当于有形的指称语，如：

（25）a. Who did $Bill_i$ say [that $John_j$ criticized e_k]?

b. 小张 $_i$ 说小李 $_j$ 批评了那个人 $_k$。

who 原是从句的宾语，移位到句首后在原宾语位置留下空位 e，该空位的所指既不可以是 John，也不可以是 Bill，必须独立指称，与（25b）中指称语“那个人”相当。“那个人”既不指小李，也不指小张，这类指称语在局部范围内以及全句范围内都必须独立指称。

pro 和 PRO 均出现在主语位置，前者出现在定式句的主语位置，后者出现在不定式句的主语位置。pro 相当于代名词，此类空语类在英语中没有，但广泛存在于意大利语、西班牙语等具有丰富屈折形态的语言中，如：

（26）	a. Maria cant-a.	b. Lei cant-a.	c. _cant-a.
	Mary sing-PRS：3SG	She sing-PRS：3SG	sing-PRS：3SG
	‘Mary sings.’	‘She sings.’	‘S/He sings.’
	玛丽唱歌。	她唱歌。	她/他唱歌。

如上例中（26c），主语可以以零形式出现（宾语有时候也可以），其意义可由动词丰富的形态得以重建。这种省略主语的现象，在文献中被称为 pro-drop。由上例可以看出，形态丰富的语言中主语省略（pro-drop）是一种句法现象，由句法规则决定。其实也可以说，省略的主语以另一种形式存在于句子中，即表现在动词的形态标记上。众所周知，汉语中的主语也常常可以省略，但是汉语是形态变化极为贫乏的语言，省略的主语无法从动词形态上推知，只能从上下文得知，因此是一种语用现象，与 pro-drop 存在本质上的不同。因此，本书认为汉语主语省略并不是传统的 pro-drop 现象[有学者将类似汉语的这种主语省略现象称为极端的（radical）pro-drop 现象，参见 Neeleman & Szendroi，2007；Bisang，2015 等]。

PRO 出现在不定式句的主语位置，必须与主句中某个成分共指：空语类 PRO 与主句主语 John 共指。

（27）John$_i$ want [e$_i$ to go].

由上可知，四种空语类都是名词性的，其属性由结构位置决定，它们的意义不根据语境或上下文确定，而通过核心动词的结构特性推断出来。但是省略却不同，省略的成分不仅可以是名词性的，也可以是动词或动词性的。在汉语中省略现象更加灵活，特别是在日常对话中，省略了某些成分的结构或者话语片段随处可见。省略的成分必须依靠上下文才能得知，无法依靠单纯的句法规则推断。因此，省略不等同于空语类。

空语类理论主要是建立在对少数欧洲语言，比如英语和西班牙语的研究基础上的，这些语言在形态上要比汉语丰富得多。空语类理论是否适用于汉语，是过去几十年来汉语研究中争论最激烈的话题之一。以黄正德（参见 Huang，1982，1984a，1984b，1987，1991a 等）为代表的一些语言学家认为，汉语中空语类也可分为以上四种，其属性也由结构位置决定。黄衍（Y.Huang，1992）认为汉语中没有 pro/PRO，汉语中的空语类都是语用意义上的空语类，不是句法意义上的空语类。而以徐烈炯（参见 Xu，1986，1989，1990，1994 等）为代表的语言学认为汉语的空语类更加灵活，所受限制更少，可称为自由空语类（Free Empty Category，FEC）："如果把汉语中的空语类也作相应的划分，那么在各个结构位置上都有可能出现不同的空语类。只要语义和语用条件允许，空语类可以自由地与句中其他成分共指或不共指"。李艳惠（2005，2007，2014 等）认为徐烈炯提出的自由空语类解释力太弱，会允准不可以接受的例子。她接纳汉语应该有不同类型空语类的观点，她认为当上述四种空语类中的任何一种都不能出现在某空论元位置时，应当采取真空位的策略。真空位是比空语类还空的空位置。比如，一个及物动词的特性是要带宾语，当一个及物动词在宾语位置没有显性的词汇出现时，空语类也不可以出现（宾语位置不能接受变项或 pro/PRO），宾语位置就只能是个空位置，即真空位。沈阳（1994a，b）、陆俭明和沈阳（2004）将汉语中的空位分为三种类型，即移位型空位（如"那几件衣服他洗了 e"）、省略型空位（"他洗了 e"）和隐含型空位（"父母叮嘱他 e 洗那几件衣服"）。

由此可见，目前对汉语空语类的属性尚未达成统一的认识，但值得我们注意的是省略型的空位与移位或者隐含等句法手段造成的空位不同，原因之一在于省略造成的空位不是单纯的句法现象，该空位所指的恢复无法依靠句法位置来辨别。

（28）e_i吃了 e_j。

若不依靠上下文语境，上句中的空主语 e_i 和空宾语 e_j 均无法判定所指，因此省略结构的表达与理解需要结合句法、语义与语用三个平面。这种类型的空位置是本书所关注的重点。

与省略息息相关的另一个概念是“隐含”。两者最大的区别在于省略的成分可以填补出来，而且填补的可能性根据语境只有一种；而隐含的成分在保持语句原义不变的基础上不能补出（参见祝克懿，1987；吕叔湘，1979；朱德熙，1982；范晓，1998 等）。隐含的成分或是基础生成的，如无主句、连动句、兼语句等（29），或是移位生成的，如“把”字句、“被”字句等（30）。

（29）e 下雨了。

小明骑车 e 去买菜。

小明请大家 e 吃饭。

（30）小明把衣服$_i$洗了 e_i。

苹果$_i$被小明吃了 e_i。

本书对隐含结构中的空位同样不做讨论，相关论述可参照刘伟（2006），她对“把”字句、“被”字句等错位结构，以及主题化结构、关系从句、宾语从句等结构内的空位（代词复指现象）做过详细讨论。本书将重点关注主、宾语的省略现象，即前文提到的极端的（radical）pro-drop。

（31）e 吃了 e。

2.3.1.2 主语省略

对汉语主语省略研究的文献相对较少，已有研究也多集中于现象的描述，如傅力（1982）、陈信春（1982）、方梅（1985）、华宏仪（2001，2002）等。此外，陈伟英（2008）在描写的基础上从认知语用的角度讨论主语省略的理解和交际机制。

黄正德（Huang，1982，1984a，1984b 等）将空语类理论应用于汉语分析，认为汉语也有定式句与不定式句的区分，前者的主语空位是 pro，后者是 PRO。他将“e 看见 e”这种片言只语作为 pro-drop 现象分析，提出 COMP-to-COMP 移位的解析方法，假定零形主语受空话题的约束，即由空算子经过 wh-移位移到 CP 的 Comp 或 Spec 位置，在原位置上留下一个变项（variable）。这种分析意味着，变项完全受空算子或空话题这种非论元性成分（A-bar）约束。

黄正德的分析在理论与实践上都存在诸多问题（Y. Huang，1991，1992，1994，2000）。诚如黄衍（Y. Huang，1994，2000）所言，空话题的分析违反了管约论中一个广为接受的基本假设，即空算子移位至 CP 的 COMP 或 SPEC 位置时，不能与其他算子共现。按照黄正德（Huang，1984）的分析，我们可以得到下面的表达式。

（32）[$_s O_1$ O_2 [$Ø_1$ 看见 $Ø_2$]

其中，Ø 是变量，受空算子 O 即空话题这个非论元成分的约束。若将主语位置上的变量 $Ø_1$ 分析为受空算子约束，宾语位置上的 $Ø_2$ 自然也可以说是受空算子约束。这样，Comp 位置就有两个空算子即 O_1 和 O_2 共现。这明显违反了管约论中广为接受的假定，即“每个 COMP 位置只能出现一个空算子”（Y. Huang，1994，p.48）。

2.3.1.3　宾语省略

宾语省略结构，是指目标语句中宾语缺失的结构，如下例中“喜欢”后宾语的缺失。

（33）张三喜欢英语，李四也喜欢 e。

对此种现象，文献中大致有两种解析途径。Huang（1991a）、Li（2002）、Ai（2008）等认为除了常规的宾语省略结构，还存在动词滞留式动词短语省略结构（V-Stranding VP ellipsis，或称作伪装的动词短语省略结构，VP ellipsis in disguise）。Xu（2003）等认为所谓的动词滞留式动词短语省略结构不过就是宾语省略结构。动词滞留式动词短语省略结构，指动词经历 V-to-v 提升被滞留在 v 位置后，剩余的动词短语 VP 被删除而形成的结构。因此，表面上的 NP 空位实际上并不是空宾语，而是删除动词短语后留下的空位，如下图所示。解析时，移位的动词在逻辑层面得到重建（LF-reconstruction），目标语获得完整释义。

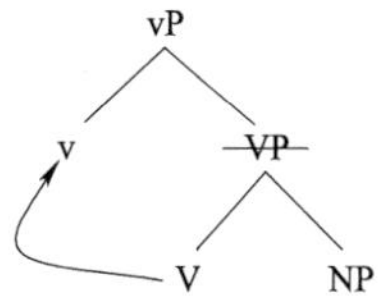

图 2.6

Li（2002）认为对于汉语动词滞留式动词短语省略结构，需从动词类型的角度进行讨论，动词可区分为静态动词（stative verbs）、结果动词（resultative verbs）、行为动词（action verbs）等。判断是否为（动词滞留的）动词短语省略结构的标准，是该结构是否具备严格/宽泛解读歧义的特征（strict and sloppy interpretation ambiguity）[①]。Ai（2008）提出，从动词分类角度进行研究，实际上并未获得重要意义。而且传统的严格/宽泛解读歧义的特征，并不能作为动词短语省略结构的判断标准，因为“do it/that”等照应词也呈现这种特征。他认为，像例（33）一类的句子确实是动词滞留的动词短语省略结构，而不是空宾语结构。其判断的标准是：如果一个结构可以容忍语用控制（pragmatic control，指不存在显性语言形式的先行语的情况），它可能是空宾语结构；如果不能，它一定是动词滞留的动词短语省略结构，因为动词短语省略结构的典型特征就是抵触语用控制[②]。Ai还进一步区分了强语用控制（strong pragmatic control）和弱语用控制（weak pragmatic control），前者不存在具有显性语言形式的话题（linguistic topic），后者存在具有显性语言形式的话题。由此他指出，汉语中真正的动词滞留式动词短语省略结构，只存在于强语用控制且空宾语为非生命性（-animate）名词的环境中，他认为非生命性的空宾语抵触强语用控制，如下例所示。

（34）[张三开着他的新BMW回家了。]
李四[对妻子说]：
*[③]我一点儿都不喜欢 e。（Ai，2008，p.108）

Ai 认为“我一点儿都不喜欢 e”是“喜欢”经历 V-to-v 提升后 VP 被删略而生成的。他的分析看似很吸引人，但在理论及实证上均经不起推敲。理论上，把语用控制条件作为判断动词短语省略的标准，并不适用于现代汉语，如例（35）。

---

① 严格、宽泛解读歧义等特征见 2.3.2.2 节。

② 该判断标准来源自 Hankamer & Sag（1976），他们认为英语中动词短语省略结构不接受语用控制，即在没有显性语言形式的先行语时，动词短语省略不成立，如下例所示：

[Hankamer attempts to stu a 9-inch ball through a 6-inch hoop]

Sag：* It’s not clear that you’ll be able to [vP__].

（Hankamer & Sag， 1976，p.3-4）

③ 原文中的标示为“＃”，为统一全书表述，我们均标示为“*”，都表示语句不合法。不过，经过语感调查，本书认为该例与下文例（2.36）都是可以接受的说法。

（35）[张三在爬树。]

李四：我也敢 e。

上例是汉语中典型的动词短语省略结构且分布广泛，类似例句证明汉语动词短语省略结构完全可以接受语用控制。

在实证方面，空宾语的生命性特征并不影响宾语省略结构的可接受度，如下例（36）与例（34）的可接受度是一样的。

（36）[张三牵着新养的哈士奇回家了。]

李四[对妻子说]：

我一点儿都不喜欢 e。

（Ai，2008，p.109）

此外，如果 Ai 的分析是正确的，则例（34）中的空位是“喜欢”经历 V-to-v 移位后 VP 被删略而来，而例（36）中的空位则是指示性的 pro 或空称谓（null referential epithet）比如“那玩意儿”的隐性成分。这样，同一种结构便有两种截然不同的生成和解析方式，显然是有问题的。

除此之外，还有一个现象值得注意（Xu，2003；李艳惠，2005；周永和江火，2014 等），那就是对先行分句谓语动词短语中状语成分的解释。

对含有助动词或系动词的省略句的解读必须包含状语短语成分，而对含有动词的省略结构（V-construction）的解读时则必须把状语短语排除在外。

[李艳惠，2005，(26)]

含有动词的省略结构（V-construction）也就是我们所说的宾语省略结构或者 Ai 所说的动词滞留式动词短语省略结构，对它的解读不能包含状语成分，如：

（37）a. 约翰每天刷三遍牙，彼得也刷__。

b. 我认真地做功课，他也做了__。

对上述例句中省略部分的解读都不包含状语成分，（37a）中省略句的解读是“彼得也刷牙”，但次数不确定，后面可以加上诸如“可是他只刷一次”这样的后续句；（37b）中省略句的解读是“他也做了功课”，但是认真程度不确定，后面也可以加上诸如“但是不认真”之类的后续句。

如果动词经历 V-to-v 提升后动词短语 VP 被删略的思路是正确的，那么当被删略的 VP 中包含状语成分时（如谓词内状语成分“三遍”），空位结构的解读中自然也应该包含这些状语成分，而我们看到事实并非如此。

因此，本书采纳徐烈炯先生（Xu，2003）的观点，认为所谓的动词滞留式动词短语省略，不过就是空宾语结构。汉语空宾语结构的属性之所以存在争议，主要有两个原因，其一，目前基于生成语法框架的汉语空宾语研究，是建立在英语动词短语省略研究基础之上，以英语相关句式为参照的。我们认为，参照其他语言进行汉语研究是可取的，借鉴国外先进理论同样可取，但相关研究必须尊重汉语事实，尊重语言个性。英语中不存在空宾语结构，并不意味着汉语中也不存在相应结构。其二，汉语空宾语结构存在着严格、宽泛解读歧义及宽泛解读的定域条件限制等特征，很多学者以此为依据认为汉语空宾语结构是动词短语省略的一种。然而，严格、宽泛解读歧义以及定域条件限制并不是判断动词省略结构的充分必要条件，详细内容我们在下节论述。

2.3.2 动词短语省略

2.3.2.1 动词短语省略类型

动词短语省略结构指目标句中的动词短语被省略的现象，一般认为省略可由“会”“能”“想”“敢”等情态动词允准。

（38）a. 张三想学英语，李四也*想*。
　　b. 要是张三能考上北大，我也*能*。
　　c. 张三：我会爬树。
　　　李四：我也*会*。
　　d. [张三敢爬树。]
　　　李四：我也*敢*。

动词短语省略多数出现在并列结构中，如（38a）所示；也可出现在非并列结构如主从复合句中，如（38b）所示。除此之外，还可以出现在对话中，其先行语可以是有显性语言形式的句子，如（38c）所示；也可以是没有显性语言形式的情景，如（38d）所示。（38d）句显示汉语动词短语省略可接受语用控制。

除情态动词外，“是”字也可以允准动词短语省略，一般被称为“是”字支持结构（或“是”字扶持句）。

（39）毛毛喜欢德国足球，娜娜也是。

不过，“是”字扶持句与情态动词允准的动词短语省略结构相比，出现的句式比较受限，“是”字引导的省略结构一般仅出现于并列句式中，不能用于嫁接小句如关系、条件、让步、时间、地点、原因等（李亚汝，2008；刘丽萍，2015 等）。

此外，我们注意到，除了情态动词、“是”字以外，汉语中的否定词“不”和“没/没有”也可以单独引导动词短语省略结构，如下例所示。该类动词短语省略结构在文献中讨论较少。

（40）a. 张三吃饭了，李四没。
b. 张三喜欢流行歌曲，李四不。

2.3.2.2 动词短语省略的特点

文献中一致认为，动词短语省略结构具有严格、宽泛解读歧义（strict and sloppy interpretation ambiguity），以及局域性效应（locality effect）等特征（早期研究可见 Sag，1976；Williams，1977），本节简单举例说明。

（一）严格/宽泛解读歧义

当省略的成分中包含代词时，句子会出现解读歧义，如（41）。

（41）张三能帮助他朋友，李四也能。
a. 严格解读：张三能帮助张三的朋友，李四也能帮助张三的朋友。
b. 宽泛解读：张三能帮助张三的朋友，李四也能帮助李四的朋友。

目标小句“李四也能”中省略的代词一般可有两种解读：a 中省略的代词与先行语中的代词同指，具有严格解读（strict reading）；b 中省略的代词与目标语小句主语同指，具有宽泛（松散）解读（sloppy reading）。

（二）局域性效应

除严格/宽泛解读歧义之外，宽泛解读还受定域限制，具有局域性效应

（locality effect）。当后续句是复合句且主从句的主语不同时，后续句中省略的代词的宽泛解读受局域性条件限制，如下例所示。

（42）张三能帮助他朋友，王五知道李四也能。
a. 严格解读：张三能帮助张三的朋友，王五知道李四也能帮助张三的朋友。
b. 宽泛解读：张三能帮助张三的朋友，王五知道李四也能帮助李四的朋友。
*c. 定域限制：张三能帮助张三的朋友，王五知道李四也能帮助王五的朋友。

a 句与 b 句分别为省略代词的严格与宽泛解读，c 句不合法显示宽泛解读具有局域性效应。

值得注意的是，不仅动词短语省略结构具有严格/宽泛解读歧义、宽泛解读受局部性效应等特征，空宾语结构同样具有这些特征。在上一节中我们提到，不少学者认为空宾语结构实际上是一种动词短语省略结构（如 Huang，1987，1989，1991a；Otani & Whitman，1991；Li，2002 等），主要依据便是空宾语结构具有上述特征。然而，上述特征并不是动词短语省略结构所特有的，除了空宾语结构（如下例 43），do it/that 回指结构（如下例 44）以及动词短语弱读结构（deaccented VP，如下例 45）等均具有上述特征（参见 Sag，1976；Tancredi，1992；Ai，2008 等），因此具有这些特征并不是判定一个结构是否是动词短语省略结构的充分必要条件。

（43）严格/宽泛解读歧义：
张三看见了他妈妈，李四也看见了。
a. 严格解读：张三看见了张三的妈妈，李四也看见了张三的妈妈。
b. 宽泛解读：张三看见了张三的妈妈，李四也看见了李四的妈妈。

局域性效应：

张三看见了他妈妈，王五知道李四也看见了。
a. 严格解读：张三看见了张三的妈妈，王五知道李四也看见了张三的妈妈。

b. 宽泛解读：张三看见了张三的妈妈，王五知道李四也看见了李四的妈妈。

*c. 定域限制：张三看见了张三的妈妈，王五知道李四也看见了王五的妈妈。

（44）严格/宽泛解读歧义：

John hit his brother，and Mary knew Bill did that too.

a. 严格解读：John hit John's brother, and Bill hit John's brother too.

b. 宽泛解读：John hit John's brother，and Bill hit Bill's brother too.

局域性效应：

John hit his brother，and Mary knew Bill did that too.

a. 严格解读：John hit John's brother，and Mary knew Bill hit John's brother too.

b. 宽泛解读：John hit John's brother，and Mary knew Bill hit Bill's brother too.

*c. 定域限制：John hit John's brother，and Mary knew Bill hit Mary's brother too.

（45）严格/宽泛解读歧义：

John hit his brother，and Bill hit his brother[①] too.

a. 严格解读：John hit John's brother，and Bill hit John's brother too.

b. 宽泛解读：John hit John's brother, and Bill hit Bill's brother too.

局域性效应：

John hit his brother，and Mary knew Bill hit his brother too.

a. 严格解读：John hit John's brother，and Mary knew Bill hit

① 虚线部分表示弱读的部分。

John's brother too.

b. 宽泛解读：John hit John's brother，and Mary knew Bill hit Bill's brother too.

*c. 定域限制：John hit John's brother，and Mary knew Bill hit Mary's brother too.

2.3.2.3 动词短语省略允准限制

前文提到动词短语省略结构一般由情态动词允准，然而必须要问的是，是否所有情态动词都可以允准动词短语省略结构？Lobke（2010）以荷兰语情态补语省略（Modal Complement Ellipsis）为切入点提出了动词短语省略的允准理论，并希望能够推广至其他结构及语言。他认为动词短语省略是通过省略允准核心与省略部位的一致关系来实现的。周永、江火（2014）指出汉语明显缺少一致关系，汉语省略的允准是由词汇中心语（lexical head）的性质决定的，而不是由一致关系决定的。李艳惠（2005）也持类似观点，她认为有义无音的空位的存在和意义是由句法中的中心语（head）的选择限制来决定的，只有被中心词选择的成分才可以省略。

（46）空语类的选择限制

i. 如果中心词选择空语类 E 作为补语，那么 E 必须投射。

ii. E 只有被中心词选择时才能以零形式生成（无词汇形式）。

（李艳惠，2005，p.8）

在助动词结构中，中心词是助动词，其词汇性质要求它选择动词短语作为它的补足语（complement），因此被选择的动词短语可以以零形式生成，如：

（47）明能马上做完；汉也能。（李艳惠，2005，p.8）

情态动词“能”的词汇性质要求它选择动词短语作为补语，因此其后的动词短语可以以零形式出现。然而，词汇中心语的性质或选择限制（子语类属性）并不是允准省略的充分条件，词汇特征等也会限制省略结构的允准与否。例如，情态动词“一定”同“能”一样，都选择动词短语作为补语，然而省略其后的动词短语却不合法。

（48）*明一定能马上做完；汉也一定。

情态动词的什么词汇特征影响着动词短语省略的允准呢？该问题在文献中涉及较少。Wu（2003）认为情态动词可以分为义务情态（deontic modality）和认识情态（epistemic modality）。现代汉语中只有表义务的情态动词可以允准动词短语省略，而表认识的情态动词不可以，如：

（49）a. 张三可以去上海，李四也**可以**。（义务情态）
*b. 张三应该去上海，李四也**应该**。（认识情态）

（49a）中“可以”是义务情态，可以允准省略结构，而（49b）中“应该”表认识情态，它引导的省略结构是不合法的。Ai（2008）指出从义务情态/认识情态的角度去分析虽有一定的解释力，但并不充分。因为很容易找出表义务的情态动词不能允准省略的例子，也能找出表认识的情态动词能够允准省略的例子，如：

（50）*a. 张三**必须/得**去上海，李四也**必须/得**。（义务情态）
b. 张三**可能**去了上海，李四也**可能**。　　（认识情态）
（Ai，2008，Chapter 4，（16）—（17））

他进一步指出，真正制约动词短语省略的并不是义务与认识的区别，而是可能性（possibility）与必然性（necessity）的区别，即表可能的情态动词，不管是义务的还是认识的，都可以允准省略；而表必然的情态动词，不管是义务的还是认识的，都不能允准省略。如下表中，“可能性”一行的情态动词均可以允准省略。

表 2.1

	义务情态	认识情态
可能性	可以，会，敢，肯，能/能够	可能
必然性	该，得，必须，应当	应该

综合考虑，Ai 的分析比 Wu（2003）的要更科学，能涵盖更多语言事实。总而言之，动词短语省略的允准除了要满足中心语的选择限制条件以外，还要受词汇本身的语义特征影响。

2.3.2.4 动词短语省略解析

（一）情态动词短语省略

上文提到省略结构的解析主要有两种途径：语音删略法（PF-deletion）和逻辑式复制法（LF-reconstruction）。前者假设句子在向语音层面输出时有完整句法结构，到语音层面才把某些句法成分删除，从而得到语音形式空缺的省略结构。后者认为省略部位是基础生成的，即向语音层面输出的是一个包含空成分的句子，该空位的释义在语义层面得到重建。现代汉语情态动词短语省略结构的解析也基本遵循上述两个途径。Huang（1994a，1993，1997）、Ai （2008）等支持语音删略观点，李艳惠（Li，2005，2007）等支持基础生成观点。

在 VP 内部主语假设理论下（VP-Internal Subject Hypothesis，见 Zagona，1982； Kitagawa，1986；Kurdo，1988；Koopman & Sportiche，1991；McNally，1992；Burton & Grimshaw，1992；Huang，1993；Ai，2008 等），现代汉语动词短语省略结构的生成解析过程如下所示。

（51）主语 $_i$（否定词）情态动词/助动词 ~~[$_{vP}$…[$_{VP}$ t_i…]]~~

在此假设下，主语从 VP 内部移走后留下了语迹 t_i。既然 VP 内部存在语迹，那么 vP 定是有内部结构的，空位是删除 vP 后生成的。空位原本有完整的句法结构，其解析自然也就无须在逻辑层面复制先行词的语义。

在轻动词理论下（Light Verb Theory，见 Huang，1994a，1997；Lin，2001 等），现代汉语动词短语省略结构的生成解析过程如下所示。

（52）主语 $_i$（否定词）情态动词/助动词 ~~[$_{vP}$ t_i…[$_{VP}$…]]~~

黄正德（Huang，1994a，1997 等）修正和扩展了轻动词理论，并将其应用于汉语研究。他认为轻动词是事件性谓词（eventuality predicates），并可以为主语指派题元角色，主要有“DO、BECOME、CAUSE、OCCUR、HOLD、EXPERIENCE”等种类。主语需基础生成在轻动词 vP 的 SPEC 位置才能被赋予题元角色，后来再移出 vP 留下语迹 t_i，因此 vP 也应该存在内部句法结构，空位的生成是删略的结果。空位的解析也是直接的，无须语义复制。如在下例中，主语“我”被移出省略部位（vP）后，省略部位（vP）被删除，形成空位。

（53）a.张三敢爬树，我也敢。

b. [$_{IP}$张三$_i$敢[$_{vP}$ t_i [$_{VP}$爬树]]]，[$_{IP}$我$_j$ 也敢~~[$_{vP}$ t_i [$_{VP}$爬树]]~~]].

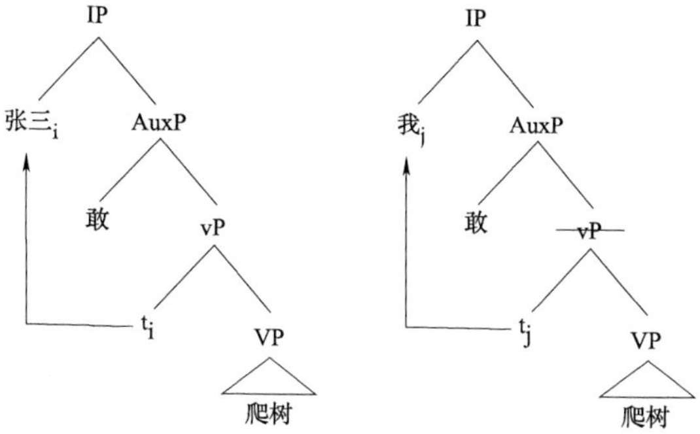

图 2.7

李艳惠（Li，2005）等则认为删略分析无法解释汉语中动词短语省略的各种句式及意义（对删略法和基础生成法优缺点的争议也可参见 Winkler & Schwabe，2003 的评述）。她认为空位是基础生成的 pro-form，其存在和意义取决于词汇核心的选择性限制，只有能被中心词选择的成分才可以以空位的形式呈现，见上文例（47）。缺失的动词短语内容的理解，包括词汇材料和它们的结构，依赖于先行成分。即便是在先行词不存在的情况下，如在语用控制的环境下，汉语使用者也可以通过语篇/语境来重新构建空位语义，见下例。

（54）[语境：小明能说英语]

小红：我也能。

本书赞成通过先行语或语篇/语境等因素恢复空位语义的解析思想，即用具有完整结构的有着合适词汇内容的成分来替代空缺，但是李艳惠（2005，2007，2014 等）没有讨论具体操作方法，比如，如何寻找具有完整结构的有着合适词汇内容的成分？如何确定空位中代词的指称歧义？众所周知，生成语法是基于单句（single sentence）的、脱离语境的（context-free）语法形式。那么超出单句范围的、依赖语篇/语用/语境的空位成分应当如何解析呢？这些问题在生成语法框架下均没有讨论。本书第四至七章会详细展示，在动态句法学框架下，这些问题是如何解决的。

（二）“是”字扶持句

我们之所以把“是”字扶持句单列一个小结进行讨论，是因为该结构也是文献中争议较多的一个结构。

Li（2002）对“是”字扶持句进行了相对全面的讨论，指出它是类似英语的动词短语省略结构（vPE）。Xu（2003，p.164）也持同样的观点，他认为“尽管汉语缺乏与英语的 do 对等的助动词，但有自己的动词短语省略结构”，“汉语的系动词‘是’可以用作动词短语的替代词（pro-VP）”。

Soh（2007）进一步指出，汉语中的助词如“是”“能”“会”“可以”“肯”和“敢”等都能允准省略。但是她（Soh，2007，p.181）认为“是”和“能”之类的助词占据的句法位置不同：前者位于否定（negation）之上，后者则位于否定之下。因此，二者允准的省略成分也有所不同：“是”允准 ΣP 的省略，而“能”等词则允准 vP 的省略。ΣP 以否定标记词（如“不”）或零形肯定标记为中心词，即范畴 Σ 可由否定或肯定来实现。

李艳惠（2005，2007）、周永和江火（2014）等认为“是”的主要作用是确认先前的陈述，与命题相关，而命题往往被看作屈折短语（IP），“是”字允准的是 IP 的省略，包括助动词和副词。两者的不同在于，李艳惠（2005，2007）认为空位成分 IP 是基础生成的，而周永和江火（2014）认为空 IP 是删略而成的。周永和江火（2014）进一步指出，现代汉语后续句中（即省略结构目标句）“是”的使用是为了肯定一个命题，其相关的是某个命题或陈述的真假值问题，相当于“某某也是那样”，在语流中有时候“那样”可以脱落。

Ai（2014a）持不同意见，他认为现代汉语“是”字扶持句既不同于英语助动词引导的动词短语省略结构，也不是 IP 省略结构。英语助动词 do 允准动词短语省略，而“是”字允准的是一种深层照应关系（deep anaphora，见 Hankamer & Sag，1976）。他指出“是”字后面省略的既非 ΣP 也非 vP 或 IP，而是 DP 成分；“是”只是一个普通的系动词，“是”字扶持结构只不过是空宾语结构，而空宾语可以轻易地用“这样”来还原（reconstruction）。

（55）空位 DP 还原：

张三喜欢他的弟弟。李四也是 [DP 这样]。

[Ai，2014a，（10）]

本书认为，Ai 将“是”字扶持句看作深层照应关系的看法值得商榷。Hankamer & Sag（1976）所讨论的深层照应与表层照应的区别并不适用于汉语。他们指出，动词短语省略结构（vPE）是一种典型的表层照应关系，因为该结构抵触语用控制，如下例所示。

（56）[Hankamer attempts to stuff a 9-inch ball through a 6-inch hoop]

Sag：* It’s not clear that you’ll be able to [vP__].

［Hankamer & Sag，1976，（3－4）］

他们认为英语动词短语省略结构，在没有显性语言形式的先行语时是不合法的。然而现代汉语并非如此。上文很多例子都显示（如 38d、54），在语用控制下，汉语动词短语省略结构是完全合法的。由此可见，深层照应与表层照应的区别并不适用于汉语。此外，根据廖旭东和黄伯荣（2007：20）的观点，“这样”不能分析为作论元成分的 DP，因为它与谓语有相同的句法功能，所以可以受“也”这个副词的修饰。因而，“是”字扶持句是空宾语结构，且空宾语可用“这样”来还原的看法也是站不住脚的。

李艳惠（2005，2007）以及周永和江火（2014）所持的省略句中“是”的使用是为了肯定一个命题的说法也值得商榷。尽管“是”的使用在很多语境下都是表示对前句的肯定，比如“张三考试及格了/是的，及格了”，这里的“是”字是对命题“张三考试及格”的肯定，说明其真值为真。但在“张三拜见了他的老师，李四也是”中，后续句并不是对前句的肯定，并不是说“张三拜见了他的老师”为真，而是表达“李四也拜见了他的老师”，后句更不是“李四也是张三拜见他的老师”删略了“张三拜见他的老师”而来，因此周、江的 IP 省略分析有悖语言事实（周、江 2014 的分析可见下图）。

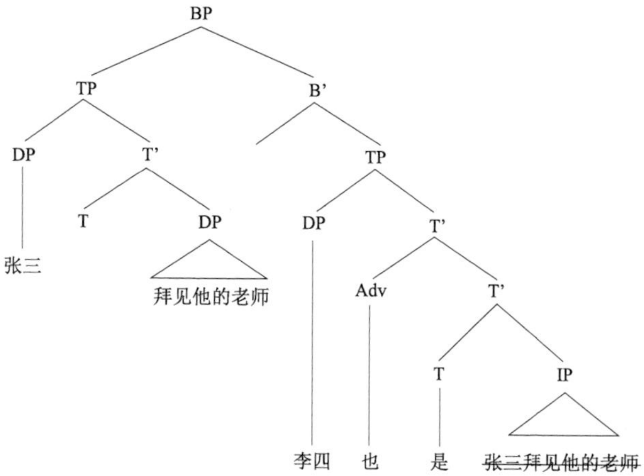

图 2.8

（周永和江火，2014）

从语义理解上看，现代汉语省略句中的系动词“是”替代了前句中的动词短语，可被视作谓词的替代词（pro-VP 或 predicate pro-form，见 Xu，2003；Wu，2011）。实际上，根据 Wu（2011）的考察，现代汉语系动词“是”的替代功能可能与古代汉语里“是”的指示功能有关：“是”字在先秦时期曾用作指示代词，功能上相当于“这”，如“富与贵，是人之所欲也”（《论语》）（参见王力，1958，p.353）。谓词替代词与名词性代词一样，本身在语义上都具有不明确性的特征（semantic underspecification），实际的语义值都需要在语境中寻找。因此，这种替代过程实质上是一种语用充实的过程（pragmatic enrichment，参见 Carston，2002; Wilson，2004; 冉永平，2005 等），详细论述请见第五章。

2.3.3 动词空缺句

2.3.3.1 动词空缺句及其句法特性

动词空缺句（Gapping）是指后续句中发生动词空缺的句子，最早由 Ross（1967）提出，典型的动词空缺句如：

（57）John likes English and Mary __Mathematics.

继 Ross 之后，有众多语法学家对该句式进行了研究，如 Jackendoff（1971）、Hankamer（1973）、Neijt（1979）、Johnson（1994，2004，2009）等。综上研究，英语动词空缺句主要有以下特点：（1）通常出现在并列结构中且受内嵌限制，即空缺的动词和其先行语均不能出现在内嵌句中；（2）残余成分一定是主要成分；（3）动词空缺句遵循岛条件（island constraints）等。

现代汉语中是否存在类似英语的动词空缺句，一直存有争议。一些学者（刘丹青，2010；Tsai，1994；李艳惠，2005；贺川生，2007 等）认为汉语中不存在动词空缺结构。另一些学者（Li，1988；Paul，1996a，1996b，1999；Tang，2001；Ai，2014b 等）则认为，虽然动词空缺结构在汉语中的分布远不如在英语中广泛，但也还是存在某些形式的空缺句的。

Li（1988）观察到当宾语是一个量化的名词短语时，空宾语结构可以接受，因而提出汉语动词空缺结构需遵循表层过滤原则：*N Ø N，其中 N=光杆名词核心[①]。

① 光杆名词核心指不带限定词或数量词的光杆名词，比如“橘子”“李四”等。

（58）张三吃了三个苹果，李四__四个橘子。

Paul（1999）认为表层过滤原则过于宽泛，会允准不合法的句子，进而提出汉语动词空缺句应遵循更为严格的句法语义限制条件。

> 首先，动词空缺仅限于非类指动词短语（non-generic VP）；其次，动词空缺仅限于表达“和”不能表达“或”的语义关系；第三，动词空缺仅在口语中出现，且要求对应和残余之间存在比较严格的对比关系；第四，南北不同地域的汉语母语人群对动词空缺的可接受度存在差异。
>
> （转引自傅玉，2012，p.26）

傅玉（2012）指出 Paul 的“非类指动词短语”条件同样面临过于宽泛的问题，一些非类指动词短语允准的动词空缺句不合法，如：

（59）*我教过这些学生，你那些学生。

此外，一些动词空缺句似乎能够允许“类指的动词短语”，如：

（60）我要红色的玫瑰，他紫色的郁金香。

他进一步对比了例（61）中各句，指出语气对动词空缺句的可接受性也有一定影响。

（61）*a. 张三吃了这个苹果，李四那个橘子。
b. ？？我吃这个苹果，他那个橘子。
c. 我吃这个苹果，你那个橘子。

对比（61c）与（61a）、（61b）两句，（61c）句可接受是因为该句为祈使语气，由此，他进一步归纳汉语动词空缺句的基本句法语义特点如下。

（62）a. 祈使语气且第二残余为非光杆名词中心语；或者
b. 动词补语为数量名词短语。

不过以上归纳也未涵盖所有现代汉语动词空缺结构，比如：

（63）a. 张三一年不考进清华，你就甭提我____北大的事。
b. 张三考进了清华，我____北大自认为没问题。
（Ai，2014b）

Ai 给出的两个例子均可接受，但动词补语并不是数量名词短语，句子也不是祈使语气。

除此之外，讨论汉语动词空缺句的还有 Tang（2001）等。他认为例（58）所示的句子不是动词空缺句，而是空动词句（empty verb sentence），而如下例所示的左边界删除结构（Left Peripheral Deletion）可以看作汉语的动词空缺句[①]，不过此观点的附和者较少。

（64）a. 老师送了张三一本书，李四一支笔。
b. 他放了一本书在桌子上，三支笔在椅子上
c. 医生劝张三戒烟，李四戒酒。
［Tang，2001，（30）—（32）］

综上所述，本书认同现代汉语中存在动词空缺句，只是其在汉语中的分布远不如在英语中广泛。

2.3.3.2 动词空缺句解析

文献中，动词空缺句主要有两种解析方案：语音删略说（PF-deletion，Jackendoff，1971 等）和跨界移位说（across-the board movement，参见 Johnson，1994，2004，2009；Tang，2001；贺川生，2007 等）。语音删略说认为，动词空缺结构中前后两个小句并联，后续句即动词空缺小句中宾语移出 VP 后，VP 在语音层面被删除。跨界移位说认为动词空缺句是基础生成的，并联的结构是两个动词短语，动词经历 V-v-T 跨界移位。而且，非空缺小句的主语移位至 TP 指示语位置，空缺小句的主语停留在原位，如图 2.9 所示［Tang，2001，（41）］。这一观点占据主要地位。

① Tang（2001）以 Johnson（1994）提出的跨界移位说（动词由 V 移位至 T 位置）为基础，结合汉语动词 V 无法提升至 T 位置的观点（Cheng，1989；Tang，1990；Huang，1991b，1994a，b，1997；Tsai，1994；Gu，1995； Li，1997 等），认为现代汉语中不存在类似英语的动词空缺结构。他把汉语左边界删除结构当作动词空缺结构，认为在左边界删除结构中两个 VP 并列，其中 V 经历 V-to-v 移位，在原位置留下空位，如“老师[$_{vP}$送 i [$_{VP}$ t_i张三一本书，t_i李四一支笔]]”。

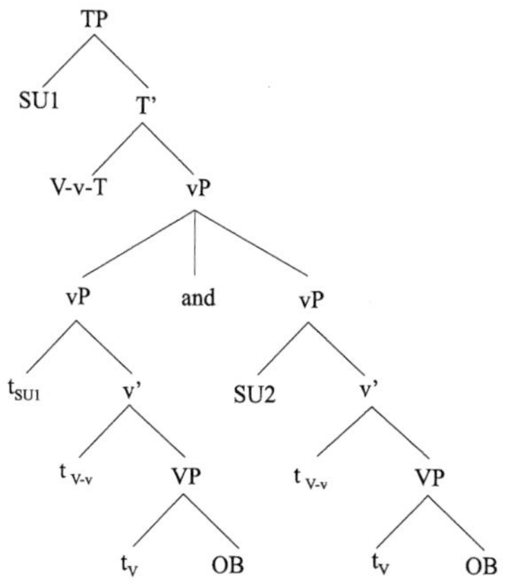

图 2.9

Paul（1999）试图利用 Johnson 的"跨界移位说"来解析汉语动词空缺结构，但受到很多学者反对，其中有傅玉（2012）、Ai（2014b）等。他们指出，汉语动词空缺句并不限于并列结构，也不遵循岛条件［如上文例（63）］，这显然违背跨界移位分析的基础理论条件（两个动词短语 vP 并列）。

与以往分析不同，Ai（2014b，p.131）采用了较为复杂的方法解析此类省略句，涉及话题化（topicalization）、焦点移位（focus movement）及 IP 删除（IP deletion）等一系列句法操作手段，如下所示。

（65）a. [$_{TopicP}$ 瓜瓜 $_i$ [$_{FocusP}$ 四个橘子 $_j$ [$_{IP}$ t_i 吃了 t_j]]]

（话题化、焦点移位）

b. [$_{TopicP}$ 瓜瓜 $_i$ [$_{FocusP}$ 四个橘子 $_j$ ~~[$_{IP}$ t_i 吃了 t_j]~~]]

（语音删除）

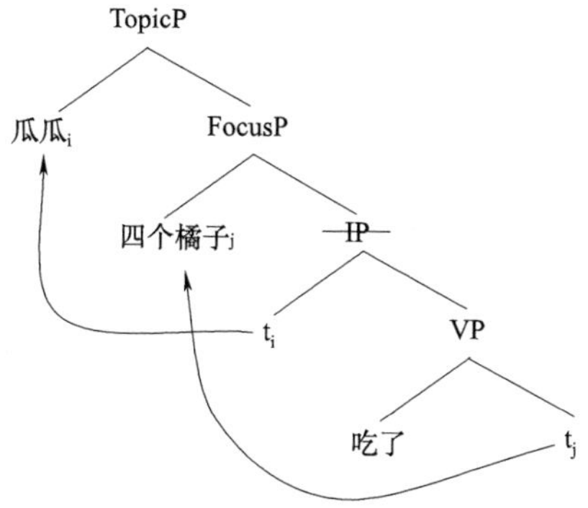

图 2.10 解析"瓜瓜四个橘子~~[ ]~~"

（为方便展示操作手段，略去图中部分中间节点）

名词主语“瓜瓜”经历了话题化，从 Spec，IP 的位置移至 Spec，Topic P 位置。在“瓜瓜”被话题化之前，第二个名词短语“四个橘子”经历了左侧位的焦点位移，由宾语位置移至位于 IP 之上、Topic P 之下的焦点 P。如 65b 所示，剩下的 IP“t_i 吃了 t_j”在 PF 层面被删除，最终生成了我们所见的“瓜瓜__四个橘子”这种结构。

然而，Ai（2014b）的分析除过于复杂之外，还有一个明显的问题。众所周知，由于汉语是话题突显性语言，所以在信息结构层面，句子主语作为谈论对象常常具有话题功能，表达已知信息（Chao，1968）。而宾语则常常提供新信息，因此它是句子的自然焦点（natural focus）。若上例中省略句的生成是由于主语和宾语分别经历了话题化和左侧位焦点位移，那么，它的前句即先行句也应该经过同样的句法操作过程才能生成，因为两个并列句的主语和宾语传达的信息功能是完全相同的。按此分析，我们就会得到“豆豆三个苹果吃了，瓜瓜四个橘子”的表达式，这显然与语言事实不符。再进一步而言，若按照 Ai（2014b）的分析，所有常规主谓宾句的生成都要经历话题化和左侧位焦点位移这些复杂的句法操作过程，这既不合情理也没有必要。

傅玉（2012）认为汉语中不存在类似英语的动词空缺句，“表面上”的动词空缺句属于一种“情景省略”，他进一步指出，在现代汉语中，除前文论述的“典型”动词空缺句之外，“还存在一种特殊的动词空缺句——在形式上，存在严格的语义对比关系，且通过重音和语调等语音手段体现出来；在表征上，并连的第二或之后的小句动词发生空缺，或在特殊语境下（如问答句中）所有小句动词空缺；在使用上，仅在口语中出现；在结构上，不拘于句子，甚至涉及话语（如问答句）。从广义上讲，这类动词空缺句已不再局限于‘句子语法’的范畴，已经涉及‘语篇语法’的领域”（傅玉，2012，p.30）。空缺的成分依赖于语境才能得以还原，例如：

（66）a. 工人：老板，哪些柜子我刷？
　　工头：你里面的柜子，他外面的柜子。
b.（安排住宿）
　　室友 A（对室友 B 说）：你上铺，我下铺。

这类超出句子范畴的省略结构需要依赖语境才能还原其语义，不过他并未论述相关语义还原的具体操作方法。显然，脱离语境的语法无法处理此类结构。本书将在动态句法这一将句法、语义和语境结合起来的语法框架下处理此类结构，详细解析请见第六章。

2.3.4 片语

片语，指话语片段（fragments），也就是不具备完整的主语—谓语结构的句子，可以是对话中简短的答语，或者回应性的话语等只言片语，如：

（67）a.（B 打断 A 的话语）
A：张三吃了。
B：三个苹果。
b.（A 与 B 之间的对话）
A：阿 Q 看见了谁？
B：吴妈。
c.（A 与 B 之间的对话）
A：天气真好。
B：对。
d. A：张三吃饭了吗？
B：没。
e. A：张三喜欢流行歌曲吗？
B：不。

国外语言学界对上述片语的研究主要持两种观点，即省略法和直接解释法。省略法把上述结构作省略结构处理；直接解释法则认为片语本身可以表达一个断言，不存在省略现象。

在传统语言学研究中，赵元任（1968，p.41－42）指出，汉语里的句子“可以从结构上分为整句和零句。整句有主语、谓语两部分，是连续话语中最常见的句型。零句没有主语—谓语形式。它最常见于对话以及说话和行动掺杂的场合。大多数零句是动词性词语或名词性词语。”在日常会话中，零句非常普遍。对于这些没有主—谓形式的片段性结构，赵元任认为应该秉承“尽量少说省了字的原则”。吕叔湘（1979，p.67－68）也持类似观点：“关于省略，从前有些语法学家喜欢从逻辑命题出发讲句子结构，不免滥用‘省略’说。”朱德熙（1982，p.220）也指出“省略的说法不宜滥用，特别是不能因为一个句子意义上不自足就主观地说它省略了什么成分”。

本书认为上述只言片语，虽然自身意义上可能并不“自足”，但依赖语境可以直接解析，无须分析为省略了某些成分。因此本书将采用依赖语境直接解析的方法来处理上述结构，以反映语言使用者对语言的直观感知和使用习惯，具体解析请详见本书第七章。

2.4 本章小结

本章首先从宏观角度介绍了允准省略结构的一致性条件和解析途径。一致性条件包括语义一致性条件和句法一致性条件。解析途径包括非结构性途径（nonstructural approaches）和结构性途径（structural approaches）。前者认为省略部位没有内部结构，即“所见/听即所得”，不存在没有语音形式的句法位置。后者认为省略部位有内部结构，即存在没有语音形式的句法位置。其中重点介绍了结构性途径中的逻辑式复制途径（LF-copy）和语音删略途径（PF-deletion）。前者认为省略部位是一个基础生成的空成分（null proform），该空成分的意义通过拷贝先行语的逻辑式层面表征（LF-reconstruction）获得。后者认为省略部位的句法结构并未缺失，只是语音形式在 PF 层面被删除了。

除对省略结构研究的宏观介绍外，本章还综述了现代汉语中争议较大的几类省略结构：空主语结构、空宾语结构、动词短语省略结构和动词空缺句。本章不仅探讨了各类结构的句法语义特点和允准限制条件，如：论元缺省与空语类存在区别，动词短语省略主要由情态动词允准并受情态动词本身语义特点限制，动词空缺结构受严格的句法语义限制等；还重点介绍了生成语法框架下以上各类结构的解析方案，并讨论了其优缺点。此外，本章还简单介绍了片语（fragments）及其国内外的研究情况，并指出本书将采用依赖语境的直接解析法处理此类结构。总而言之，上述各类省略及片语等音—义不匹配的结构情况复杂，具有强烈的语境依赖性，但由于之前研究所参照的理论框架本身的局限性，目前还没有得到相对统一的解析。

第三章

理论框架：动态句法学

本书拟采用的理论框架是动态句法学（Dynamic Syntax，以下简称DS）。自20世纪70年代末以来，国际语言学界尽管各种思想流派纷呈，但语言学研究总体上呈现出两大趋势：（1）由分到合；（2）由抽象到具体。众所周知，语言学工作者在分析语言时，常常把一个完整的语句分成语音、句法、语义和语用等若干个层面，这种做法主要是为了研究的方便。但若一味地割裂语句的合成结构与其表达的语义内容及使用语句的特定语境，我们可能难以看清语言的运作机制及其本质属性。因此，继生成语法之后，一些有较大影响的语言学理论如词汇－功能语法（Lexical-Functional Grammar，见 Kaplan & Bresnan，1982；Bresnan，2001）、由中心语驱动的短语结构语法（Head-Driven Phrase Structure Grammar，见 Pollard & Sag，1987，1994）等都在其理论模型中设立多个层面，力求对语句的结构、功能、语义及语用等信息进行较为全面的合力刻画。难能可贵的是，中国语言学界在取得长足进步的同时，也曾兴起关于句法、语义及语用三个平面的研究范式（见胡裕树，1981；胡裕树和范晓，1993）。遗憾的是，该范式似乎只提出了多层面分析的宝贵思想，而未将其互动关系进行必要的形式化刻画。① 此外，一些语言学理论在进行精细的语法分析时，不仅仅停留在脱离语境的抽象研究上面，而且注意结合语句使用的具体环境，如话语再现理论（Discourse Representation Theory，见 Kamp，1981；Kamp & Reyle，1993）。

以上这些语法理论，在其应用分析取得一些成绩之后，都同样面临着

① 一些认知语言学流派同样强调句法、语义及语用三个层面之间的互动关系，但也并未对其做出形式化刻画。运用形式化的语言和方法，将具体语言现象的研究成果进行理论升华，无疑是当代主流语言学的一大特点。

一个较为艰巨的任务，即如何根据奥卡姆剃刀原理简化其烦琐的技术装置。更具体地说，我们能否摈弃分析语句时采用的多个表征层面，而将结构、语义和语用之间的互动关系通过一个表征层面刻画出来。由英国语言学家 Ruth Kempson 等人创立的动态句法学（Kempson et al.，2001；Cann et al.，2005）在世纪之交应运而生，较好地完成了结构、语义及语用界面的形式一体化工作（亦参见 Wedgwood，2005；Kiaer，2014；Wu，2017）[①]。从第二章的综述可见，省略结构的解读不仅涉及句法、语义因素，更涉及语境因素，DS 将三者的互动关系通过一个表征层面刻画出来，因此将是解析省略结构的最理想的理论框架。下文我们重点介绍 DS 的理论模型，以及 DS 对省略结构的解析方案。

3.1 DS 介 绍

DS 认为，所谓“语言能力”就是人们处理语言时所具备的能力，即在言语交流过程中从语音单位提取语义信息的能力。显而易见，这种语言观就是普通人对语言的常识性认识。DS 也由此主张，人类语言里语句的构建都是由语义驱动的，一个完整的句子表达一个有完整意义的命题，代表语句意义的逻辑式才是自然语言句法分析的核心，而句法的任务就是模拟语句逻辑式的动态生成过程。

DS 认为可以从听话人的角度研究语言知识，不必考察抽象的语言能力，或者说语言的生成（production），因为生成的过程依附于解析过程（参见 Kempson et al.，2002，p.20）。因此，DS 是一种基于解析的形式句法理论（parsing-based grammar formalism）。它将句法定义为依据语境渐进地构建语句逻辑式的动态过程。为体现语言实时理解及表达的高度渐进性，DS 对语句采取由左至右的递增式解析方法，以扩展树结构的方式实现建立语句命题逻辑式的目标。与最简方案（Minimalism，见 Chomsky，1995）类似，在动态句法模型中只有一个表征层面，即逻辑式（Logical Form）。而不同于最简方案的是，DS 的逻辑式是对语义内容的表征，反映语句的函项–论元结构。

① 值得一提的是，Wedgwood（2005）是关于匈牙利语研究的语言学著作，它没有采用动态句法学的形式化方法，而只是汲取其中一些理念对匈牙利语进行了分析。Kiaer（2014）主要是关于韩语的动态句法解析，而 Wu（2017）采用动态句法学框架对汉语语法结构的接口现象进行了动态刻画。

3.2 DS 理论模型

动态句法学强调词义、结构和语用之间的互动关系在自然语言表达和理解中所起的作用，把句法和语义融合在一个能够对语句进行完整解析的理论框架里，从而将结构形式与语义功能的解释统一起来。DS 运用自然语言理解的加标演绎系统（Labelled Deductive Systems，见 Gabbay，1996），将自然语言的理解过程看成是得到特定语义类型（通常是 t）的逻辑表达式的演绎过程，这一过程通过树结构的动态构建得以实现。在表现形式上，这是一个代表语句逻辑式的树结构的“生长”过程，即随着词汇从左到右的线性输入，调用相关行为指令，树结构的内容也逐步丰富，体现了其递增性的特征。在树结构的生长过程中，也就是解析过程中允准了三种行为指令（actions）的互动：（1）词汇行为（lexical actions）；（2）计算规则（computational rules）；（3）语用行为（pragmatic actions）。词汇行为指令即被解析的词项的语义内容所提供的行为指令，计算规则提供构建结构树的模板、指导树结构的扩展与完善，语用行为指令完成基于语境的语用充实等。在介绍这三种行为指令之前，我们先简单介绍一下树结构以及树节点的修饰。

3.2.1 部分树及节点修饰

DS 利用扩展树形图的方式模拟语句的语义构建过程，在最终获得完整的语义树之前所得到的树结构都是部分树（partial tree）。所构建的树形图由有限树逻辑（logic of finite trees，LOFT）来描述。树节点的修饰信息包括节点的语义类型、所表达的语义内容、节点位置、时体信息等。DS 系统是句法和语义结构的并行演绎，进行句法语义推演的基本单位是<标记、公式>序对，而且标记（label）和公式（formula）代表的是两个独立运算的系统。每个自然语言表达式都对应一个<标记、公式>序对，如“木兰”对应<Ty(e)，Fo(ι,x,木兰'(x))>序对：Ty(e)标示“木兰”这一名词论元的语义类型；逻辑式 Fo(ι,x,木兰'(x))标示名词所表达的语义内容，即说话人使用语句时特指一个叫木兰的女性个体[①]。常见的语义类型除名词“木兰”所对应的 Ty(e)外，还有 Ty(e→t)、Ty(e→(e→t))、Ty(t)等，分别表明该节点的

---

① 在 DS 中，专有名称被统一处理为投射一个 iota 名项（term），ι 是唯一性算子，主要功能是用来挑选出专有名称特指的个体，详见 Cann et al.（2005）。

逻辑类型为：一元谓词、二元谓词、完整的命题逻辑等。更多常见语义类型请见下表。

表 3.1　　　　常见语义类型

逻辑表达式	语义类型
Ty(e)	个体
Ty(t)	命题
Ty(e→t)	（一元）谓词
Ty(e→(e→t))	（二元）谓词
Ty(*e*→(e→(e→t)))	（三元）谓词
Ty(*t*→*t*)	句子修饰语
Ty((c→t)→(e→t))	副词性修饰语
Ty(*cn*)	普通名词
Ty(*cn*→*e*)	限定词

DS 系统采用多种标记类型，除语义类外，需要时还标记节点位置、时体信息等。节点位置由 Tn 标示（Tn=tree node），标示中包含 0 和 1，按惯例含 0 的节点位于母亲节的左边，表示论元女儿节，含 1 的节点位于右边，表示函项女儿节。

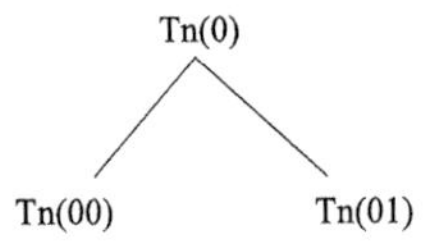

图 3.1　节点位置图示

除了标示某节点的固定位置，节点的修饰信息还可以包含该节点与树中其他节点的关系，由有限树逻辑中的树模态算子表示，如：

$\langle\uparrow\rangle\langle\downarrow\rangle\langle\uparrow_0\rangle\langle\uparrow_1\rangle\langle\downarrow_0\rangle\langle\downarrow_1\rangle\langle\uparrow_*\rangle\langle\downarrow_*\rangle\langle L\rangle$

这些模态算子可以指示某节点的子节、母节以及任何支配该节点或由该节点支配的节点：$\langle\downarrow\rangle$标记子节关系，$\langle\downarrow_0\rangle$、$\langle\downarrow_1\rangle$分别标示某母节点支配下的论元子节与函项子节；$\langle\uparrow\rangle$相反标记母节关系，$\langle\uparrow_0\rangle$、$\langle\uparrow_1\rangle$分别标示论元子节的母节点和函项子节的母节点。$\langle\downarrow_*\rangle$标示非直接支配节点之间的关系，只说明某一节点在另一节点之下，$<\uparrow_*>$则相反；<L>标示两个结构树之间的链接关系[①]。若以 Tn(0)为参照节点，常用模态算子标示的关系可参见下表。

表 3.2　　　　树节点关系

$\langle\downarrow_0\rangle X$	X 为 Tn(0)的论元女儿节
$\langle\downarrow_1\rangle X$	X 为 Tn(0)的函项女儿节
$\langle\downarrow\rangle X$	X 为 Tn(0)的女儿节
$\langle\uparrow\rangle X$	X 为 Tn(0)的母亲节
$\langle\downarrow_*\rangle X$	X 为 Tn(0)支配的节点
$\langle\uparrow_*\rangle X$	X 为支配 Tn(0)的节点
$\langle\downarrow\rangle\langle\downarrow\rangle X$	X 为 Tn(0)女儿节的女儿节
$\langle\uparrow\rangle\langle\uparrow\rangle X$	X 为 Tn(0)母亲节的母亲节
$\langle L\rangle X$	Tn(0)为 X 的链接发起节点
$\langle L^{-1}\rangle X$	X 为 Tn(0)的链接发起节点

以上介绍了树节点的修饰信息可以包含语义类型、语义内容、节点位置等。除此之外，必要时还可以标记语句时体信息以及语句类型等，如 Tns（Present）、Asp（Perfective）、+Q（uestion）分别标示一般现在时、完成体，以及疑问句。树图上节点的修饰并信息非总是确定的，有时由一组需求（requirements）修饰，例如，每个树图的根节点最初都由?Ty(t)修饰，其中?表示需求，意味着解析的目标就是要最终获得一个代表句子完整意义的命题逻辑式。实际上，DS 的解析是由需求驱动的，即在构建树结构的过程中，不断有目标需要完成，当所有目标都被满足时，解析才能成功。例如，要实现一个类型为 t 的需求，就要求其有一个类型为 e 的论元女儿节和一个类型为 e→t 的函项女儿节，分别记为?Ty(e)和?Ty(e→t)。

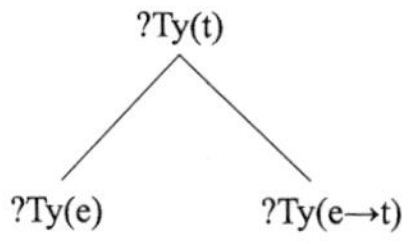

图 3.2　需求图示

① 链接是共享某项信息的两个结构树之间的关系，常用于关系从句、话题结构等语言现象的解析，详细信息可参考 Cann et al.（2005）。

另外，节点的修饰信息还允许标示不足（underspecification）的情况，包括语义标示不足（semantic underspecification）和结构标示不足（structural underspecification）两类。举例来说，“木兰”这一名词论元的语义标示是充足的，由 Fo(ι,x,木兰'(x))这个逻辑式标示其表达的语义内容，即说话人使用语句时特指一个叫木兰的女性个体；而代词的语义标示是不充足的，其语义信息尚不明确，公式值由一个元变量标示，记为 Fo(U)。例如，在理解代词“他”时，我们只知道它表示的是一个男性个体，但具体指示哪个个体需要在相关语境中才能确定。结构标示不足指某些节点的位置待定（unfixed node），只知道它应该出现在树结构中，但确切位置需要在后续解析中才能确定。

3.2.2 树结构“生长”

上节简单介绍了部分树及其节点的修饰信息，修饰信息可包括节点位置、语义类型、语义内容、时体信息和需求等。那么，树结构是如何“生长”的？是如何从一个部分树转变为另一个部分树的？节点上的修饰信息是如何一步步完善的？前文提到，DS 运用自然语言理解的加标演绎系统，将自然语言的理解过程看成是得到特定语义类型（通常是 t）的逻辑表达式的演绎过程，这一过程通过树结构的动态构建得以实现。在表现形式上，这是一个代表语句逻辑式的树结构的“生长”过程，即随着词汇从左到右的线性输入，调用相关行为指令，树结构的内容也逐步丰富。相关行为指令（actions）主要指三种：（1）计算规则（computational rules）；（2）词汇行为（lexical actions）；（3）语用行为（pragmatic actions）。计算规则提供构建结构树的模板、指导树结构的扩展与完善，词汇行为指令即被解析的词项的语义内容所提供的行为指令，语用行为指令完成基于语境的语用充实等。

3.2.2.1 计算规则（computational rules）

计算规则提供构建树结构的模板、指导树结构的扩展与完善，是一个部分树向另一个部分树转换时所遵守的普遍规则，即转换规则（transition rules）。常用的计算规则有：引入规则（Introduction）、预测规则（predication）、削薄规则（Thinning）、消除规则（Elimination）、完成规则（Completion）、加接规则（Adjunction）、合并规则（Merge）、链接规则（Link）等。

（1）转换规则（Transition rules）

a. $\dfrac{\text{Input Tree Description（输入树）}}{\text{Output Tree Description（输出树）}}$

$$\text{b.}\quad \frac{\{\ldots\phi\ldots\Diamond\}}{\{\ldots\psi\ldots\Diamond\}}$$

由（a）可见，计算规则包含一个输入描述部分和一个输出描述部分，分别表示应用计算规则时输入的部分树，和应用规则后输出的部分树。需要注意的是，如（b）所示，计算规则总是参照指针（pointer，由菱形符号◊表示）应用的。指针标明当前正在构建的节点。这意味着计算规则不能随便应用，只能运用到目前正在构建的节点上，扩展当前节点或者移动指针到其他节点。

（一）引入规则（Introduction）和预测规则（Predication）

引入规则的作用是把一个主需求扩展为两个次需求，也就是说引入规则允许一个类型为 X 的需求扩展为两个次需求：类型为 Y 的需求和类型为 Y→X 的需求，当次需求实现时，通过演绎推理（Modus Ponens）最初的需求也得以满足。

（2）引入规则：

$$\frac{\{\ldots ?Ty(Y)\ldots\ \Diamond\}}{\{\ldots ?Ty(Y),\ ?\langle\downarrow_0\rangle Ty(X),\ ?\langle\downarrow_1\rangle Ty(X\rightarrow Y),\ldots\ \Diamond\}}$$

$$?Ty(Y)\Diamond \xrightarrow{\text{引入规则}} ?Ty(Y),\ ?<\downarrow_0>Ty(X),\ ?<\downarrow_1>Ty(X\rightarrow Y),\Diamond$$

图 3.3　引入规则树图

如图 3.3 所示，引入规则将一个需求扩展为两个子需求，实现了一个部分树向另一个部分树的转换，但引入规则的应用并未构建新的树节点，只是表明需求。而预测规则的作用是引入需要的节点，并将信息从现有节点转移到新建节点上，同时也将指针移动至新构建的女儿节上。

（3）预测规则：

$$\frac{\{Tn(n),\ldots,\ ?\langle\downarrow_0\rangle\phi,\ ?\langle\downarrow_1\rangle\psi,\Diamond\}}{\{\{Tn(n),\ldots,\ ?\langle\downarrow_0\rangle\phi,\ ?\langle\downarrow_1\rangle\psi\},\{\langle\uparrow_0\rangle Tn(n),\ ?\phi,\Diamond\},\{\langle\uparrow_1\rangle Tn(n),\ ?\psi\}\}}$$

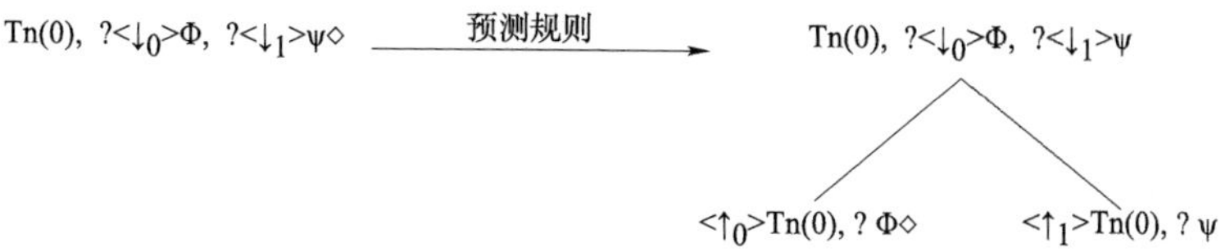

图 3.4　预测规则树图

如图 3.4 所示，预测规则根据引入规则扩展的需求，在树图上构建两个新的节点。也就是说，引入规则引入模态需求，即由模态算子修饰的需求，预测规则根据需求构建新的节点。例如前文提到，DS 将自然语言的理解过程看成是得到特定语义类型（通常是 t）的逻辑表式的演绎过程，即所有语义树的构建都始于一个最初的需求?Ty(t)，该需求可通过引入规则扩展为两个次需求?Ty(e)和?Ty(e→t)，接着由预测规则构建两个子节点，即论元女儿节和函项女儿节，并分别由需求?Ty(e)和?Ty(e→t)修饰，同时将指针移动至新建节点上，如图 3.5 所示。

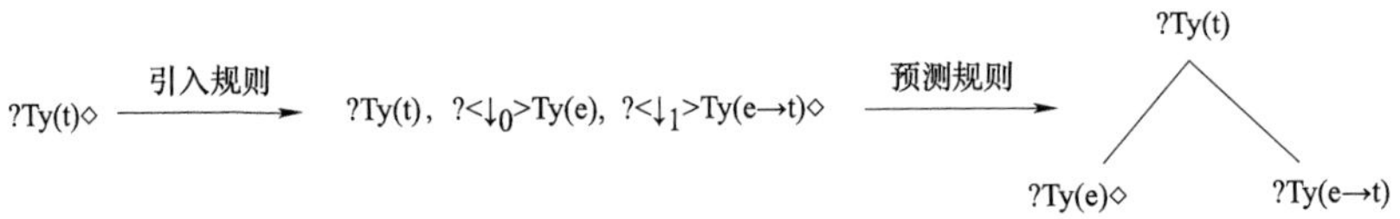

图 3.5　通过引入和预测规则构建主语/谓语节点

（二）削薄规则（Thinning）、完成规则（Completion）、消除规则（Elimination）

引入规则和预测规则的作用是扩展树结构；削薄规则、完成规则和消除规则的作用是累加已经确定的信息，完善树结构。削薄规则的作用是，在一个节点的修饰中同时有需求和能满足需求的成分时，把需求消去，指针保持不动。

（4）削薄规则

$$\frac{\{\ldots\phi\ldots?\phi\ldots,\Diamond\}}{\{\ldots\phi\ldots\Diamond\}}$$

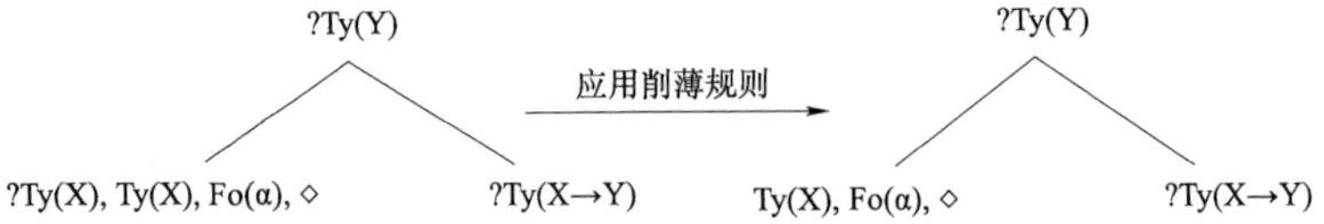

图 3.6　削薄规则树图

完成规则的作用是把子节标注的内容添加到母节的标注，同时把指针移至母节。

（5）完成规则：

$$\frac{\{Tn(n)\ldots\},\{\langle\uparrow_i\rangle Tn(n),\ldots, Ty(X),\ldots,\Diamond\}}{\{Tn(n),\ldots,\langle\downarrow_i\rangle Ty(X),\ldots,\Diamond\},\{\langle\uparrow_i\rangle Tn(n), Ty(X),\ldots\}}$$

$$i\in\{0,1\}$$

图 3.7　完成规则树图

例如，若某女儿节点的修饰信息为 Ty(e)，Fo(ι,x,木兰'(x))，应用完成规则后，其母亲节点的修饰信息中可添加 $\langle\downarrow_0\rangle$Ty(e)，Fo(ι,x,木兰'(x))，并将指针移动至该母亲节点。

消除规则（Elimination）是与引入规则相反的一条规则，该规则的作用是在次需求得到满足时，通过函项应用（functional application）推导出所需公式或语义类型。例如在解析“木兰走了”时，当“木兰”和“走了”都解析完毕之后，完成规则将论元女儿节的修饰信息 Ty(e)，Fo(ι,x,木兰'(x))和函项女儿节的修饰信息 Ty(e→t)，Fo(走了')添加到母亲节，并将指针移动到母节。此时，消除规则运用函项贴合应用可以推导出母亲节点的修饰信息：Ty(t)，Fo(走了'(ι,x,木兰'(x)))。

（6）消除规则

$$\frac{\{\ldots\langle\downarrow_0\rangle(Ty(X),\ Fo(\alpha)),\langle\downarrow_1\rangle(Ty(X\rightarrow Y),\ Fo(\beta))\Diamond\}}{\{\ldots\{Ty(Y),\ Fo(\beta(\alpha)),\langle\downarrow_0\rangle(Ty(X),\ Fo(\alpha)),\langle\downarrow_1\rangle(Ty(X\rightarrow Y),\ Fo(\beta)\ldots\Diamond)\}}$$

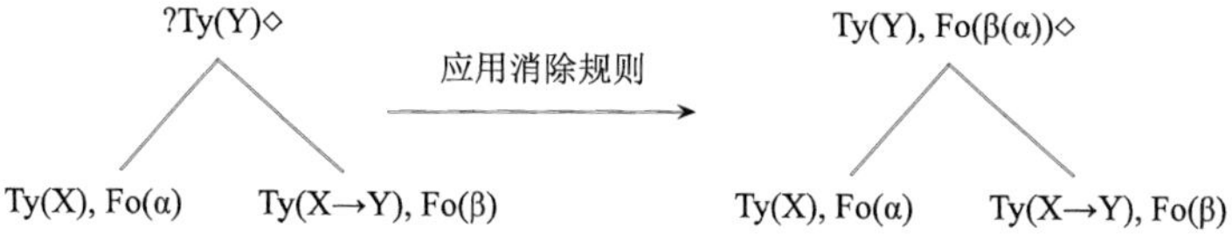

图 3.8　消除规则树图

（三）加接规则（Adjunction）和合并规则（Merge）

加接规则（Adjunction）有两种变体，一种用于从根节点处引入一个类型为 Ty(e)的待定节点，称为*加接规则（*Adjunction）；一种用于复制当前指针所在的节点，并把指针移到复制的节点上，复制节点的位置不确定，受当前节点支配，称为后*加接规则（Late *Adjunction）。

（7）*加接规则

$$\frac{\{Tn(a),\ldots\ ?Ty(t)\Diamond\}}{\{Tn(a),\ldots\ ?Ty(t)\},\{\langle\uparrow_*\rangle Tn(a),\ ?Ty(e),\ ?\exists x.Tn(x),\Diamond\}\}}$$

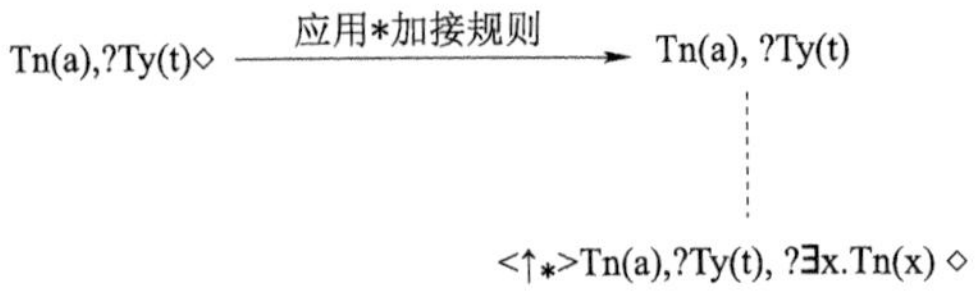

图 3.9 *加接规则树图

（8）后*加接规则

$$\frac{\{Tn(X),\ldots ?Ty(a)\Diamond\}}{\{Tn(X),\ldots ?Ty(a)\},\{\langle\uparrow_*\rangle Tn(X), ?Ty(a), ?\exists x.Tn(x),\Diamond\}\}}$$

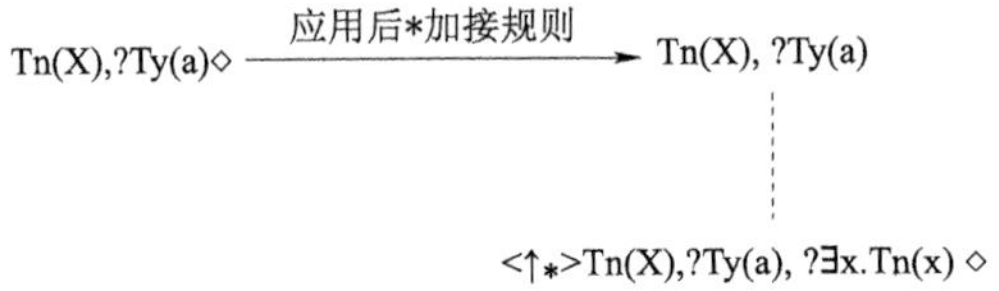

图 3.10 后*加接规则树图

合并规则的作用是把待定节点与语义树中某个固定节点的信息合并起来，即把待定节点上的语义值移至固定节点上，同时确立待定节点在树图中的位置。

（9）合并规则[①]

$$\frac{\{\ldots ND,ND'\ldots\}}{\{\ldots ND \cup ND'\ldots\}}$$

$$\Diamond \in ND'$$

3.2.2.2 词汇规则

构建结构树的信息，还可以由词汇提供的行为指令提供：在词汇被逐一解析时，词项行为便可发挥作用，为结构树的构建添砖加瓦。实际上，DS 的解析过程也主要是由词汇推动的。由于解析的目的是对语句语义内容的表征，词项信息的处理就显得尤为重要。词项行为是解析器基于词项的语义内容而采用的系列步骤，主要包括以下三个部分。

（i）触发器（trigger）的条件信息，即该词项可出现的语言环

① ND 指节点上的修饰信息（node descriptions），包括逻辑类型、语义内容、节点位置、时体信息等。

境（条件满足，后续行为指令才可执行）；

（ii）一系列的行为指令（提供修饰节点的逻辑类型、语义信息、相关需求等）；

（iii）失败声明（如果条件未满足，解析则会终止）。

以上行为指令的内容可以形式化地表示为：

（10）词汇行为指令

IF		Trigger(触发器)
THEN	…	Actions(行为指令)
ELSE	…	Elsewhere Statement(失败声明)

具体来说，行为指令主要包括 make(…)、go(…)与 put(…)，分别意为构建一个新节点、将指针移动至某个节点以及将相关信息（逻辑类型、语义信息、需求、时体信息等）置于某节点上。这三项行为指令的顺序很重要，比如“make”在“put”前，意味着先构建一个新节点再按照行为指令修饰该节点，而“put”在“make”前，意味着先修饰某个节点再构建新的节点。

为更直观地解释词项行为指令的作用，我们以“木兰”为例简单说明。在解析词项“木兰”时，词项行为指令如（11）所示。触发器表明，把“木兰”所带的信息引入结构树的条件是：当前的处理任务为?Ty(e)，即需求一个语义类型为 e（实体）的表达式。当触发器得以满足时，行为指令将“木兰”引发的信息（语义类型 Ty(e)和代表语义内容的逻辑式 Fo(ι,x,木兰'(x))），置于当前节点上。“木兰”的词项信息还进一步明确了当前节点是一个“终端节点”（terminal node），由［↓］⊥表示，即“终端限制”：此节点之下无子节点。

（11）“木兰”词项行为指令：

IF	?Ty(e)	触发器
THEN	put(Ty(e), Fo(ι,x,木兰'(x)), [↓]⊥)	行为指令
ELSE	abort	失败声明

3.2.2.3 语用行为

语用行为指令（pragmatic actions）的作用是完成基于语境的语用充实等。DS 重视结构、语义与语用之间的互动关系在语言理解和表达过程中的重要作用，直接允准了语用行为指令作用于结构树的构建过程。语用行为主要有两种，一是替代（Substitution），即用在建树中其他节点上的完整逻辑式或言外的相关信息替代元变量；二是推导（Inference），即利用修饰节点的逻辑式与言外的信息进行推导。

例如 DS 模型中，代词被统一分析为投射一个语义值待定的元变量（metavariable），解析时需要在特定语境中寻找合适的名项（term）来实现其语义值，代词 he 的词项行为指令如下。

（12）he 的词项行为指令：

IF　　$?Ty(c)$

THEN　$put(Fo(U_{male}), Ty(e), ?\exists x.Fo(x), [\downarrow]\bot)$

ELSE　abort

也就是说，代词 he 投射出一个语义值待定的元变量 U，其实际取值有待在语境中确定。此处，对元变量有一个约束，即只有表示男性的表达式才可以替代这个元变量。取代元变量的表达式必须是语义类型为 Ty(e)的名项。$?\exists x.Fo(x)$的意思是解析结束时，该元变量必须由某个取值替代。而由语境中合适的值比如“Mike”替代的过程就是一种语用行为充实的过程（用双箭头表示）。

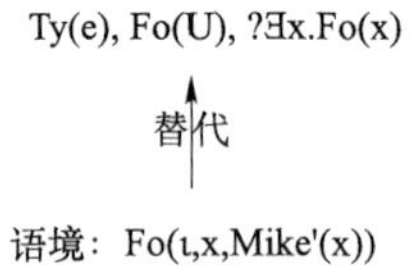

图 3.11　替代树图

3.3　DS 实例分析

DS 将自然语言的理解过程看成是得到特定语义类型（通常是 t）的逻辑表达式的演绎过程，这一过程通过树结构的动态构建得以实现。在表现形式上，这是一个代表语句逻辑式的树结构的“生长”过程，即随着词汇从左到右的线性输入，调用相关行为指令，树结构的内容也逐步丰富，体现了其递增性的特征。上节简单介绍了树结构的修饰信息以及构建树结构的相关行为指令：计算规则、词项行为和语用行为。下面我们通过解析一个简单的例句“木兰喜欢王五”，来展示 DS 是如何递进式地处理语串的。

首先，结构树的建构始于一个语义类型为?Ty(t)的根节点。为满足此需求，一对通用的计算规则即引入规则（Introduction）和预测规则（Prediction）率先发挥作用，允准一个根节点修饰为?Ty(t)的结构树，扩展为带有论元子节?Ty(e)和谓词子节?Ty(e→t)的结构树。通过这两条规则，起初只有需求?Ty(t)修饰的最小结构树，可以扩展为图 3.12 所示的部分树，其中菱形“指针”表示当前正在构建的节点，此处指向外部论元节点，即主语节点需要构建。

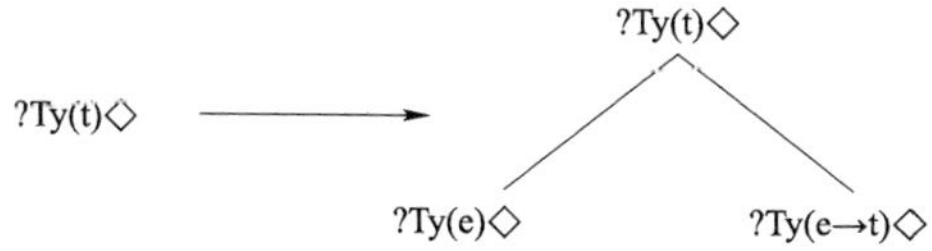

图 3.12　起始树扩展

此时，“木兰”的词项行为指令的触发器得到满足，词项行为指令发挥作用，将“木兰”引发的信息（语义类型 Ty(e)和代表语义内容的逻辑式 Fo(ι,x,木兰'(x))），置于当前节点即外部论元节点上。名词主语“木兰”解析之后，指针移至谓词节点处，如图 3.13 所示。

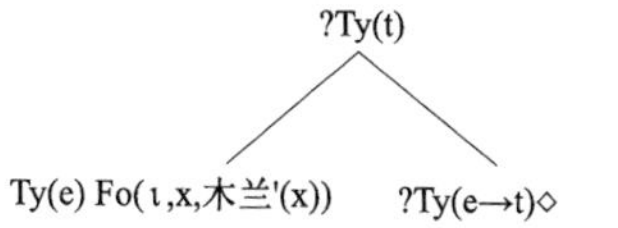

图 3.13　解析“木兰”

图 3.13 显示，当前需求的正是语义类型为 Ty(e→t)的表达式，因此“喜欢”词项行为的触发条件可被满足，行为指令开始发挥指导作用。

（13）“喜欢”的词项指令行为：

IF　　?Ty(e→t)

THEN　go(<$\uparrow_1$>?Ty(t), put(Tns(PRES)), go($\downarrow_1$); make(<$\downarrow_1$>),

go(<$\downarrow_1$>), put(Ty(e→(e→t)), Fo(λpλq[喜欢'(p)(q)]),

[↓]⊥);

go(<$\uparrow_1$>), make(<$\downarrow_0$>), go(<$\downarrow_0$>), put(?Ty(e))

ELSE abort

首先，指针从谓词节点?Ty(e→t)向上移动至根节点?Ty(t)，并在根节点标注现在时 Tns（Present）这一时态信息，之后返回开放的谓词节点。此时及物动词“喜欢”的词汇语义发生作用：它不仅允准构建一个语义类型为 Ty(e→(e→t))的二元谓词节点，还构建一个内部论元子节点，该节点由需求?Ty(e)修饰，即构建一个语义类型为 Ty(e)的节点。动词解析结束之后，指针移至?Ty(e)节点，标示着该节点接下来将被处理。树图 3.14 展示了当前的解析状态。

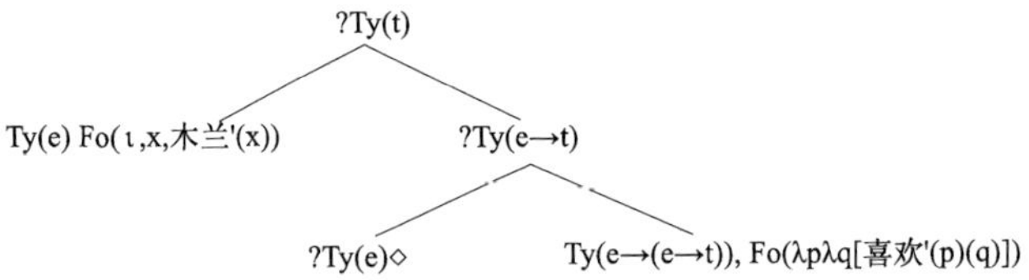

图 3.14 解析“木兰喜欢”

最后，宾语名词“王五”的解析满足了内部论元节点上的名项需求，其处理过程与主语“木兰”类似。然而，解析过程尚未完成，因为结构树中的某些需求仍未满足。结构树的完成涉及函项对论元的函项贴合应用（functional application）。这里涉及的规则是完成规则（Completion）和消除规则（Elimination）：前者的作用是把子节标注的内容添加到母节的标注，同时把指针移到母节；后者可以在次需求得到满足时，通过函项应用推导出所需公式或语义类型。图 3.15 展示了解析“木兰喜欢王五”的完整结构树，根节点由表示最终解析结果的命题逻辑式 Fo(喜欢'(ι,y,王五'(y))(ι,x,木兰'(x)))及语义类型 Ty(t)修饰。

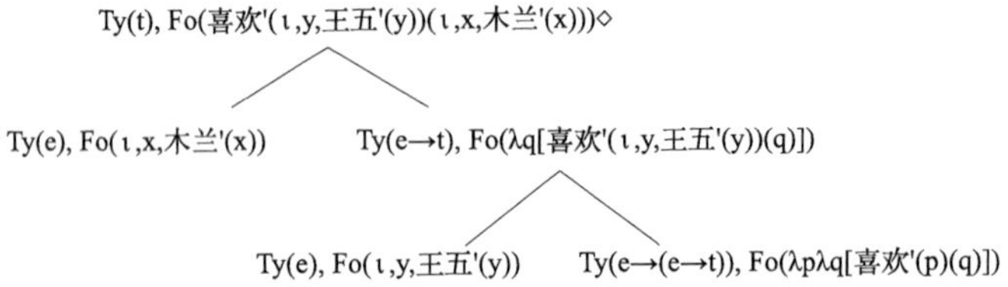

图 3.15 解析“木兰喜欢王五”

3.4 DS 特 点

3.4.1 句法－语义并行演绎

上节例句“木兰喜欢王五”的动态解析，生动地展示了在 DS 框架下句法—语义是同步分析的。解析完成后，我们得到了表征句子结构的树形图如图 3.15 所示，为方便起见此处重复为图 3.16。同时，我们还得到了表征句子语义的命题逻辑式 Fo(喜欢'(ι,y,王五'(y))(ι,x,木兰'(x)))。

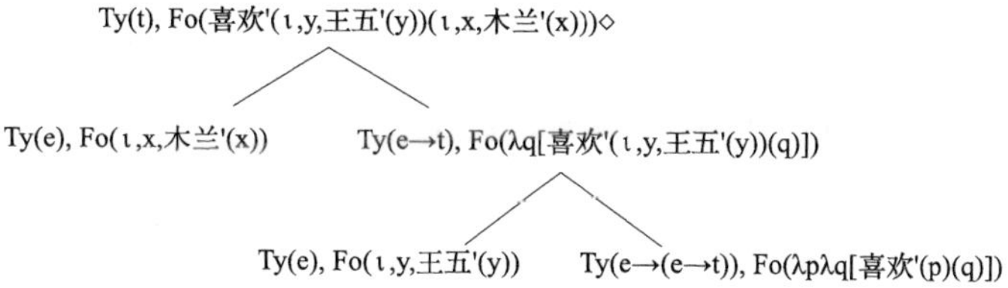

图 3.16 解析“木兰喜欢王五”

DS 对句子的分析过程是句法和语义的并行演绎过程，得到句子的句法结构树，同时也得到句子的语义逻辑表达式。这也是 DS 与广义短语结构语法（GPSG），中心语短语驱动语法（HPSG）和生成语法（GB）等只关注句法分析的语法理论的最大不同。句法－语义的并行演绎也是 DS 最主要的特点之一。这一过程更符合人类理解自然语言的真实过程。语言，归根到底是要表达思想的，而思想是由语义传达的。因此，将句法与语义结合必然成为形式语法研究的一种发展趋势，而动态句法学无疑是当今最成功的尝试。

3.4.2 递增性

DS 理论模型的设计有两大支柱：递增性（incrementality）和语境性（contextuality）。

递增性，体现了 DS 的动态性。DS 对语句的解析过程，就是一个代表语句逻辑式的树结构的“生长”过程，即随着词汇从左到右的线性输入，调用相关行为指令，树结构的内容逐步丰富，体现了其递增性的特征。正如张照和李可胜（2012：44）所述：

“在一般的语言学理论中，句法树结构的构造是一种全局静态构造，即先知道句子的语义内容，然后依据语义内容，分析句法树结构，而且树结构一旦确定，就不再改变。DS 则是局部动态构造，树结构并非一次性构造成功，而是随着组成句子的词项依次输入，根据词项的标记信息，不断地给出树结构的构造假设和消除假设，树结构状态也随之而“生长”变化，直至所有构造假设都被消除且不能再提出新的构造假设，树结构的状态才最终确定下来，所以整个过程是一个局部动态构造。”

正如图 3.12 至图 3.15 所示，“木兰喜欢王五”逻辑树结构随着句中词项逐一得到解析而不断扩展，树结构的内容也递进式地不断丰富。这一过程是以目标为导向、以构成语句的所有词项的逻辑表达式为前提的、信息递增的过程。更为重要的是，递增性意味着 DS 可以处理局部信息，即低于句子层次的信息，如对话中的话语片段等，语句的生成和解析不必以完句为基础，从而大大提升了理论模型的解释力。

3.4.3 语境性

自然语言的理解离不开特定语境。例如，代词常常需要明晰的语境才能确定其指称对象；省略结构中缺失的成分只有能在语境中推测出来时，人们在交际过程中才会省去。以往的形式语法研究基本上都是“脱离语境”的语法，而 DS 尝试把语境因素纳入其解析模型中。在 DS 解析模型中，语用环境不再只是人们感性的认识，而是和语句的语义内容一样得到了结构化的形式刻画。值得注意的是，DS 的渐进递增性特征决定了“语境”不仅是句子与句子（sentence by sentence）之间的依存关系，同时也是词与词之间的（word by word）依存关系（吴义诚 2012）。换言之，不仅完句的解析结果可以为后句提供语境上的支持，低于句子层次（sub-sentential）的单位，如部分结构等的解析结果同样构成语境。同时，不仅语义内容是语境的组成部分，构建语义树的行为序列（词项行为指令、计算规则、语用行为指令）、所构建的结构树都是语境的组成成分。在 DS 模型中，语境因素包括以下各项（参见 Purver et al.，2011；Gregoromichelaki et al.，2012；Kempson et al.，2015）。

（a）正在构建的树结构及其语义节点；

（b）已得到解析的话语提供的树结构及其语义节点；

（c）构建（a）和（b）所应用的行为序列。

将语境因素融入理论模型，DS 直接允准了语用行为指令，如语用替代，作用于结构树的构建过程。据此，DS 模型体现了结构、语义与语用之间的互动关系在语言理解和表达过程中的重要作用，从而为依赖语境因素才能理解的诸多语言现象如代词、省略结构、话语片段等的解析提供了极大的便利。与脱离语境的形式句法理论相比，DS 涵盖的范围明显拓宽了。

3.4.4 标示不足与语用充实

上述两小结简单介绍了 DS 理论模型的两大特色：递增性与语境性。DS 的单向递增性反映了人们在处理自然语言时获得的语义信息随时间递增的特点。但递增过程在一定程度上允许例外，即“标示不足（underspecification）”的情况。[①]DS 模型的处理任务像其他认知活动一样，包括对部分信息的操纵，进而将不完全标示从语义与语用领域扩展到句法领域，并刻画了两类标示不足的情况：语义标示不足（semantic underspecification）和结构标示不足（structural underspecification）。

语义标示不足可见于对代词的处理：代词在相当程度上只是一个占位词（place-holder），语义信息尚不明确，解析时需在特定语境中找出合适的名项（term）来实现其语义值（semantic value），即通过语用行为来充实。这与代词的实时理解过程是一致的。例如，在理解代词 he 时，我们只知道它表示的是一个男性个体，但具体指示哪个个体需要在相关语境中方能确定。因此在 DS 模型中，代词 he 得到解析时，通过其词汇行为指令先投射出一个元变量 U，然后通过语用行为在语境中得到赋值。

结构标示不足可见于对左错位结构如 Cherie，Tony loved 的处理：错位成分 Cherie 得到解析时，在树形图中投射出一个位置待定的节点（unfixed node），它在句法结构中的确切位置（即宾语位置）需要在后续解析中确定。结构标示不足的概念代替了生成语法中纷繁复杂的、连续不断的移位操作，不仅使解析过程简单化了，也使理论机制本体更加简洁。

综上所述，标示不足的操作技术与语句处理的递增性及语境依赖性特征相结合，使得 DS 能够为较为复杂的形式句法难题提供相对统一、直观的解析。接下来我们选取几种争议较大的句法结构简单展示 DS 的解释力。

---

① Marten（2011）采用动态句法学理论对动词标示不足现象（verbal underspecification）进行了专门探讨，即如何解析语句中动词的次范畴信息（subcategorization）不明确的情况。

3.5 DS 解释力

本节以以往形式句法理论中较难处理的几种结构为例，如照应性表达、错位结构和附加结构等，构建相应的动态解析模型，展示 DS 在自然语言处理中的解释力。

3.5.1 照应性表达

DS 的语境依赖性特征以及将语用行为纳入理论框架的做法，利于为代词、助动词等照应性词语提供相对直观又统一的解析，下面举例说明。

3.5.1.1 名词性照应词语的解析——以代词为例

代词在不同语境中有不同的解读，与指称内容之间也有不同的关系。脱离语境的形式语法，把不同释义的原因归结为不同的次类：约束性变量类（bound-variable）、指称类（referential type）与 E一类（Evans，1980 等）。这种静态分析的问题在于，强制性地把代词划分为具有不同的词汇特征，这样给词库平添了不必要的负担。此外，代词的解析不仅随语境变化，指示词、省略结构等多种表达式的解析都因语境不同而有不同的取值。DS 将语境因素纳入理论模型，代词被看成语境中某一名项（term）的占位成分（placeholder），其取值可被语境中恰当的成分替换。由此，所谓不同次类代词的解析都可以得到直观统一的解释：在 DS 模型中，代词被统一分析为投射出一个元变量（metavariable）。例如，he 的词汇行为指令是：

（14）he 的词项行为指令：

IF	?Ty(e)
THEN	put(Fo(U_{male}), Ty(e), ?∃x.Fo(x), [↓]⊥)
ELSE	abort

也就是说，代词 he 投射出一个语义值待定的元变量 U，其实际取值有待在语境中确定。此处，对元变量有一个约束，即只有表示男性的表达式可以替代这个元变量。取代元变量的表达式必须是语义类型为 Ty(e)的名项。上文指出，“替代”是一种语用行为（树形图中用双箭头表示），作用是用语境中其他节点上的信息或者语句之外的信息替代元变量。图 3.17 展示了含有代词的例（15）的解析过程。

（15）Mike ignores Mary. He hates her.

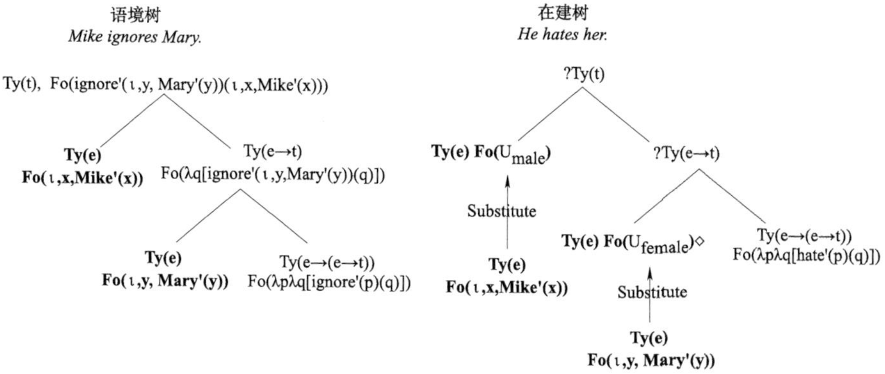

图 3.17 解析 He hates her

先行句 Mike ignores Mary 的解析与“木兰喜欢王五”类似，在词项行为及计算规则指导下，可获得如图 3.17 所示的解析结果（左侧结构树）。先行句的解析结果可以为后句提供语境上的支持。因此，在解读 He hates her 时，he 投射的元变量 U_{male} 的取值，可由先行句中表示男性的表达式 Mike 提供，her 投射的元变量 U_{female} 的取值，可由表示女性的表达式 Mary 提供。也就是说 he 指 Mike，her 指 Mary，如图 3.17 中右侧树结构所示。之后，通过运用完成规则等可得到完整的结构树，即所有需求都得到满足，根节点由完整的命题逻辑式 Fo(Hate'(ι,y,Mary'(y))(ι,x,Mike'(x)))修饰。

3.5.1.2 *动词性照应词语的解析——以助动词为例*

在 DS 解析模型中，助动词 do 的词汇行为也投射出一个语义内容不明确的元变量 Fo(DO)。它与代词类似，其实际的语义值都需要由语境中合适的成分提供，而与代词不同的是，do 投射的元变量的语义类型为 Ty(e→t)，即实现其语义值的必须是谓词，这符合我们关于 do 表达事件的语感。以（16）为例，助动词 do 的词汇行为可表达为（17）。

（16）A: Does Mike hate Mary?

B: He does.

（17）Do 的词项行为(省去时体标记等):

IF	?Ty(t)
THEN	make(<$\downarrow_1$>); go(<$\downarrow_1$>); put(Ty(e→t), Fo(DO), ?∃x.Fo(x));
	go(<$\uparrow_1$>); make(<$\downarrow_0$>); go(<$\downarrow_0$>); put(?Ty(e))
ELSE	abort

例（16）的解析过程如图 3.18 所示：

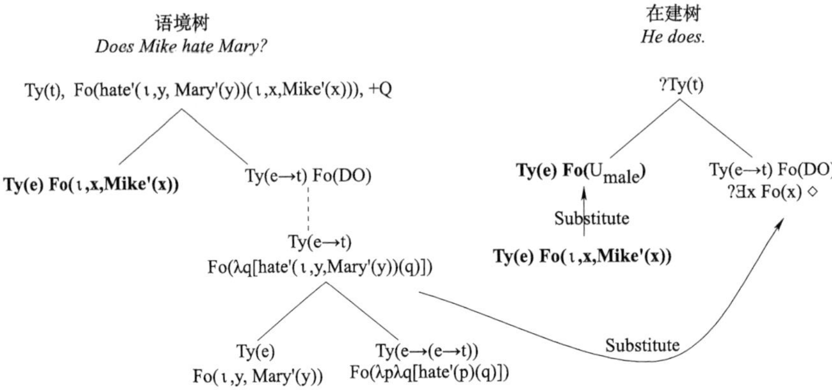

图 3.18 解析 he does

先行问句中，首先被解析的是助动词 does，其词汇行为投射语义待定的元变量 Fo(DO)，修饰一元谓词节点。接下来 Mike 的解析修饰外部论元节点，hate Mary 的解析提供替换元变量 Fo(DO)的语义值。疑问语气在树结构根节点处由符号+Q(question)表示。Does Mike hate Mary? 的处理为后句 He does 提供了明晰的语境。He does 是正常的陈述句语序，由引入规则、预测规则构建外部论元节点及一元谓词节点。代词 he 的解析修饰外部论元节点，其实际的语义值通过语用行为由语境中的 Mike 提供，之后完成规则将指针移回根节点?Ty(t)，满足 does 的激发条件。does 的词汇行为投射的元变量 Fo(DO)，同样需要在语境中寻找恰当的语义值来充实，在当前语境中即为 Fo(hate'(ι,y,Mary'(y)))。最后自下而上的应用完成规则等，可得到一个完整的命题逻辑式 Fo(Hate'(ι,y,Mary'(y))(ι,x,Mike'(x)))。

3.5.2 左错位结构

照应性词语的解析依赖于 DS 模型中语义标示不足的概念，左错位结构如（18）的解析依赖于另一类标示不足，即结构标示不足（structural underspecification）。

（18）Cherie, Tony loved.

DS 采用结构标示不足这一概念，来处理一些非常规表达式的结构，取代了生成语法中的移位操作，进而使得句法操作更加简洁。具体来说，DS

引入了待定节点的概念，即某节点在语义树中的位置暂未确定，只标明它与其他节点的关系，比如处于根节点之下。此例中的 Cherie 投射的就是一个待定节点，在树形图中用虚线表示。在展示解析过程之前，我们先回顾两个计算规则：加接规则（*Ajunction）和合并规则（Merge）。加接规则用于从根节点引入一个类型为 Ty(e)的待定节点。合并规则的作用是把待定节点与语义树中的某个固定节点的信息合并起来，即把待定节点上的语义值移至固定节点上，同时确立了待定节点在树图中的位置。对 Cherie 进行解析后，可得到图 3.19 所示的部分树，虚线表示由加接规则引入的待定节点。

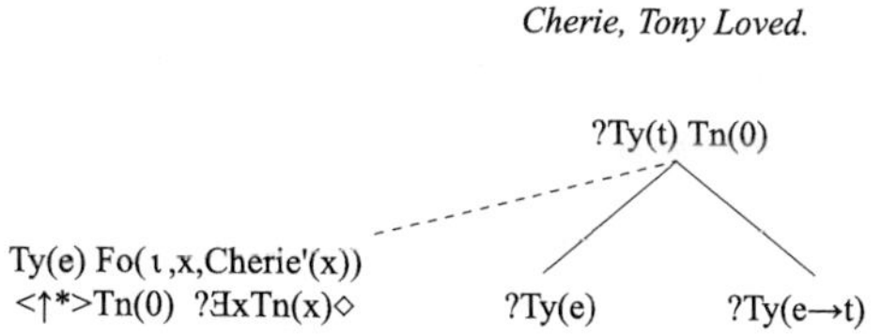

图 3.19 解析 Cherie

Tony loved 解析之后可得到如下扩展的结构树（图 3.20）。

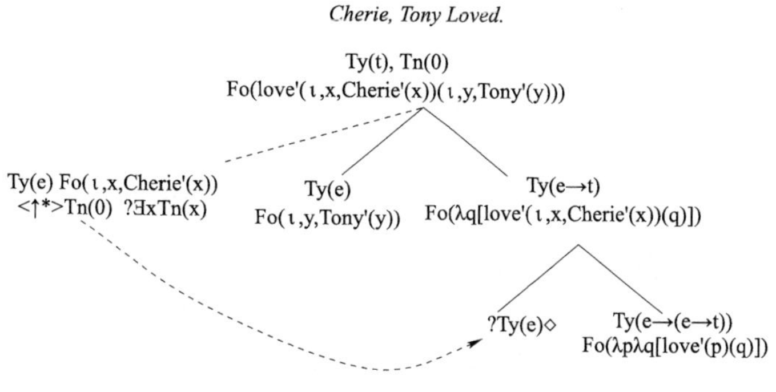

图 3.20 解析 Cherie，Tony loved.

如图 3.20 所示，解析 Tony 得到的语义值修饰外部论元节点，love 的语义值修饰二元谓词节点，而内部论元节点的语义值需求尚未得到满足。因此，合并规则得以应用（由图中虚线箭头表示），由 Fo((ι,x, Cherie'(x))、?∃x.Tn(x)标注的待定节点与由?Ty(e)标注的内部论元节点合并，既满足了待定节点需要在结构树中寻找一个固定位置的需求，也满足了内部论元节点需要一个语义类型为 Ty(e)的表达式的需求。最后自下而上地应用完成规则，得到完整的命题逻辑式 Fo(Love'(ι,x,Cherie'(x))(ι,y,Tony'(y)))，这也正是例句（18）的语义解读结果。虽然与标准的句子结构 Tony loved Cherie 得到的语义解读相同，但信息效果却不同：因为左向错位的表达式投射的待定节点，为固定的命题结构提供了更新信息，由此产生了焦点效应①。

3.5.3 附加结构

为刻画自然语言中广泛出现的合成语句（compound utterance）、附加结构（如关系从句、同位语）等，DS 允准构建配对的结构树对（paired trees），即链接结构树，通过链接这一手段共享某一语义信息。链接关系 Link 由有限树逻辑中的模态算子<L>标示。关系从句作为附加结构的核心例证，其解析依赖于链接树的构建，如图 3.21 所示（注：为方便起见，这里省略了时态等信息，只展示最终解析结果）。

（19）John, who smokes, left.

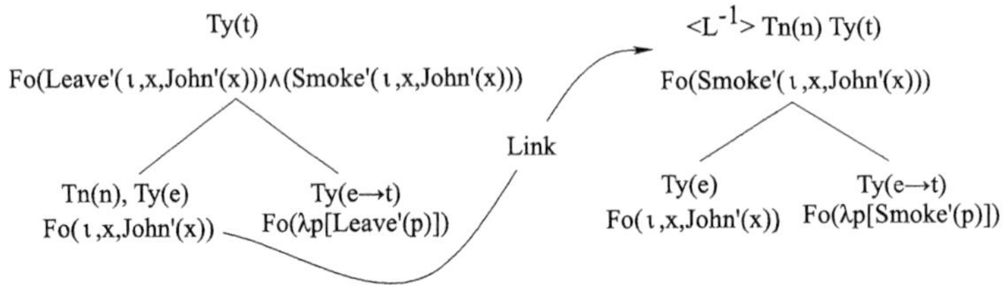

图 3.21 解析 John，who smokes，left.

图 3.21 中的箭头标示两棵树间的链接关系，<L^{-1}>则标示被指向的链接树。链接结构要求链接起点节点的语义内容，此处即 John 的语义内容，必须包含在被指向的链接树中。关系代词 who 的词汇行为指令，满足了这一要求②。

---

① 焦点左错位结构 Cherie，Tony loved 的解析与话题结构 As for Cherie，Tony loved 不同，后者需用链接规则（Link）来刻画。

② 关系代词 who 的词汇行为与代词类似，区别在于替代关系代词的语义内容由链接结构初始节点的语义内容决定。

（20）关系代词 who 的词项行为指令①：

IF	$?Ty(e), ?\exists x.Tn(x), \langle\uparrow_*\rangle\langle L^{-1}\rangle Fo(x)$
THEN	$put(Ty(e), Fo(x), [\downarrow]\bot)$
ELSE	Abort

如上所示，who 的词汇行为指令将链接起点节点的语义内容，即例（19）中 John 的语义内容，点缀在其投射的待定节点上，满足了构建链接结构的要求，确保链接树之间共享某信息。关系代词解析之后，不及物动词 smoke 得到处理，修饰链接树的一元谓词节点。链接树构建完成后，指针移回原结构树，left 得到解析并修饰原结构树的一元谓词节点。经过完成规则等，最终可得到一个完整的命题逻辑公式 $Fo(Leave'(\iota, x, John'(x)) \wedge Smoke'(\iota, x, John'(x)))$。

由此可见，链接结构的构建允许从语句的解析中间暂时分离出来，处理与其相关的其他话语，如关系从句或附加语等。链接出来的语句可以与原语句在同一命题结构内，如上述关系从句，也可以分布在不同的说话者之间，构成对话解析的基础。

限于篇幅，本节只选取以上几种语法结构的动态解析展示 DS 的解释力：DS 重视句法、语义和语用之间的互动关系，在标示不足和语用充实的操作下直观地完成了各种结构的解析。由此，我们有理由相信，对于解析省略和话语片段等依赖语境才能得以解析的结构，动态句法理论框架是目前为止最理想的选择。

3.6 汉语动态解析模型

上述几节介绍了 DS 的理论模型，并初步考察了其解释力。DS 将自然语言的理解过程看成是得到特定语义类型（通常是 Ty(t)）的逻辑表达式的演绎过程，并通过树结构的动态构建得以实现。为体现语言实时理解及表达的高度渐进性，DS 对语句采取由左至右的递增式解析方法，并通过扩展树结构的方式来实现建立语句命题逻辑式的目标。树结构的扩展以目标为导向，由三种行为指令驱动，即计算规则、词项行为和语用行为。通过平衡三种行为指令，主要是计算规则和词项行为，DS 可以为不同的语言构建

① 关系代词 who 构建的是结构待定的结构，与左错位结构类似，最终在需求推动下与主语节点合并。图 3.21 只展示了最终解析结果，没有展示解析过程。

动态解析模型。那么，现代汉语的动态解析模型，是如何根据三种行为指令的互动建立的？这是本节要回答的问题。

世界上的语言种类繁多、特征各异，单从语序来看就有 SVO、SOV、OVS 和 VSO 等类型，如英语和汉语是 SVO 语序，日语则是 SOV 语序。生成语法认为人脑里天生存在一个语言习得机制（Language Acquisition Device)，存在一个内在的语法系统，所有人类语言都遵循普遍语法的原则，不同语言的差异仅仅是参数（parameter）的不同。DS 从语言传递语义的角度出发，认为语言的共性是语义而不是语法上的，即一个完整的句子都表达一个有完整意义的命题，所有自然语言语句的理解过程，都可以看成得到 Ty(t)的逻辑表达式的演绎过程。这个过程都通过动态地构建代表语句逻辑式的树结构得以实现。语言的个性体现在从自然语言语串到代表语句逻辑式的树结构的转换过程中，主要体现在如何运用计算规则和词项行为上。同类词语在不同语言中可能会有不同的激发条件和词项行为。有些语言具有丰富的曲折变化，比如意大利语、西班牙语、希腊语等。在有丰富屈折形态的语言中，主语或者宾语可以以空形式出现，空成分的意义可由动词丰富的形态得以重建，比如希腊语是形态丰富的语言，脱落的主语可由动词的形态推导出来，如例（21）。

（21）Ksero　　ti　　Maria.
　　　I know　the_{ACC}　Maria
　　　‘I know Maria’

脱落的主语可由动词 kser 的词尾形态 ksero 推导出来，因此，在这类语言中，动词的词项行为本身就能构建一个完整的命题逻辑式，即它构建一个一元谓词节点及其下的二元谓词节点和内部论元节点；以及一个外部论元节点（即主语节点），且主语节点由元变量修饰，不需要通过引入规则、预测规则等一般计算规则引入主语和谓语节点。而对于英语等名代不可省的语言（non-pro-drop languages），动词的词项行为并不投射主语节点，只投射被它次范畴化的宾语节点。主语节点需要引入规则、预测规则等一般性计算规则引入。英语中动词词项行为的激发条件是?Ty(e→t)。但同是动词，阿拉伯语中动词词项行为的激发条件是?Ty(t)。那么，我们不禁要问，现代汉语的词项行为呢？是动词投射完整的命题结构还是需要计算规则引入？动词词项行为的激发条件是“?Ty(e→t)”还是“?Ty(t)”？

由第二章可知，汉语主语、宾语均可省略，那是不是意味着汉语同

pro-drop 语言一样，动词可以投射完整的命题结构？通过对空语类的分析可知（见 2.3.1.1 节），汉语主、宾语省略与 pro-drop 存在本质上的不同。pro-drop 现象中，空成分的出现是一种句法现象，其属性是由结构位置决定的，它的意义不根据语境或上下文来确定，而是由核心动词的结构特性推断出来。但是，汉语主、宾语空位如“e_i 吃了 e_j”是一种语用现象，作为形态变化极其贫乏的语言，汉语动词与主宾语不受主谓一致条件的限制，省略的主、宾语无法从动词的形态推知，只能从上下文得知。脱离了语境，“e_i 吃了 e_j”的语义是不自足的，因此，汉语动词本身无法投射完整的命题结构，只能投射它次范畴化的节点。

3.6.1　汉语计算规则

鉴于现代汉语没有丰富的曲折变化和一致关系，动词本身无法投射出完整的命题结构，因此，解析语句的第一步需要依靠计算规则即引入规则和预测规则构建主语和谓词节点，将最初根节点的需求?Ty(t)扩展为两个次需求，即需求一个主语论元节点?Ty(e)和一个谓词节点?Ty(e→t)，并将指针置于主语节点处。

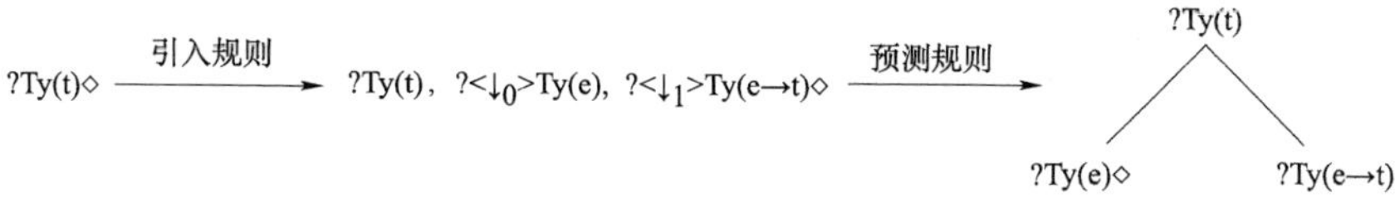

图 3.22　引入/预测规则构建汉语主谓节点

此时，作为主语的词汇的词项行为开始发挥作用，根据行为指令修饰主语节点。随后，动词的词项行为指令指导修饰一元谓词节点（一价动词）或构建二元谓词节点及内部论元节点，并修饰二元谓词节点（二价动词）。

3.6.2　汉语词项行为

3.6.2.1　谓词词项行为

在考察现代汉语谓词的词项行为之前，我们先简单介绍一下 DS 表征谓词语义逻辑式时所采取的技术手段：λ 演算。λ 演算包含两个技术操作手段：λ—抽象（λ-abstraction）和 λ—还原（λ-reduction）。

λ—抽象：设 Φ 为 B 类［B 范畴］表达式，Φ 含有自由变量 α 且 α 为 A 类［A 范畴］表达式，则 λα［Φ］为 A→B 类［B | A

范畴］的合法表达式。

（蒋严和潘海华，1998/2005，p.191）

以（22）为例，λ 算子作用于命题函项（a）中的自由变量 x，对其进行抽象（abstraction），得到抽象式（b），这个抽象过程就是 λ—抽象。其中，[ ]内的逻辑式为 λ 算子的辖域。

（22）a. P(x)

b. λx[P(x)]

P(x)是完整命题，语义类型为 t，运用 λ 抽象后，论元 x 被抽象失去实质内容得到公式（b），λx[P(x)]可以理解为从命题 t 中析取一个论元 e，因而语义类型变为 e→t，也就是一元谓词的语义逻辑表达式。因此，一元谓词比如“走”的语义逻辑式可表述为：λx[走'(x)]。

二元谓词带两个论元，我们分别用变量 x 和 y 来表示其主语论元和宾语论元。则含有二元谓词的完整命题表达式为：P(y)(x)，运用 λ 抽象析取其论元后得到二元谓词的逻辑表达式：λxλy[P(y)(x)]，语义类型为 e→(e→t)。也就是说，二元谓词“喜欢”的逻辑式可以表述为：λx λy[喜欢'(y)(x)]。

综上所述，在 DS 下一元及二元谓词的逻辑语义表达式可分别抽象为：

（23）一元谓词：λx[P(x)]

二元谓词：λx λy[P（y）(x)][①]

接下来，我们以“木兰走了”为例考察一元谓词的词项行为，也就是传统意义上的不及物动词，“走”后不带宾语。

第一步，结构树的建构始于一个语义类型为?Ty(t)的根节点，之后，一对通用的计算规则即引入规则（Introduction）和预测规则（Prediction）率先发挥作用，允准一个根节点修饰为?Ty(t)的结构树，扩展为带有论元子节?Ty(e)和谓词子节?Ty(e→t)的结构树，“指针”指向外部论元节点，表明目前主语节点需要构建。

① 为与 Kempson et al.（2001）中的表述方式保持一致，在后文中，我们统一表述为 λx λy[P(x)(y)]。

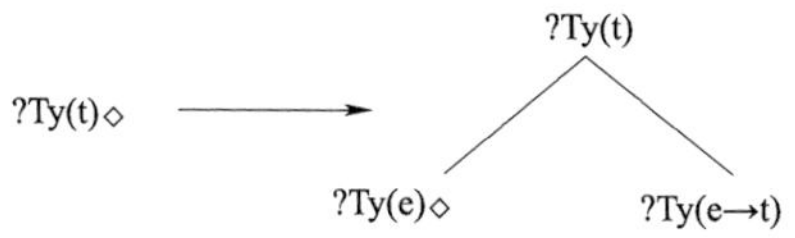

图 3.23　起始树扩展

第二步，“木兰”词项行为指令将“张三”引发的信息（语义类型 Ty(e)和代表语义内容的逻辑式 Fo(ι,x,木兰'(x)))，置于当前节点即外部论元节点上。名词主语“木兰”解析之后，指针移至谓词节点处，如图 3.24 所示。

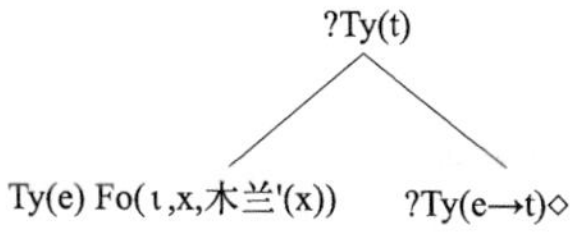

图 3.24　解析“木兰”

第三步，动词“走了”的词项行为指令发挥作用。

（24）“走了[①]”的词项行为指令：

IF　? Ty(e→t)

THEN　go(<↑$_1$>? Ty(t), put(Tns(PAST)), go(↓$_1$);

　　put(Ty(e→t), Fo(λp[走'(p)]), [↓]⊥)

ELSE　abort

---

① “了”用在动词之后标记过去时态。印欧语系的语言如英语用屈折变化来标示时体系统，而汉语没有曲折变化，经常使用时间名词如“昨天”“现在”等，体态标记词“了”“着”“过”等指称时间。以指称时间的“了”为例，它既可以用在一元动词后如“走了”，也可以用在二元、三元动词后如“看了一部电影”“给了他一本书”。它们的词项行为中均需包含一步共同步骤，即指针移至根节点处放置时体标记，之后再返回谓词节点继续修饰当前节点或构建新节点。值得注意的是，这里刻画的是“了$_1$”的用法，跟在动词或形容词后表示动作的完成，因此也可以在根节点处标记 ASP（PEV），即完成体。遗憾的是，DS 的形式刻画系统目前并不完备，对于语气系统等的刻画还有待进一步完善，因此对于倾向表语气的“了$_2$”（主要肯定事态出现了变化或即将出现变化或表示新情况的出现，有成句作用，见吕叔湘，1980；黄伯荣、廖旭东，2007 等），DS 尚未提供刻画方案。不过一直以来不断有学者（如宋绍年等，2001）强烈认为“了$_1$”“了$_2$”并无本质区别，都表示“完成”，最好处理为一个。此处，我们暂时只处理明确标示时体的“了$_1$”。

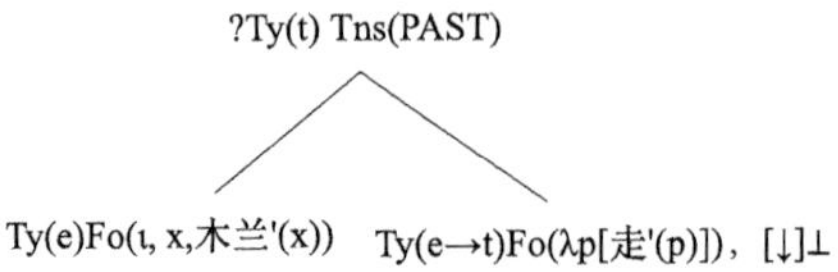

图 3.25 解析“走了”

第四部，通过削薄规则、完成规则等得到完整的命题逻辑树，逻辑语义表达式为：Fo(走'(ι,x,木兰'(x)))。

二元谓词可以带两个论元，也就是传统意义上的及物动词，如“木兰喜欢王五”，动词“喜欢”带宾语。如上文所示，汉语动词不投射完整的命题结构，外部论元子节?Ty(e)和一元谓词子节?Ty(e→t)由计算规则引入，此处不再赘述。二元谓词的词项行为除了为谓词子节提供修饰信息外，还投射被其次范畴化的内部论元节点，即宾语节点，以及二元谓词节点Ty(e→(e→t))，以“喜欢”为例。

（25）“喜欢”的词项指令行为：

IF	?Ty(e→t)
THEN	make($\langle\downarrow_1\rangle$), go($\langle\downarrow_1\rangle$),
	put(Ty(e→(e→t)), Fo(λpλq[喜欢'(p)(q)]), [↓]⊥);
	go($\langle\uparrow_1\rangle$), make($\langle\downarrow_0\rangle$), go($\langle\downarrow_0\rangle$), put(?Ty(e))
ELSE	abort

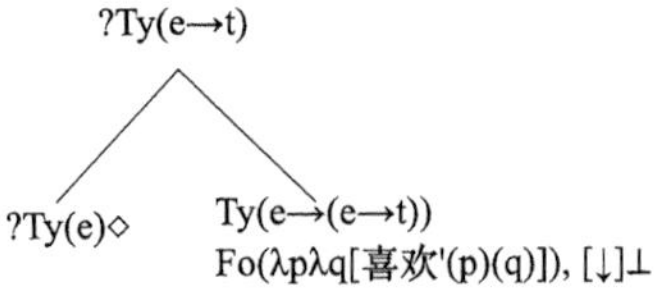

图 3.26 解析“喜欢”

图 3.26 显示，二元谓词“喜欢”不仅构建一个类型为 Ty(e→(e→t))的二元谓词节点，并将其引发的语义信息 Fo(λpλq[喜欢'(p)(q)])置于此节点，还构建一个内部论元节点即宾语节点，并将指针移至该节点处等待处理作为宾语的词汇提供的词项信息。

值得注意的是，本书对现代汉语动词词项行为的处理方案与刘伟（2006）不同。她将现代汉语动词处理为投射完整的命题结构树，且允许二价动词投射两套不同的词项行为：在宾语省略的时候，动词投射的是完整的命题结构树，其中论元节点由元变量修饰；在宾语不省略的时候，动词投射半完整的命题结构，其中只有主语位的节点由元变量修饰，而宾语位有一个需求?Ty(e)修饰，表示要求有一个显性的名词组做宾语。这种处理方案符合“大词库小语法”的潮流，且较好地权衡了词项行为和计算规则的轻重。

但是这种处理方案也有其弊端。DS 是按照线性顺序处理语串的，汉语作为 SVO 型的语言，一般是先处理动词，再处理宾语。若为二价动词设计两套词项行为，则两套词项行为必须同时进入计算，直到宾语得以解析时，根据宾语出现或不出现选择其中一套方案，加重了计算负担。

此外，试比较宾语位出现显性名词组、代词及空位的语句。

（26）a. 张三喜欢**王五**。
b. 张三喜欢**他**。
c. 张三喜欢王五吗？
他喜欢 **e**。

无论宾语出现与否，动词“喜欢”本身的性质并没有发生变化。因此，它投射的词项行为也应该没有变化，均投射一个二元谓词节点以及一个内部论元节点即宾语节点，宾语节点由需求?Ty(e)修饰。接下来，宾语节点修饰信息如何添加取决于宾语词项行为本身。不管是显性名词组“王五”还是代词“他”，它们的词项行为激发条件均为?Ty(e)，满足激发条件后，词项行为本身所引发的信息为宾语节点的构建添砖加瓦：“王五”所引发的信息 Ty(e)、Fo(ι,x,王五'(x))直接修饰宾语节点即可；代词“他”的词项行为投射出一个语义值待定的元变量 Fo(U)，宾语节点由该元变量修饰；空位的解析与代词类似，虽然空位成分没有显性的语音形式，但它与代词一样都是一个“占位”成分（place holder），具体的语义内容需要根据语境填充，因此，本书将空位成分也处理为投射一个语义值待定的元变量 U。这种处理方案保持了（性质相同的）动词词项行为在不同语境下的一致性。

另外，汉语缺乏丰富的曲折变化等形态特征，主宾语省略并非传统意义上的 pro-drop 现象，省略的主宾语无法通过动词的形态特征得以恢复。综上原因，本书对动词词项行为的处理方案是：不投射完整的命题结构，只修饰谓词节点（一元谓词）；或投射其次范畴化的内部论元节点及二元谓词节点（二元谓词）；或投射其次范畴化的两个内部论元节点及三元谓词节点（三元谓词）。

3.6.2.2 名词组词项行为

本小节简单讨论 DS 对名词组的刻画方案。DS 把所有名词组，如数量短语“一个苹果”、专有名词“木兰”等，均刻画为类型为 e 的逻辑式，且名词组本身有其内部结构。

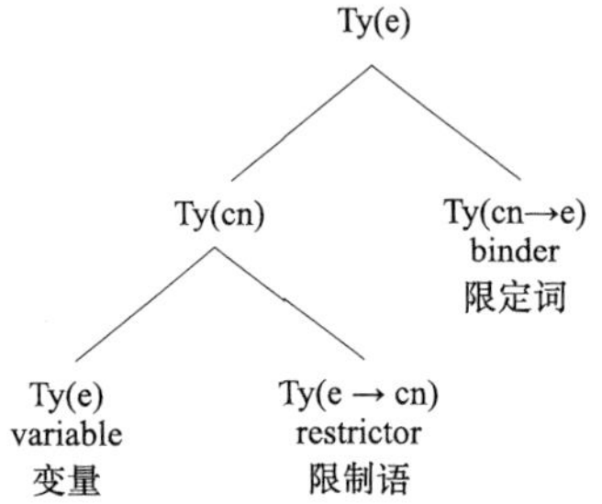

图 3.27 名词组内部结构

通俗地讲，binder 指限定词，如“一个”“一些”“所有”等，语义类型为 Ty(cn→e)，普通名词如“苹果”“老师”等语义类型为 Ty(cn)，限定词与普通名词结合构成语义类型为 Ty(e)的名词组。普通名词本身也是有内部结构的，含有两个女儿节点：变量（variable）和限制语（restrictor），如图 3.27 所示。本小节重点介绍 DS 对几种常见名词组的刻画方式。

诸如“一个苹果”之类的数量短语，在 DS 中被统一处理为投射一个艾普斯龙 ε 名项（epsilon term），其语义逻辑表达式可表征为：Fo(ε,x,苹果'(x))。**ε** 是表任意性（存在）的算子，其主要功能是挑选出限制语（如“苹果”）指称的集合中的某些个体，确保限制语指称的集合为非空集。其真值条件与存在量词∃相当，也就是说 Fo(ε,x,苹果'(x))可被解读为：∃x，苹果'(x)。对“一个苹果”的形式语义刻画，我们简单展示如下。

首先处理限定词，其词项行为率先发挥作用。

（27）“一个” / “a” 的词项行为：

IF	?Ty(e)
THEN	put(Indef(+)); make(<$\downarrow_1$>), go(<$\downarrow_1$>);
	put(Fo(λP.(ε, P)), Ty(cn→e), [↓]±);
	go(<$\uparrow_1$>), make(<$\downarrow_0$>), go(<$\downarrow_0$>), put(?Ty(cn))
ELSE	Abort

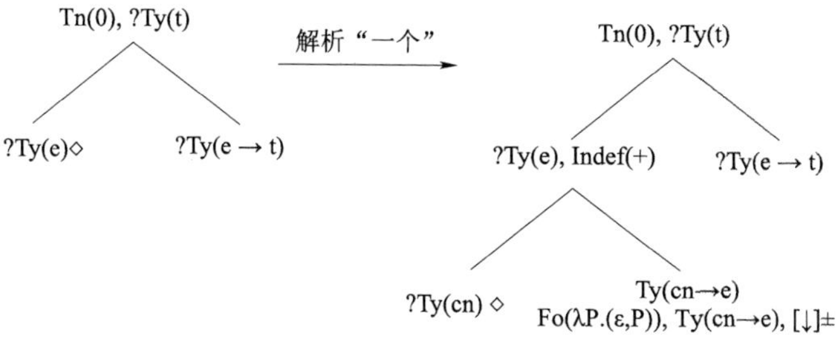

图 3.28 解析“一个”

然后，普通名词“苹果”的词项行为发挥作用，进一步指导结构树的构建。

（28）“苹果”词项行为：

IF	?Ty(cn)
THEN	make(<$\downarrow_1$>), go(<$\downarrow_1$>), put(Ty(e→cn), Fo(λy(y,苹果'(y))), [↓]±); go(<$\uparrow_1$>), make(<$\downarrow_0$>), go(<$\downarrow_0$>), freshput(x, Fo(x)); put(Ty(e));
ELSE	Abort

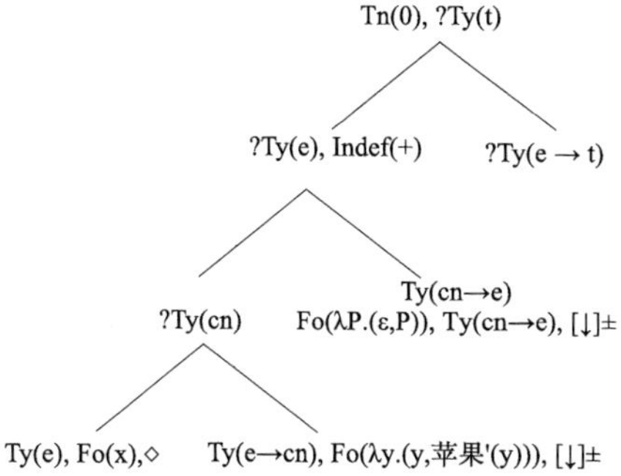

图 3.29 解析“一个苹果”

最后，完成规则等计算规则发挥作用，通过自下而上的函项贴合运算（functional application），首先得到普通名词节点 Ty(cn)上的语义表达式 Fo(x,苹果'(x))，进而得到 Ty(e)节点上的语义表达式 Fo(ε,x,苹果'(x))，即“一个苹果”的语义表达式。

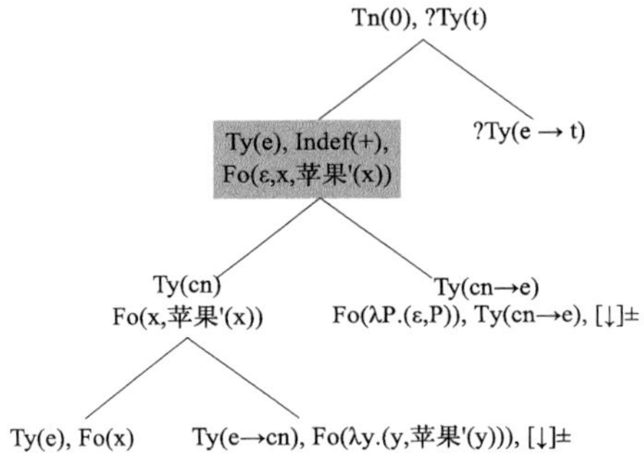

图 3.30 完成“一个苹果”

诸如“所有老师”之类的全称数量短语，在 DS 中被统一分析为投射一个 tau(τ)名项。τ 名项由解析“所有”“every”“all”等限定词语引入。论元女儿节的普通名词 Ty(cn)，Fo(x,老师'(x))与函项女儿节的限定词 Ty(cn→e)，Fo(λP.(τ,P))做函项贴合运算（functional application），得到“所有老师”的语义类 Ty(e)及语义值 Fo(τ,x,老师'(x))，如下图所示（省略中间解析过程）。Fo(τ,x,老师'(x))与(∀x,老师'(x))具有相同的真值条件。

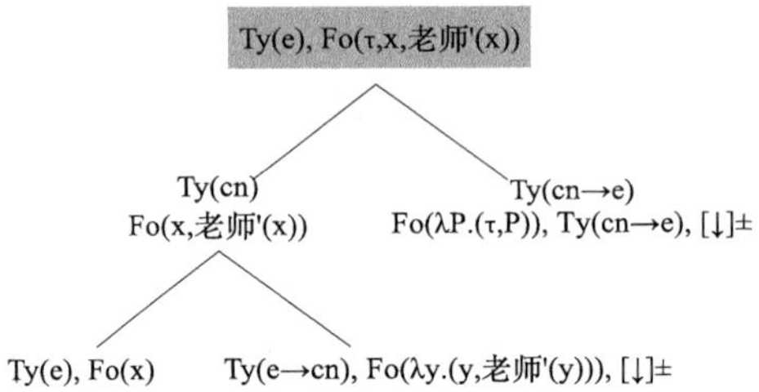

图 3.31 解析“所有老师”

对专有名词如“木兰”，DS 统一处理为投射一个 iota 名项（ι term），ι 是唯一性算子，其主要功能是用来挑选出专有名称特指的个体，“木兰”的逻辑语义表达式可表示为：Fo(ι,x,木兰'(x))，如下图所示（省略中间解析过程）。

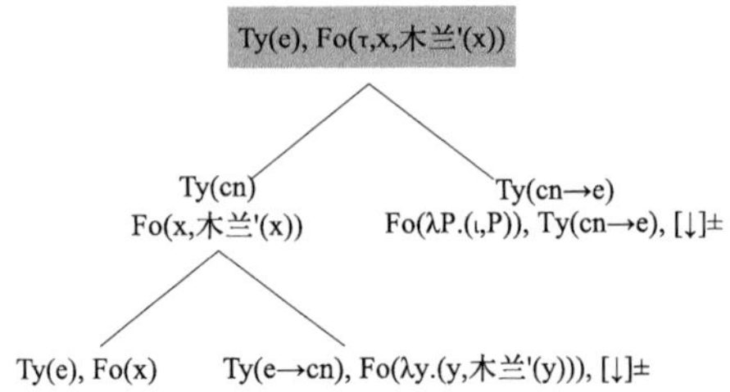

图 3.32 专有名词“木兰”

需要注意的是，汉语普通名词与英语不同。英语中普通名词不能单独充当句子成分，必须由冠词修饰或者变成复数形式才能在句子中充当成分。汉语中的普通名词如“苹果”，既可以受限定词修饰组成数量短语“一个苹果”而充当句子成分，也可以单独充当句子成分，例（29）和例（30）均为合法的句子。

（29）张三吃了一个苹果。
（30）张三吃了苹果。

例（29）中“一个苹果”和例（30）中“苹果”均充当论元，语义类型均为 Ty(e)（实体）。由此可见，在汉语中普通名词可分为两种情况，一种情况下语义类型为 Ty(cn)（语义公式 Fo(U,苹果'(U)))，与限定词 Ty(cn→e)结合构成语义类为 Ty(e)的名词组，语义由 ε 名项表示：Fo(ε,x,苹果'(x))。而另一种情况下语义类型为 Ty(e)，可直接充当论元。在后一种情况下，普通名词也用 epsilon(ε)算子刻画，“苹果”的语义逻辑表达式也可以表征为：Fo(ε,x,苹果'(x))。从语义上讲，这种刻画方式也很好理解，“张三吃了苹果”，那么“苹果”这一概念指称的集合自然应为非空集，可用 ε 算子刻画。

代词的刻画方案前文已介绍，DS 将代词统一处理为投射一个语义值待定的元变量 U，并对元变量的取值有所限制，比如代词“他”投射的元变量 U_{male}，只能在语境中寻找一个男性个体为其赋值。

（31）“他”词项行为：

IF	?Ty(e)
THEN	put(Fo(U_{male}), Ty(e), ?∃x.Fo(x), [↓]⊥)
ELSE	abort

包含代词的领属结构如“他的妈妈”，当如何处理？首先，我们需要处理领属标记“的”。在领属结构中，“的”的功能与英语所有格后缀“’s”相同，都表示领属关系（POSS），并将领属结构分为两部分：领属者与被领属者。也就是说，“’s”和“的”的作用可以分为两个部分：首先，构建一个表领属关系（POSS）的命题语义树，并把领属者 *Fo*(α)嵌入此命题树，由一个元变量 Fo(U)充任被领属者；之后构建一个链接树（Link tree）以刻画被领属者（见 Kempson et al. 2001）。因此，“’s”/“的”的词汇行为指令

可形式化地表述为：

（32）“'s” / “的” 的词汇行为指令：

IF $Ty(e), Fo(\alpha)$

THEN $make(\langle\uparrow_0\rangle), go(\langle\uparrow_0\rangle), put(Fo(POSS'(U)(\alpha)), Ty(t));$

$make(\langle\downarrow_1\rangle); go(\langle\downarrow_1\rangle); put(Ty(e\rightarrow t), Fo(\lambda q[POSS'(U)(q)]));$

$make(\langle\downarrow_0\rangle); go(\langle\downarrow_0\rangle); put(Fo(U), Ty(e));$

$make(\langle\uparrow_0\downarrow_1\rangle); go(\langle\uparrow_0\downarrow_1\rangle);$

$put(Fo(\lambda p\lambda q[POSS'(p)(q)]), Ty(e\rightarrow(e\rightarrow t)));$

$go(\langle\uparrow_1\uparrow_1\rangle);$

$make(\langle L^{-1}\rangle); go(\langle L^{-1}\rangle); put(Fo(x), Ty(e));$

$make(\langle\uparrow_0\rangle), go(\langle\uparrow_0\rangle); put(?Ty(cn));$

$make(\langle\uparrow_0\rangle), go(\langle\uparrow_0\rangle); put(?Ty(e));$

$make(\langle\downarrow_1\rangle); go(\langle\downarrow_1\rangle); put(Fo(\lambda P[\varepsilon,P]), Ty(cn\rightarrow e));$

$make(\langle\uparrow_1\downarrow_0\downarrow_1\rangle), go(\langle\uparrow_1\downarrow_0\downarrow_1\rangle); put(Ty(e\rightarrow cn))$

ELSE Abort

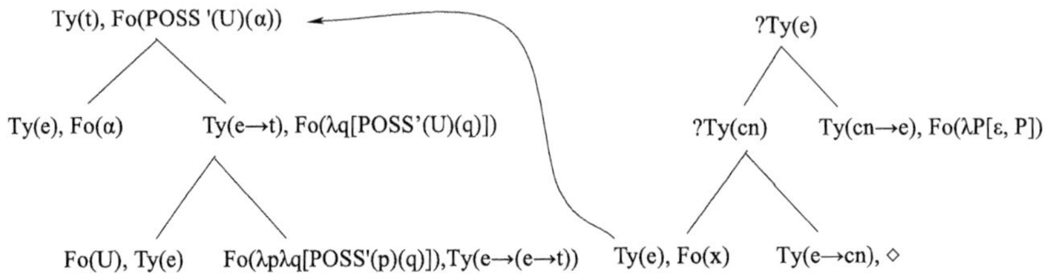

图 3.33 “的”字结构图

由上图可见，被领属树（右侧树）中由元变量 x 修饰的节点，链接于左侧表领属关系的命题逻辑树，鉴于链接关系共享信息的特点，被领属树（右侧树）中普通名词投射的变量 x，应当与领属关系树（左侧树）中表被领属者的元变量 Fo(U)共指。接下来，我们具体看看“的”字领属结构比如“他的妈妈”应该如何解析。

在解析“他的妈妈”时，领属者“他”首先被解析，投射元变量 Ty(e), $Fo(V_{male})$，其取值通过语用行为 Substitution 在语境中寻找。之后领属标记“的”的词项行为被激活，将 $Ty(e)Fo(V_{male})$节点嵌入一个表领属关系（POSS）的命题逻辑树中，并从该命题逻辑树根节点处构建一个链接树，来刻画被领属者“妈妈”。“他的妈妈”词项行为可做如下形式刻画。

（33）“他的妈妈”词项行为：

IF Ty(e), Fo(V_{male})

THEN SUBSTITUTION(α,α ∈Tcontext)

make($<\uparrow_0>$), *go*($<\uparrow_0>$), put(*Fo*(*POSS* '(U)(V_{male})), *Ty*(t));

make($<\downarrow_1>$); go($<\downarrow_1>$); put(Ty(e→t), Fo(λq[POSS' (U)(q)]));

make($<\downarrow_0>$); go($<\downarrow_0>$); put(Fo(U), Ty(e));

make($<\uparrow_0\downarrow_1>$); go($<\uparrow_0\downarrow_1>$);

put(Fo(λpλq[POSS'(p)(q)]), Ty(e→(e→t)));

go($<\uparrow_1\uparrow_1>$);

make($<L^{-1}>$); go($<L^{-1}>$); put(Fo(x), Ty(e));

make($<\uparrow_0>$), *go*($<\uparrow_0>$); put(?Ty(cn));

make($<\uparrow_0>$), *go*($<\uparrow_0>$); put(?Ty(e));

make($<\downarrow_1>$); go($<\downarrow_1>$); put(Fo(λP[ε,P]), Ty(cn→e));

make($<\uparrow_1\downarrow_0\downarrow_1>$), go($<\uparrow_1\downarrow_0\downarrow_1>$);

put(Ty(e→cn), Fo(λX(X,妈妈'(X)));

ELSE Abort

根据链接树共享信息的性质，被领属者“妈妈”投射的内部变量 x 应当与左侧树中表被领属者的元变量 U 共指。最后，经过完成规则、削薄规则等，得到“他的妈妈”的最终逻辑语义表达式：Fo(POSS '(ε,x,妈妈'(x))(V_{male}))，如下图所示，其中 V_{male} 的取值通过 Substitution 由语境中合适的男性个体提供。

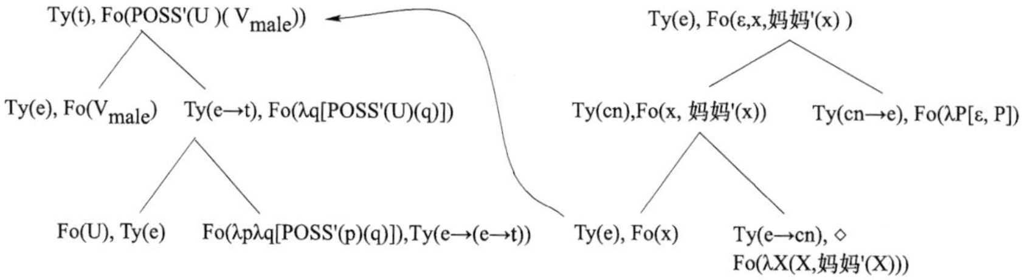

图 3.34 “他的妈妈”解析树

这样看来，DS 对领属结构的刻画与汉语传统语法对领属结构的认识是一致的。“他的妈妈”的逻辑语义式中包含一个领有谓词 POSS（“拥有”possess），可以解读为“他有妈妈”。这与吕叔湘（1976）的描述是相符的，他认为表领属性的“N1+的+N2”对应“有”字句，如“中国人民的志气”对应“中国人民有志气”。

本小节考察了现代汉语中几种名词词组的处理方案，包括数量短语、专有名词、代词、“的”字领属结构等，展示了它们的词项行为指令和树结构的刻画过程，鉴于其内部结构的复杂性及篇幅限制，下文将对名词组进行简化处理，不再详细展示其内部结构。

3.6.3 汉语语用行为

DS 刻画了标示不足（underspecification）的情况，即某些节点内容或位置暂时无法确定，需要通过后续词项输入或者依赖语境内容进一步确认的情况。上文指出 DS 不仅将句法和语义内容形式化，也将语境做了形式化刻画，这样就允准了语用行为指令（pragmatic action）直接作用于语义结构树的构建过程。语用行为从语境中选择合适的替代项进行拷贝，并将拷贝信息写入在建结构树，从而将句法、语义与语用融合在同一个表征层面。在 DS 模型中，语境因素的刻画包括了以下三个方面。

（a）正在构建的树结构及其语义节点；
（b）已得到解析的话语提供的树结构及其语义节点；
（c）构建（a）和（b）所应用的行为序列。

换句话说，语境不仅包括解析之前（或当前部分）话语得到的句法结构树、语义内容，还包括构建二者所使用的行为序列（词项行为指令、计算规则等）。通过语用行为的作用，语境可以直接参与当前话语的解析过程，主要通过以下三种方式。

（i）拷贝语境中的语义内容；
（ii）重用语境中的行为指令；
（iii）直接扩展语境中的语义结构树。

3.6.3.1 语用替代

拷贝语境中的语义内容（标记 label、公式 formula）并将其写入在建树的语用行为是：语用替代（Substitution）。

（34）替代（Substitution）词项行为：

IF	$Ty(X)$, $?\exists x.Fo(x)$,	
	$T \in C$,	
	$\{Ty(X), Fo(Y)\} \in T$	
THEN	IF	$\uparrow_0\uparrow^1{*}\downarrow_0 Ty(X), Fo(Y)$
	THEN	ABORT
	ELSE	put($Fo(Y)$)
ELSE	ABORT	

激发器表明当前需求的是 Ty(X)节点上的语义内容（$?\exists x.Fo(x)$）；$T \in C$ 表明树结构 *T(ree)*是语境 C(ontext)的构成成分，$\{Ty(X),Fo(Y)\} \in T$ 表明 T 中包含一个语义类为 Ty(X)，语义内容为 *Fo*（*Y*）的节点。换句话说，语境 C 中结构树 T 上有语义类为 Ty(X)的节点，该节点上的语义内容 *Fo(Y)* 正是所需求的语义内容。那么便可拷贝该节点的语义内容并将其置于所需节点上。需要注意的是，行为指令中内嵌了一个终止条件，$\uparrow_0\uparrow_1{}^*\downarrow_0 Ty(X)$，*Fo(Y)*，要求当前构建的节点与拷贝的节点不可共论元（co-argument）。举例说明，“张三喜欢他”，代词“他”投射元变量 U，替代行为为 U 寻找合适的语义内容时，不可取处于其$\uparrow_0\uparrow_1\downarrow_0$位置的“张三”，即“张三”和代词“他”不同指①。

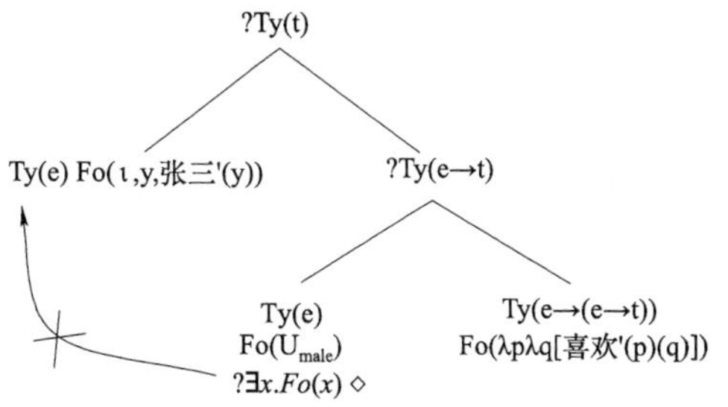

图 3.35 替代限制

通过替代行为直接拷贝语境中的语义内容，可以为代词、空主语、空

① 此处不考虑反身代词如“himself”“自己”等。反身代词的词项行为中明确了其取值规则，比如英语反身代词的典型用法是与主语论元同指，而汉语反身代词的取值可参考视点中心（汉语反身代词解析可参见杨小龙，2015）。

宾语结构（严格解读）、动词短语省略结构（严格解读）等提供直观一致的解析。

3.6.3.2 语用重建

重用语境中储存的行为序列（actions）的语用行为是：重建（Regeneration）。重建在语境中寻找合适的行为序列，拷贝并将其写入在建树以重复利用。

（35）重建（Regeneration）

IF　　*Ty*(*X*), ?∃*x*.*Fo*(x),
　　　A = <*ai*, ..., *ai*+*n*> ∈ C
　　　ai =<**IF**φ1, **THEN**φ2, **ELSE**ABORT>,
　　　?*Ty*(*X*)∈ φ1,
THEN　do(<*ai*, ..., *ai*+*n*>)
ELSE　ABORT

激发器表明当前正在构建的是 *Ty*(X)节点，该节点需求语义内容 *Fo*(x)。语境 C(ontext)中储存了一系列行为序列 *A*(*ctions*):(<*ai*,...,*ai*+*n*>)，且该行为序列的激发条件亦是构建 *Ty*(X)节点，那么，重复利用这些行为指令以构建当前节点。

通过重建行为重复利用语境中储存的行为序列，可以为空宾语结构（宽泛解读）、动词短语省略结构（宽泛解读）、动词空缺句等提供一致的解析。

3.6.3.3 直接扩展树结构

语用替代和重建分别允准了语境中语义内容和行为指令的重复利用，使得语境直接参与解析过程，除这两种方式之外，还可以通过直接扩展语境中树结构的方式解析当前话语。比如对话中的简短答语（short answers）、话语片段（fragments）等均可以依赖直接扩展的方式获得解析。然而，对话涉及说话者（speaker）与听话者（hearer）之间的话轮转换（turn taking），解析说话者的（部分）话语得到一个结构树即语境中的结构树，那么，可以在该结构树的基础上，直接生成并解析新的说话者（原听话者）的话语吗？也就是说，在 DS 中，说话者与听话者角色之间可以自由切换吗？

DS 是以解析（parsing）为基础的，生成过程（production）与解析过程（interpretaion）紧密联系，说话者与听话者遵从同样的行为指令（词汇行为、计算规则等）同步生成或解析话语。这些行为指令的运用，逐步渐进地将可感知的物理刺激如语串映射为概念表征（解析过程），或将概念表征实现为物理信号（生成过程）。

首先，解析过程是目标驱动的，不断有需求（requirements）需要被满足，因此解析过程也包含对生成过程的预测（predication）。预测主要通过两种方式实现：其一，通过自然语言提供的信息实现，即由词项行为指令引入需求，预测下一步应该输入什么信息才能使解析过程顺利完成。比如及物动词“like”的词项行为不仅构建一个二元节点，还构建一个内部论元节点，需求一个语义类型为Ty(e)的名项，如果接下来处理的信息是一个类型为Ty(e)的名项，解析过程才能顺利进行。其二，通过系统生成的通用计算规则实现，比如在英语或者汉语句子解析的初始阶段，引入规则和预测规则指导构建外部论元节点(?Ty(e))和一元谓词节点(?Ty(e→t))，并将指针置于外部论元节点处，预测接下来处理的信息语义类型应该为Ty(e)。如果输入词项的激发条件满足此要求，那么解析过程可以顺利进行。

其次，在交际过程中说话者对于交流的内容至少应该存在一些想法，也就是说，在生成过程中总有一个先于当前处理阶段的目标等待完成，即总有一个目标树（goal tree）有待构建（不必是完整的结构树，可以是部分树）。而生成过程需要依赖解析机制，利用当前解析状态来判定新生成的话语是否逐步接近想要达成的目标。由此可见，生成过程与解析过程相互依赖、同步进行，因此，说话者与听话者之间的角色可以自由转换。

此外，DS具有渐进递增性的特征，可以将输入的话语逐词进行解析，因此能够处理低于句子层次的成分。渐进性的特征还决定了话语的表达与理解，即话语生成与解析过程，均可始于部分结构，这样就为话语片段的解析奠定了基础。

因此，在DS理论框架下，对话中的话轮转换、话语片段等都可得到直观的刻画：听话者可以在说话者贡献的基础上，随时打断说话者接过话轮，依赖DS的预测能力，继续构建原说话者未完成的话语，即通过直接扩展语境中结构树的方式，生成或解析新的话语片段①。

3.6.4 汉语语境刻画

DS在分析英语语料的基础上，提出语境因素应该包含三个方面，即：

（36）a. 正在构建的树结构及其语义节点；

① Gregoromichelaki et al.（2013），Kempson et al.（2015）等在DS理论框架下解析了英语中的对话，感兴趣的读者可以参考。

b. 已解析的话语提供的树结构及其语义节点；

c. 构建 a 和 b 所应用的行为序列。

然而，通过考察汉语空主语结构、空宾语结构、动词短语省略结构、动词空缺句等，我们发现上述语境内容的刻画存在不足。Hankamer & Sag（1976）指出英语动词短语省略结构在语用控制（pragmatic control）时不合法，而汉语较英语而言更加灵活，多数省略结构都可以接受语用控制，即在没有显性言语性先行语的情况下，省略结构也可以成立（[]代表非言语性语境）。

（37）[A 正在水果店买苹果，跟老板说：]

A：**e** 要一斤苹果。

（38）[张三牵着新养的哈士奇回家了。]

李四[对妻子说]：

我一点儿都不喜欢 e。

（39）[张三正在爬树，李四看见了，说：]

李四：我也敢 **e**。

（40）[安排住宿]

室友 A 对室友 B 说：你 **e** 上铺，我 **e** 下铺。

省略句例（37）—（40）均合法且都不存在显性言语性的先行语。以上结构都能顺利地生成和理解，说明省略的成分都可以通过语境还原。那么，语境不应只包含言语性成分，也应包含非言语性成分，包括对世界的基本认识，常识和某一事件场景惯常包含的因素等。对语境做形式化刻画时，也应该纳入非言语性因素。鉴于此，本书提出语境除包含对当前及先前话语解析而得到的语义内容、结构树、行为序列外，还应包含事件发生场景通常出现的元素。我们可以借鉴认知语言学中“框架”的思想（Fillmore，1982；Fillmore & Atkins，1992 等）来刻画场景中的元素。“框架”是储存在人脑中的经验和知识的认知结构，是“根据经验建立的概念与概念之间的相对固定的关联模式”（沈家煊，1999），是具体的、经常出现的情景所特有的知识和信念的表征。每一个框架中都包含一些框架元素，而每一个元素的出现都会激活此框架中的其他框架元素，唤起大致相同的情境。比如，Fillmore 经常引用的“商业交易框架”（the commercial transaction frame）包含参与交易的 Buyer、Seller、Goods、Money 等框架元素。且通过视角

（perspective）转换，属于此交易框架的词项可以有动词：buy、sell、spend、charge、pay 等；名词：price、goods、money 等；形容词：cheap、expensive 等。在此基础上，我们认为语境不仅包含这些知识和词项的概念表征（concepts），还包含这些词项所引入的词项行为（actions），以及行为指令构建的结构树（trees）等。比如说，在安排住宿的场景中，一般包含住宿者、住宿场所等元素，属于此框架的词项可以有动词：睡、住等；名词：床、房间等；形容词：大、小、干净等；以及相关词项所激发词项行为，比如：

（41）“睡”的词项行为①：

IF	?Ty(e→t)
THEN	make(<↓*>), put(Ty(e*→(e→t)), Fo(λ*pλq [睡'(p*)(q)])), go(<↑*>?Ty(e→t));
ELSE	abort

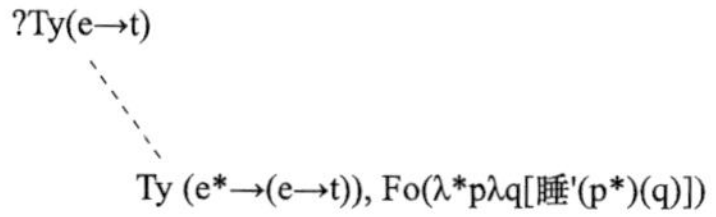

图 3.36　解析“睡”

综上所述，语境不仅包括解析话语所得到的语义内容、结构树和词项行为，还包括特定情景框架中的元素，即相关词项的概念语义（concepts）、词项行为（actions）和行为指令构建的结构树（trees）。当框架中某词项概

① 此处我们用“e*”刻画现代汉语动词的一个特征，即“不明确性”（underspecification）。动词带宾语的数量不是一成不变的，比如不及物动词“睡”有时可以代表地点或时间的宾语如“睡沙发/睡大床/睡三天”等。由于动词的附加语成分和论元成分之间的区分并没有绝对的界限，因此在 DS 中，附加语成分和论元成分都可以标记为 Ty(e)成分（参见 Marten，2002）。动词在不同语境中携带的 Ty(e)数量不同，即 e*出现与否完全取决于语境，表现在动词上就是动词具有不明确性特征。汉语在这方面的表现尤为明显，因为汉语动词更加灵活，经常可见到不及物动词再带一个或两个宾语的情况。率先对汉语动词不明确性进行刻画的是 Wu（2017）。本书一般只刻画动词的常规词项行为，只有在具体语境需要时才刻画非常规词项行为。此处为安排住宿的语境，一般会出现“住宿场所”这一框架元素，比如“睡沙发/睡上铺”“住这间房/住那间房”等，因此我们刻画了动词带“e*”的不明确性特征。“睡”投射一个结构上不确定的位置（由↓*，↑*可见），由加接规则引入，待论元数量确定以后，“睡”投射的待定节点与动词节点合并，在结构树中找到一个确切的位置。

念被置于文本或交谈环境中时，不仅该词项行为被激活，该框架中的其他概念和它们的词项行为等都被激活，可供语用行为作用。由此，扩展的语境可为语用控制下省略结构的解析提供依据。

（42）扩展的语境内容：

A：言语性内容

a. 正在构建的树结构及其语义节点；

b. 已解析的话语提供的树结构及其语义节点；

c. 构建 a 和 b 所应用的行为序列。

B：非言语性内容

a. 框架中词项构建的树结构及其语义节点；

b. 构建 a 所应用的行为序列。

3.7 DS 对省略结构的处理方案

3.7.1 DS 对省略结构的处理方案

省略结构的典型特征是句法结构与其实际表达的意义之间不匹配，因而一直是纯句法理论或纯语义理论解析的难点所在。DS 将句法语义语境融合在一个表征层面内，将省略部位统一看作语义内容标示不足的成分，待定内容可在后续解析中由语境中合适的成分提供。上文提到 DS 的一大特点是语境依赖性，所谓的“语境”不仅仅是句子与句子之间的依存关系，同时也是词与词之间的依存关系。上节根据汉语语料扩展了语境的形式刻画内容，语境不仅储存了解析话语所得到的语义内容（concepts）、结构树（trees）和词项行为（actions），还储存特定情景框架中的元素，即相关词项的语义内容、词项行为和行为指令构建的结构树，如上文（42）所示。因此，具有语境依赖性的语言现象诸如省略结构等可通过三种方式构建其解析。

（i）提取再用语境中的语义内容（语义逻辑公式）；

（ii）提取再用语境中构建动态结构树的行为序列；

（iii）提取再用语境中的结构树：直接扩展某些部分树等。

于是，通过语用行为提取语境中的语义内容、结构树或行为序列，可以为纷繁复杂的省略结构如主语脱落（pro-drop）、空宾语结构、动词短语省略结构、动词空缺句（gapping constructions）、对话中的片语等提供一致性的解析方案。这种解析还捕捉到了省略结构与代词之间的相似性，即标示不足的语义值都可通过语用行为在语境中充实，从而获得解析。

3.7.2 DS 处理省略结构的优势

从 DS 对省略结构的处理方案可以看出，与生成语法框架下省略结构的解析途径相比，DS 的处理有明显优势。

首先，省略结构的解析途径保持了一致。第二章简单综述了生成语法框架下汉语省略结构的解析途径，有些省略成分被认为是基础生成的，有些被认为是语音删除造成的，有些被认为是跨界移位导致的。在 DS 中，省略结构被统一处理为（依赖语境内容）通过语用行为充实标示不足的内容及结构的语言现象，这样就为省略结构做出了相对一致性的解析。

此外，充分发挥了语境的作用。DS 不仅将句法结构和语义内容形式化，还将语境内容形式化，由此，语用行为可以直接参与语句的解析过程。由于 DS 渐进地处理语串，可以将输入的话语进行逐词解析，因此也能够处理低于句子层次的成分，这样就为话语片段的解析奠定了基础。生成语法等形式语法往往以完句为基础，认为片段等低于句子层次的成分是“语言使用”不完美的表现，因此基本不在其研究范围内。但话语片段广泛存在于自然语言会话中，是构建自然语言句法模型不可回避的问题。DS 为解决此类难题提供了新的理论平台，也开辟了一条形式化的路子。

综上所述，本书对省略结构和言语片段的处理方案，可以克服在脱离语境的语法指导下的不足之处。将句法、语义与语用相结合，可以为各种省略现象做出相对直观且一致性的解析。

3.8 本章小结

本章简单介绍了处理汉语省略结构将要采用的理论框架：动态句法学（DS）。首先简述了 DS 的理论起源和理论模型，其中重点介绍了 DS 语义逻辑树构建所依赖的计算规则、词项行为和语用行为。之后，简要介绍了 DS 的主要特点，如句法－语义的并行演绎，动态递增性和语境性等，并以以往形式句法理论中较难处理的几种结构为例考察了 DS 在自然语言处理中的解释力。

此外，本章还以汉语事实为出发点，构建了汉语的动态解析模型，包括汉语计算规则、词项行为、语用行为等，还在考察汉语语料的基础上提出了扩展的语境刻画内容。汉语动词不投射完整的命题结构，外部论元节点及一元谓词节点需由通用计算规则引入。DS 把所有名词组，如数量短语“一个苹果”“所有老师”、专有名词“木兰”等，都刻画成类型为 Ty(e)的逻辑式，可分别处理为投射 ε 名项（epsilon term）、tau 名项（ τ term），和 iota 名项（ι term）。语用行为包括替代（Substitution）和重建（Regeneration），可分别重复利用语境中的语义公式（formula）或行为序列（actions）来构建在建树中标示不足的内容。此外，还可以通过直接扩展语境中结构树的方式来构建或解析新的话语片段。另外，在考察汉语语料的基础上，本章提出语境不仅包括解析显性话语所得的语义内容、结构树和行为序列，还包括特定情景框架中包含的相关知识概念及其词项行为等。最后简单分析了本书对省略结构的处理方案和主要优势。

当然，本章中构建的动态解析模型只是现代汉语解析模型的一部分，主要是为了解析省略结构，因此，本模型对解析现代汉语其他结构可能存在不足之处，需要根据具体情况进一步完善，对此本书暂不讨论。在随后的章节中，我们将根据本章提出的现代汉语解析模型，分别构建论元省略（第四章）、动词短语省略（第五章）、动词空缺句（第六章）、话语片段（第七章）等的动态解析模型，从线性的动态视角对以上语言现象的解析过程进行刻画。我们将证明，只有充分考虑语义表达和语用环境之间的相互作用，才能看清省略结构的运作机制。

第四章

论元省略的动态解析

4.1　动态解析方案

主语和宾语省略是现代汉语中普遍存在的一种现象，它是人们自觉遵守省力原则的体现（Zipf，1949）。当主语或宾语成分能从语境中推断出来时，在交际过程中往往就可以省去。因此，现代汉语主宾语省略是一种语用现象，省略的主语或宾语无法根据动词的屈折形态还原，而必须依靠语境才能得以理解。DS 强调词义、结构和语用之间的互动关系，将语境因素纳入自然语言语句的形式刻画过程中，这极大地方便了我们对各种省略结构的解析。在本章中，我们讨论省略了论元的结构是如何在 DS 框架下得到解析的，如例（1）。

（1）阿 Q 看见吴妈了吗？
　　__看见了__。

我们先看先行句“阿 Q 看见吴妈了吗？”的解析。如图 4.1 所示，由 DS 解析器先引出句子解析的终极目标?Ty(t)，即需要构建一个代表语句意义的命题。接着如图 4.2 所示，由“引入”和“预测”计算规则在根节点下引出两个子节点：外部论元节点 Ty(e)和谓词节点 Ty(e→t)（第三章考察了现代汉语动态解析模型的构建方案，提出外部论元节点和谓词节点是由一般计算规则而非动词的词项行为引入。动词词项行为不投射完整的命题结构树，也就是说不投射外部论元节点和一元谓词节点）。

?Ty(t)

图 4.1　起始树

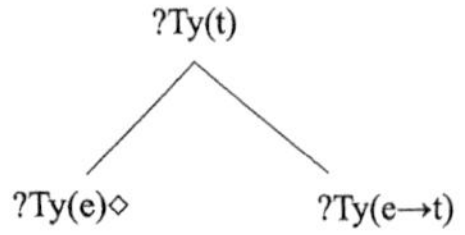

图 4.2 起始树扩展

指针置于外部论元节点处，意味着接下来要处理的是主语。上文提到，DS 分析语句时采用由左至右的递增式解析方法，所以句子主语“阿 Q”首先得到解析，与指针要求相符。作为专有名词“阿 Q”能满足主语节点的需要，所以我们将解析结果(Ty(e),Fo(ι,y,阿 Q'(y)))置于外部论元节点或主语节点上，如图 4.3 所示。

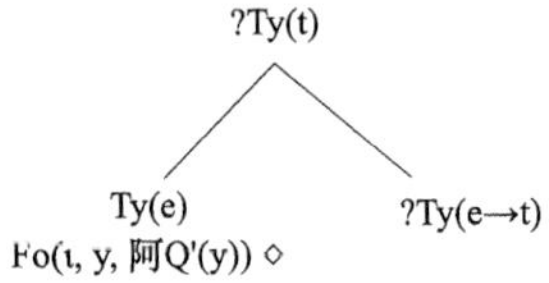

图 4.3 解析主语“阿 Q”

主语节点的需求满足之后，指针移到开放的谓词节点，表明谓词节点需要构建，如图 4.4 所示。

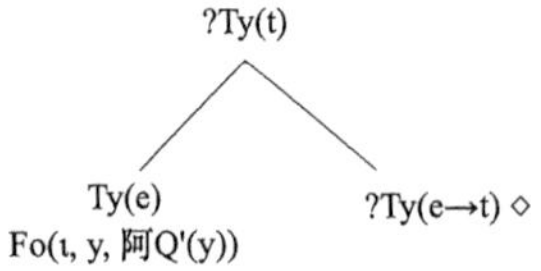

图 4.4 指针移动至谓词节点

句子中动词“看见”依次得到解析，它的词项信息接着发挥作用：“看见”是及物动词，所以我们先在一元谓词节点下引入一个二元谓词节点，然后将语义内容 Fo(λpλq[看见'(p)(q)])点缀其上；最后再引入它的内部论元节点即宾语节点。动词“看见”的词项行为可做如下刻画。

（2）“看见”的词项行为：

IF ?Ty(e→t)

THEN make(< $\downarrow_1$ >), go(< $\downarrow_1$ >),

put(Ty(e→(e→t)), Fo(λpλq[看见'(p)(q)]),[↓]⊥);

go(< $\uparrow_1$ >), make(< $\downarrow_0$ >), go(< $\downarrow_0$ >), put(?Ty(e))

ELSE abort

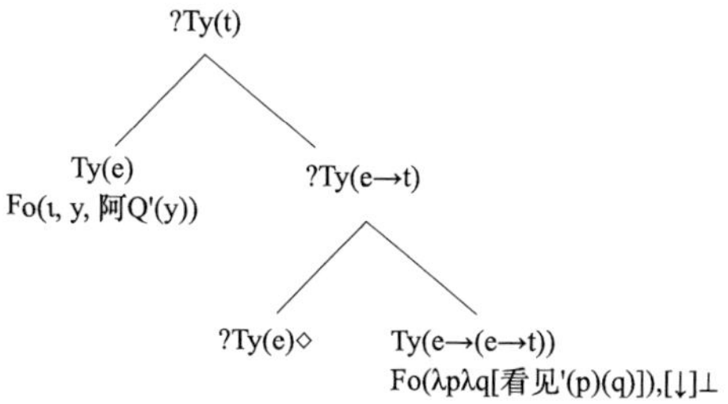

图 4.5　解析“看见”

之后，句子的宾语“吴妈”得到解析，其处理过程与“阿 Q”类似。解析结果(Ty(e),Fo(ι, x,吴妈'(x)))置于内部论元节点即宾语节点，见图 4.6。“了[①]”标记时体信息，疑问词表明语句类型是问句，分别以符号 ASP（PEV）和 Q（question）标示，见图 4.7。

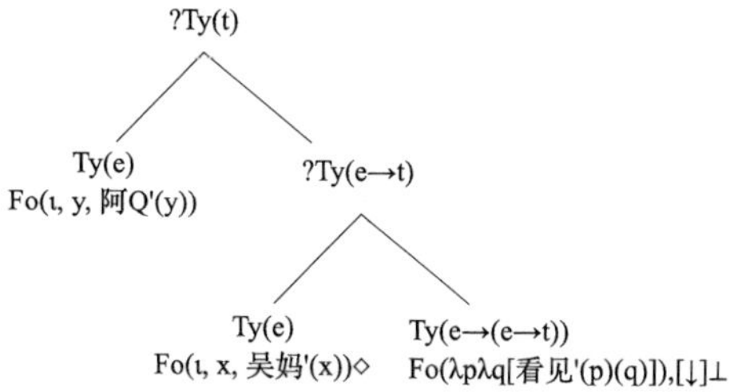

图 4.6　解析“吴妈”

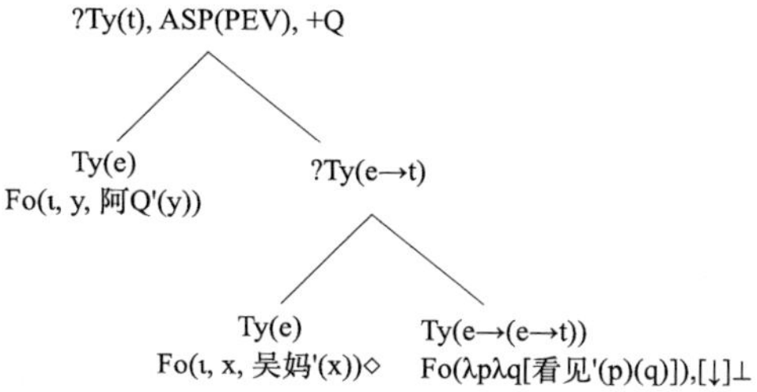

图 4.7　解析“了吗”

最后，通过完成规则、削薄规则等，语义树自下而上进行函项贴合运算（functional application），我们得到完整的语义树，如图 4.8 所示。

---

① 第三章提到“了”用于动词后可标示时体信息，此处是与其有关的疑问式。“了”的位置在疑问句式中常常可以改变，吕叔湘（1980/2010，p.358）举例：“买了词典”的疑问句式可以是“买词典了没有？”“买了词典没有？”或“词典买了没有？”等。例（1）中“了”用在动词短语“看见吴妈”后，也被处理为时体信息标记词。

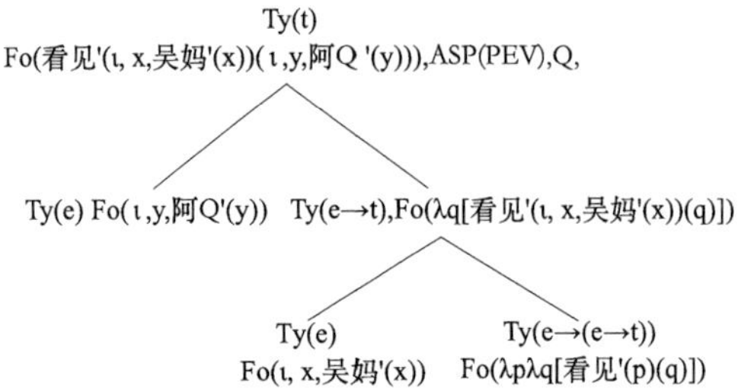

图 4.8 完成“阿 Q 看见吴妈了吗？”

接下来是答句的解析。该答句使用零形主语，体现了汉语灵活的特点。对于空位主语或者说零形替代词（zero anaphora）的解析，DS 将其和代词同样对待，即都分析为一个元变量，其语义值由语境中相关的名项来实现。

（3）零形替代词词项行为：

IF ?Ty(e)

THEN put Ty(e), Fo(U), ?∃x.Fo(x)

ELSE abort

由于问句已经解析完毕，其投射的命题树为答句的解析提供了完好的语境。换而言之，作为先行语的问句，不但其语义内容被结构化了，作为答句的语言环境也随之被结构化了。因为问句和答句在命题结构树的构架上相同，遵循相同的信息结构，答句的零形主语和零形宾语分别投射出的两个元变量 Fo(U)和 Fo(V)，可以轻易地在问句提供的语境树中找到其实际语义值，并将其拷贝至在建树中，即 Fo(ι, y,阿 Q'(y))和 Fo(ι, x,吴妈'(x))，如下图所示。

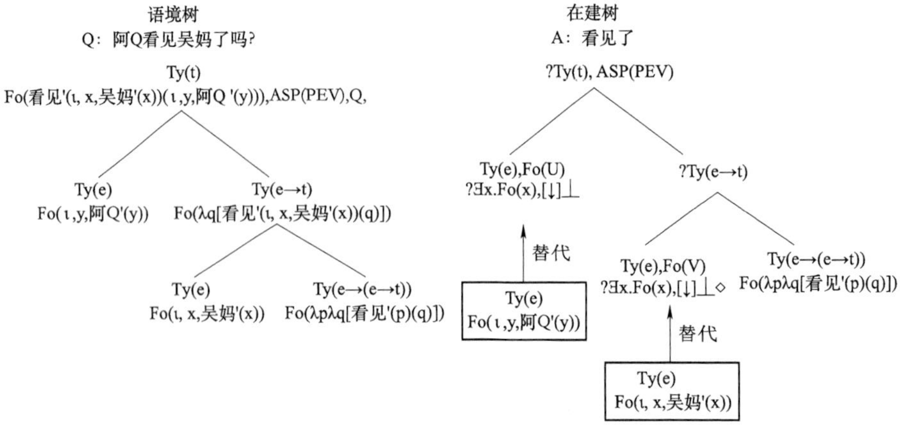

图 4.9 解析“___看见了___”

经过完成规则、削薄规则等，答句投射的语义树构建完毕后，我们得到一个完整的命题逻辑公式：Fo(看见'(ι, x,吴妈'(x)) (ι, y,阿 Q'(y)))，表示“看见了”这个貌似只言片语的解析结果。

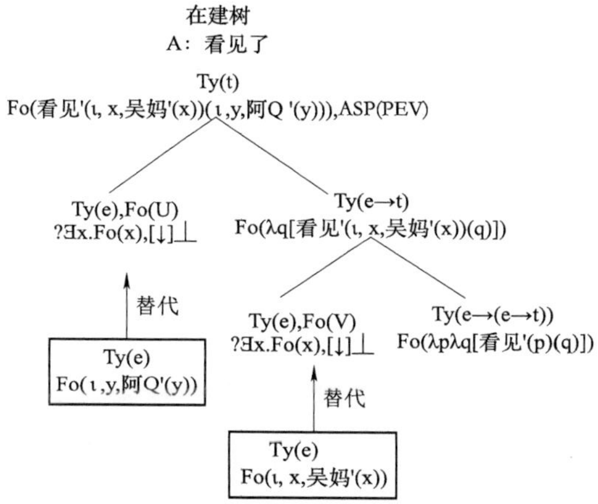

图 4.10 完成“__看见了__”

例（1）是具有显性语言形式的话语作省略句先行语的例子，上文提到汉语可以允许语用控制，即在没有显性语言形式的话语作先行语的情况下，只要省略的成分能被理解，不影响交际的顺利进行，省去某些成分也是完全合法的，如：

（4）[张三正在水果店买苹果，跟老板说：]
张三：e 要一斤苹果。

上例中，主语位置也采用了零形式成分，解析时零形主语同样投射一个语义值待定的元变量 Fo(U)。商品交易框架中包含参与交易的买者、卖者、商品、金钱等框架元素，每一个元素的出现都会激活此框架中的其他元素，唤起大致相同的情境。在当前情境下，动词“要”、名词“一斤苹果”的出现会激活此框架，由此，该框架内包含的元素如购买者、卖者等以及它们的词项行为，均可作为语境直接参与话语的理解与构建。这里缺省的是买东西的人，通过语用推理，空位投射的元变量 Fo(U)自然可被购买者“张三”的语义值 Fo(ι,y,张三'(y))替代，最终得到命题逻辑式：Fo(要'(ε, x,苹果'(x)) (ι, y,张三'(y)))。

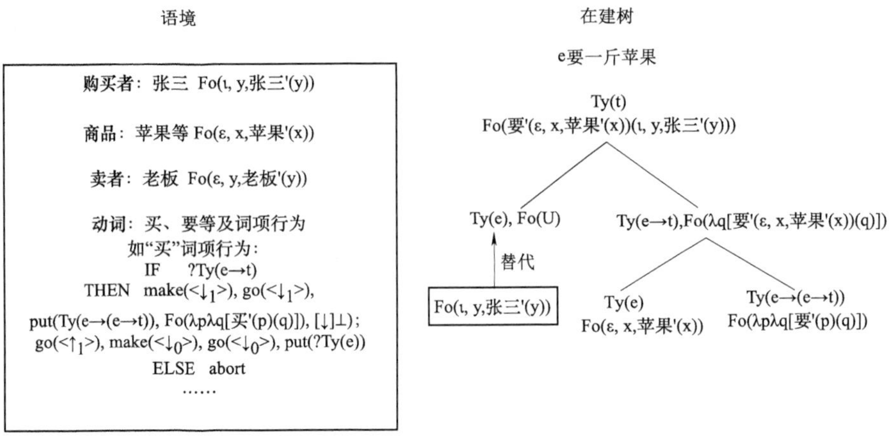

图 4.11 解析"e 要一斤苹果"

由此可见，通过空位语义标示不足与语境充实的相互作用，可以为主语/宾语省略提供直观的解析方案，不管语境是否是具有显性语言形式的话语。如果语境提供的信息不同，空位的解读自然不同。

4.2 主语省略特征解析

汉语主语省略的典型特征是可以允许多个空位连续出现，不仅在现代汉语中如此，在古汉语中也是，例如：

（5）王 i 就见孟子 j øi 曰：øi 前日 øi 愿见 øj 而 øi 不可得，øi 得侍同朝 øi 甚喜。øj 今又弃寡人而 øj 归，øi 不识可以继此而得 øi 见 øj 乎？

《孟子・公孙丑下》

只要意义能从语境中恢复，多个主语便可连续省去，这种用法既符合省力的原则，又有使语篇衔接连贯的修辞作用，再如：

（6）阿 Q 没有家，ø 住在未庄的土谷祠里；ø 也没有固定的职业，ø 只给人家 ø 做短工……

《阿 Q 正传》

在 DS 下，省略的多个主语同样可以得到直观的解析。解析方案同样是空位主语投射语义值待定的元变量 Fo(U)，在语境中通过语用行为由合适的名项取代。以（6）为例，空缺的主语都可以在语境中找到合适的名项替代，即“阿Q”，换言之，空主语投射的元变量取值 Fo(U)可以被 Fo(ι, x,阿 Q'(x))替代①。

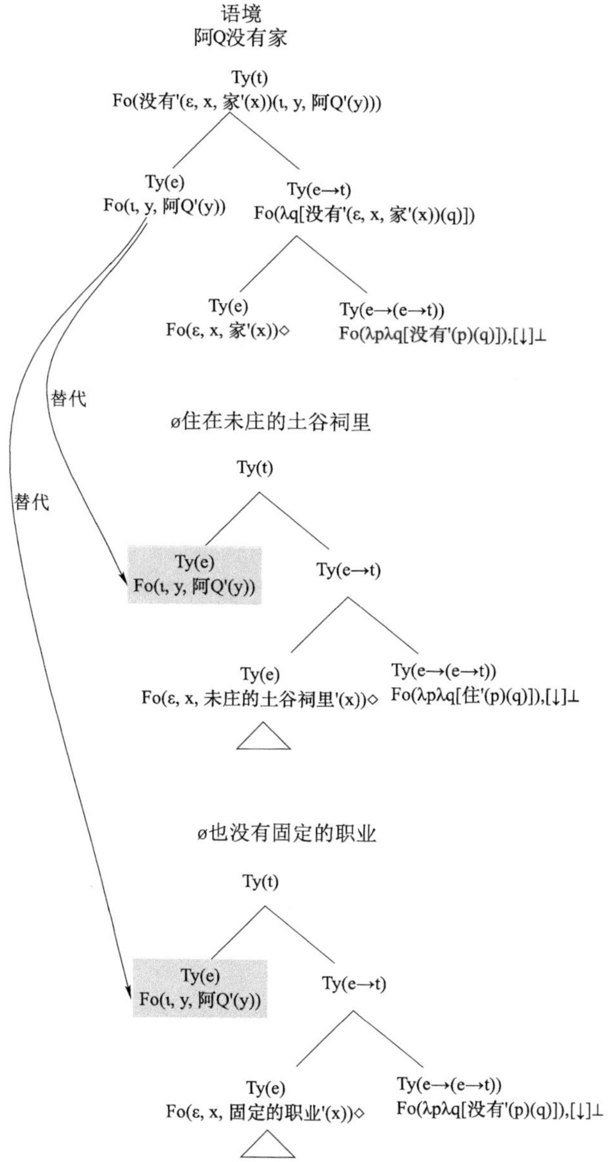

图 4.12 解析例（6）

① 下图以前几个分句为例展示解析过程（省略中间步骤）。

4.3 宾语省略特征解析

4.3.1 严格、宽泛解读歧义

第二章中提到，当省略的宾语中包含代词时，省略的代词会有严格/宽泛解读歧义，如下例所示。

（7）张三看见了他的妈妈，李四也看见了。
a. 严格解读：张三看见了张三的妈妈，李四也看见了张三的妈妈。
b. 松散解读：张三看见了张三的妈妈，李四也看见了李四的妈妈。

在语境以及语用行为的帮助下，该歧义也可以得到直观的解析。我们先看先行句的解析。“张三看见了他的妈妈”是一个常规的汉语陈述句，它的解析比较直观。首先，计算规则将?Ty(t)根节点扩展为一个带有外部论元节点和谓词节点的部分树，主语“张三”的解析提供外部论元的修饰 Ty(e), Fo(ι,x,张三'(x))，如图 4.13 所示。之后，“看见了”的词项行为发挥作用，先将指针移至根节点处放置时体标志 Tns(PAST)，再构建二元谓词节点，并将“看见”的语义逻辑式 Fo(λpλq[看见'(p)(q)]),Ty(e→(e→t))点缀在此节点上，此外还构建一个内部论元节点，需求?Ty(e)，如图 4.14 所示。接下来，“他的妈妈”被解析，该“的”字领属结构的词项行为指令开始发挥作用（详见 3.6.2 节），其中代词“他”投射的元变量 Fo(V_{male})通过语用行为在语境中寻找合适的名项，这里唯一合适的名项是小句的主语“张三”：语用行为 Substitution 拷贝小句主语的语义值 Fo(ι,x,张三'(x))充实元变量的取值，如图 4.15 所示。

解析过程如下：

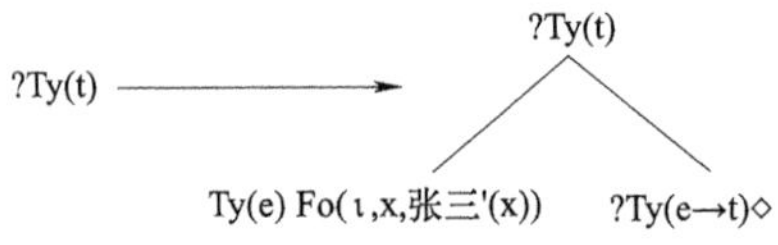

图 4.13 解析“张三”

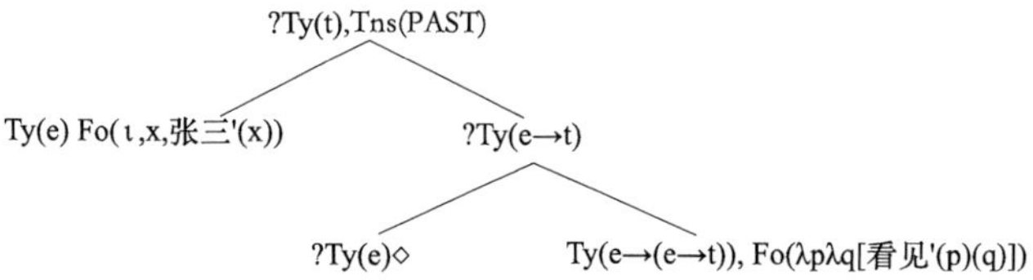

图 4.14 解析“张三看见了”

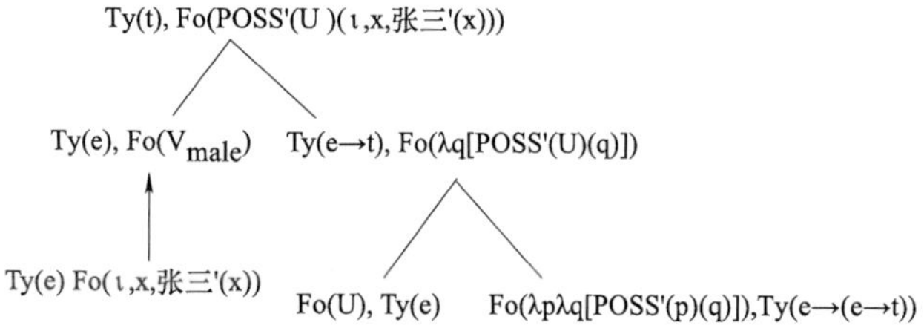

图 4.15 解析“他的”

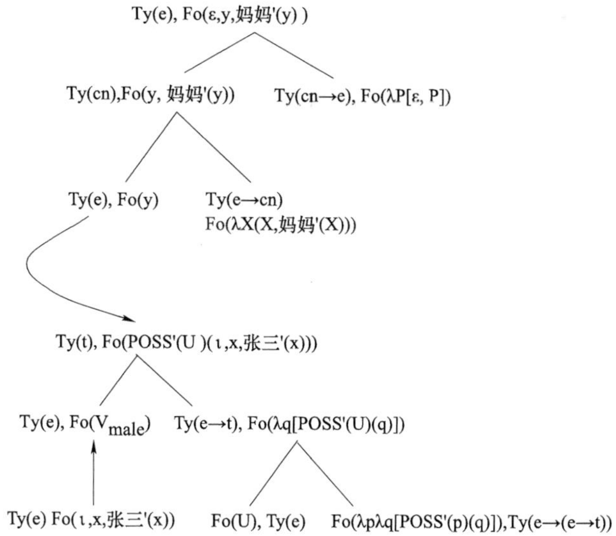

图 4.16 解析“他的妈妈”

“的”字构建的表领属关系的命题语义树，与中心语“妈妈”投射的元变量建立链接关系，如图 4.16 所示。中心语节点充当整个命题逻辑树“张三看见了他的妈妈”的内部论元节点，如图 4.17 所示。最后，经过完成规则、削薄规则等，我们得到“张三看见了他的妈妈”的完整语义树如下（图 4.18）。

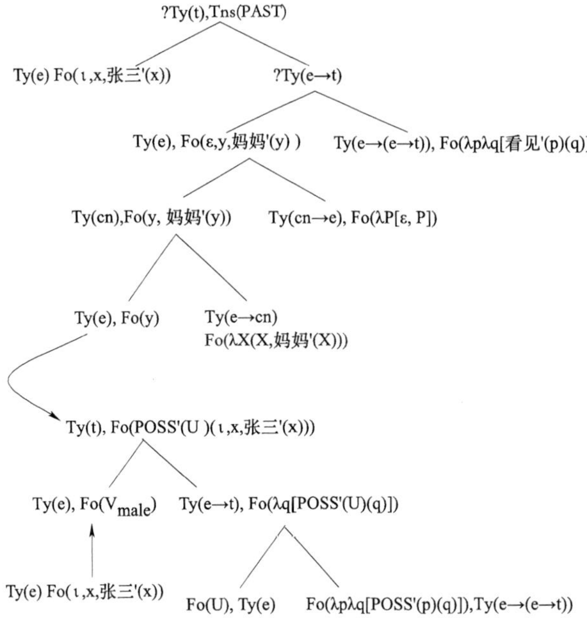

图 4.17　解析“张三看见了他的妈妈”

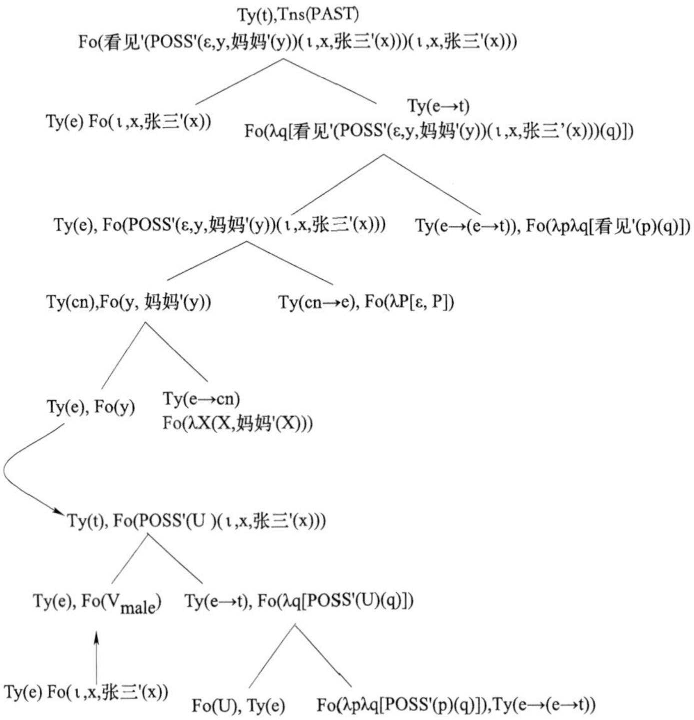

图 4.18　完成“张三看见了他的妈妈”

以上是先行句“张三看见了他的妈妈”的解析，解析过程中的结构树、各节点的语义内容以及解析运用的词项行为均构成目标语句的语境。目标语句中“李四也看见了”的解析与“张三看见了”基本一致：“李四”修饰主语节点，“看见了”投射并修饰二元谓词节点，并构建一个宾语节点。不同之处在于修饰性副词“也”投射一个 Ty((e→t)→(e→t))节点。处理完现有语串之后，指针停留在宾语节点?Ty(e)，表明需要一个宾语论元，如下图所示。

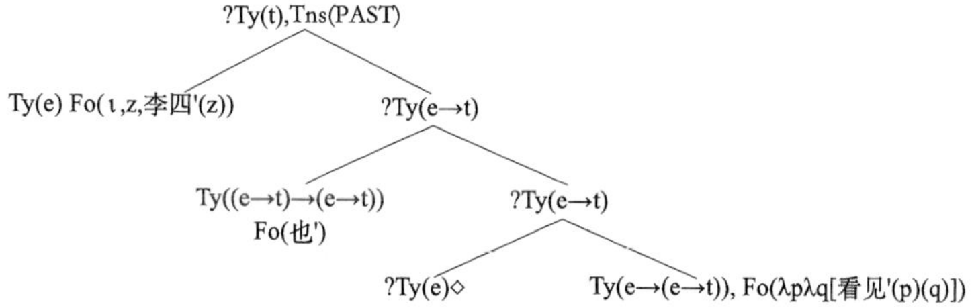

图 4.19 解析“李四也看见了”

目标语句中的宾语是空位，或说零形指代词。按照之前的分析，宾语空位与代词类似也投射一个元变量 V，语义值需要通过语境内容来充实，主要有两种方式：一是通过语用替代直接拷贝语境中储存的语义公式；二是通过语用重建重复利用语境中储存的行为序列。前者得到严格解读（strict reading），后者得到宽泛解读（sloppy reading）。

“李四也看见了”严格解读（strict reading）：

语用替代行为拷贝语境树（即解析先行语提供的语义结构树，如图 4.20 所示）中内部论元节点“他的妈妈”的语义值，即 Fo(POSS'(ε,y,妈妈'(y))(ι,x,张三'(x)))，并将它置于在建树内部论元节点处，最终得到目标语句的语义：

Fo(也'(看见'(POSS'(ε,y,妈妈'(y))(ι,x,张三'(x))))(ι,z,李四'(z)))，即严格解读“李四看见了张三的妈妈”。

语用替代行为拷贝语境树（即解析先行语提供的语义结构树，如图 4.20 所示）中内部论元节点“他的妈妈”的语义值，即 Fo(POSS'(ε,y,妈妈'(y))(ι,x,张三'(x)))，并将它置于在建树内部论元节点处，最终得到目标语句的语义：

Fo(也'(看见'(POSS'(ε,y,妈妈'(y))(ι,x,张三'(x))))(ι,z,李四'(z)))，即严格解读“李四看见了张三的妈妈”。经过函项贴合运算，可得到如图 4.21 所示的完整结构树。

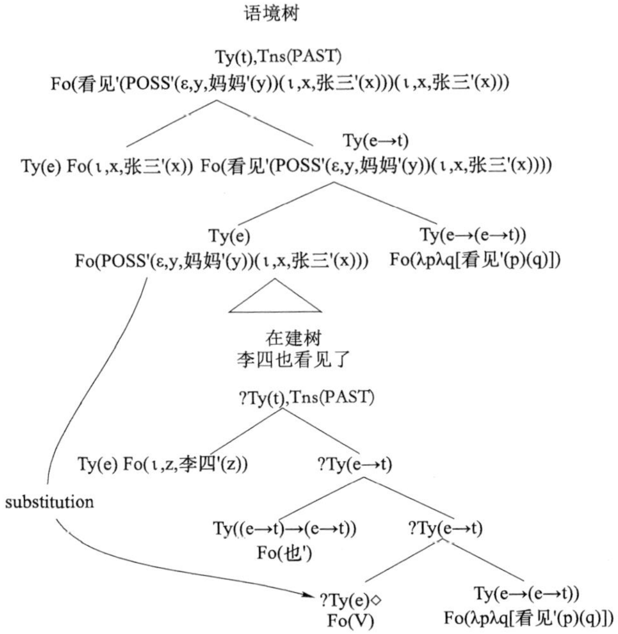

图 4.20 “李四也看见了”严格解读

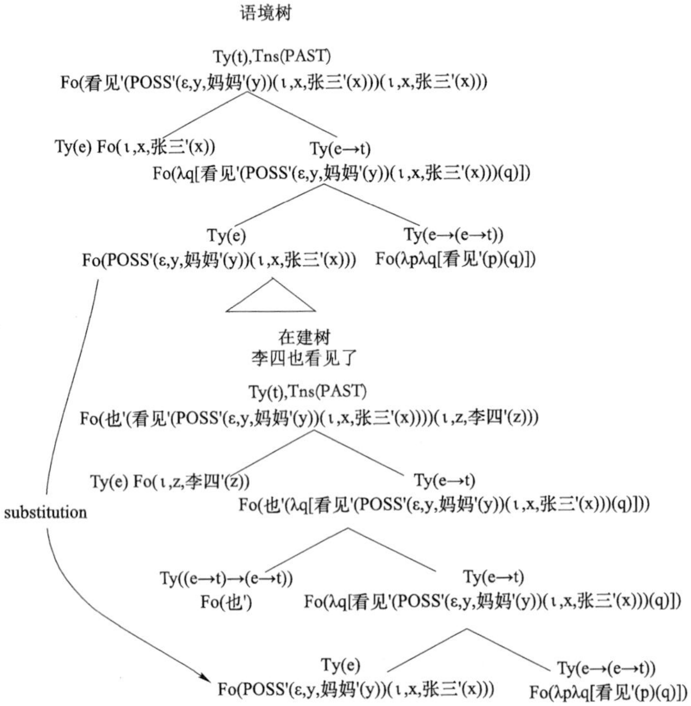

图 4.21 严格解读完整结构树

“李四也看见了”宽泛解读（sloppy reading）：

重用语境中储存的行为序列，即构建内部论元节点“他的+妈妈”的行为序列，可以得到宽泛解读。第三章考察了“他的妈妈”的词项行为序列如下。

（8）IF　Ty(e), Fo(V_{male})

THEN　SUBSTITUTION(α, α ∈Tcontext)

make ($\langle\uparrow_0\rangle$), *go* ($\langle\uparrow_0\rangle$), put(*Fo*(*POSS* '(*U*)(V_{male})), *Ty*(*t*));

make($\langle\downarrow_1\rangle$); go($\langle\downarrow_1\rangle$); put(Ty(e→t), Fo(λq[POSS'(U)(q)]));

make($\langle\downarrow_0\rangle$); go($\langle\downarrow_0\rangle$); put (Fo(U), Ty(e));

make ($\langle\uparrow_0\downarrow_1\rangle$); go($\langle\uparrow_0\downarrow_1\rangle$);

put(Fo(λpλq[POSS'(p)(q)]), Ty(e→(e→t)));

go($\langle\uparrow_1\uparrow_1\rangle$);

make($\langle L^{-1}\rangle$); go ($\langle L^{-1}\rangle$); put(Fo(x), Ty(e));

make ($\langle\uparrow_0\rangle$), *go*($\langle\uparrow_0\rangle$); put (?Ty(cn));

make ($\langle\uparrow_0\rangle$), *go* ($\langle\uparrow_0\rangle$); put (?Ty(e));

make($\langle\downarrow_1\rangle$); go($\langle\downarrow_1\rangle$); put(Fo(λP[ε, P]), Ty(cn→e));

make($\langle\uparrow_1\downarrow_0\downarrow_1\rangle$), go($\langle\uparrow_1\downarrow_0\downarrow_1\rangle$);

put (Ty(e→cn), Fo(λX(X,妈妈' (X)))

ELSE　Abort

代词“他”投射一个语义值待定的元变量 V_{male}，元变量的取值由小句主语通过语用替代提供。在先行句中，小句主语是“张三”，因此 V_{male} 的取值由“张三”提供（如图 4.17 所示）；而在目标句中小句的主语是“李四”，因此 V_{male} 的取值由“李四”提供。

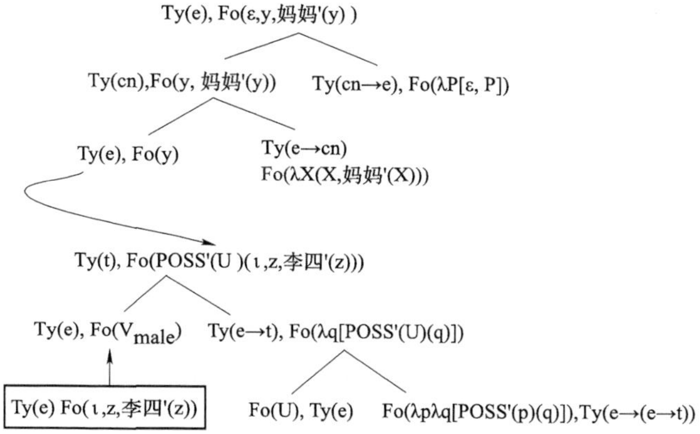

图 4.22　重建“他的+妈妈”

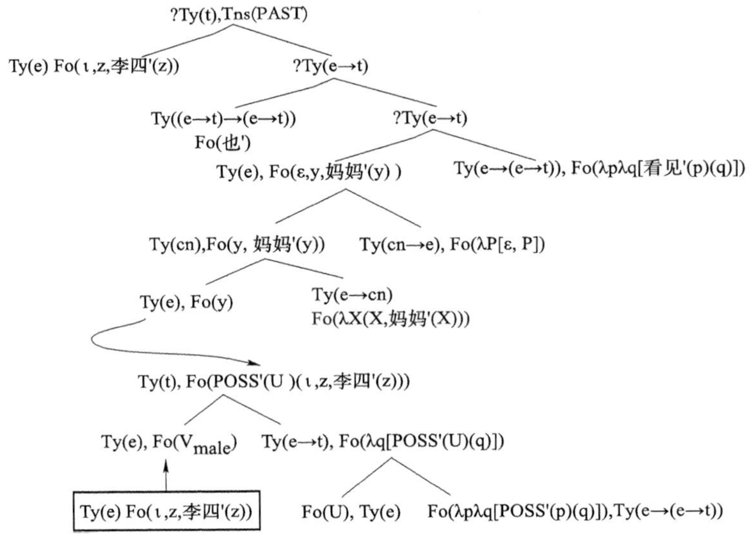

图 4.23 宽泛解读

经过完成规则等可以得到最终完整的语义树，如图 4.24 所示，根节点由语义值 Fo(也'(看见'(POSS'(ε,y,妈妈'(y))(ι,z,李四'(z))))(ι,z,李四'(z)))修饰。

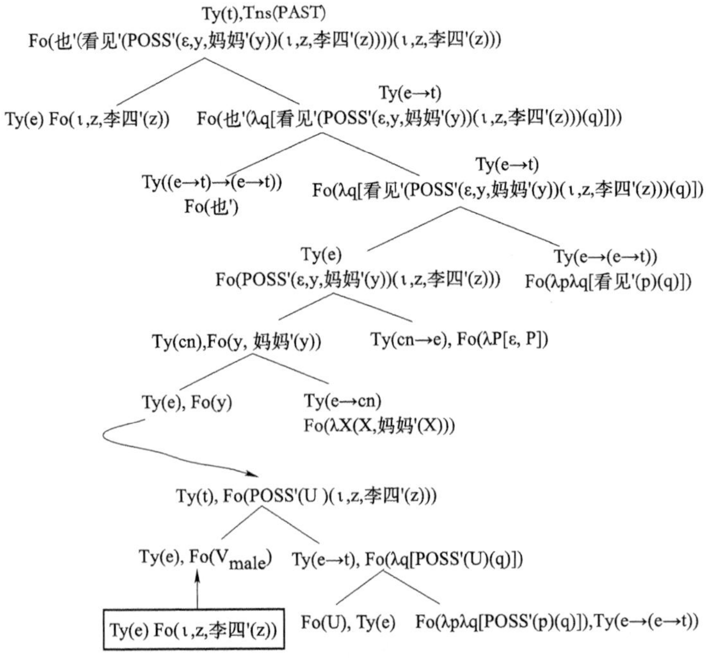

图 4.24 宽泛解读完整结构树

由此可见，在 DS 框架下通过重用语境中的语义内容（Substitution）或者行为序列（Regeneration），可以为零形替代词的严格/宽泛解读提供直观的形式刻画。

4.3.2 局域效应

除了严格/宽泛解读歧义，空缺宾语的解读还受到局域性限制（locality effect），如下例所示。

（9）张三看见了他的妈妈，王五知道李四也看见了 e。
　a. 严格解读：张三看见了张三的妈妈，王五知道李四也看见了张三的妈妈。
　b. 宽泛解读：张三看见了张三的妈妈，王五知道李四也看见了李四的妈妈。
　c. *局域效应：张三看见了张三的妈妈，王五知道李四也看见了王五的妈妈。

上例中，空位成分可以取严格解读“张三的妈妈”（a 句），也可以取宽泛解读“李四的妈妈”（b 句）。但宽泛解读受到局域效应，非局域性的解读“王五的妈妈”（c 句）不合法。这种现象又该怎样解析？

由 4.3.1 可知，通过语用替代（Substitution）拷贝语境中的语义值可得到空位的严格解读，而通过语用重建（Regeneration）拷贝语境中的行为序列可得到宽泛解读。在宽泛解读中，为什么可以重建“看见了李四的妈妈”的解读，却不可重建“看见了王五的妈妈”的解读？换言之，为什么缺省代词的取值可以由“李四”替代，而不能由“王五”替代？既然缺省的代词可通过重用先行句的行为序列获得解析，那么我们先看看先行句中代词是如何取值的。先行句中代词“他”投射元变量 V_{male}，取值通过替代行为在语境中寻找。

（10）替代（Substitution）

IF	$Ty(X)$, ?∃x.Fo(x),	
	$T \in C$,	
	$\{Ty(X), Fo(Y)\} \in T$	
THEN	IF	$\uparrow_0\overset{1}{\uparrow}*\downarrow_0\, Ty(X),Fo(Y)$
	THEN	ABORT

ELSE　　put($Fo(Y)$)
ELSE　　ABORT

语境中唯一合适的替代值是位于小句主语位置的“张三”。值得注意的是，替代的行为指令中包含一个次条件，即替代项不能处于元变量的$\uparrow_0\uparrow^1*\downarrow_0$位置，因此在解析“张三看见了他”时，“他”不能与“张三”共指，因为主语“张三”位于代词的$\uparrow_0\uparrow_1\downarrow_0$位置。而在先行句“张三看见了他的妈妈”中，代词“他”作为领属结构的领有者被嵌入 POSS 领属命题树中，而主语“张三”处在链接树中（如图 4.17 所示），二者没有$\uparrow_0\uparrow^1*\downarrow_0$位置关系，因此代词“他”投射的元变量 V_{male} 可被局域性小句主语“张三”投射的语义值替代。解析目标句时，重复利用该行为序列，即代词“他”投射的元变量 V_{male} 由链接树中局域性小句的主语赋值，可得到替代值“李四”，而非“王五”，与先行句中代词的解析方案保持一致。因此，非局域性的宽泛解析 “看见了王五的妈妈”是不合法的。解析过程如下图所示。

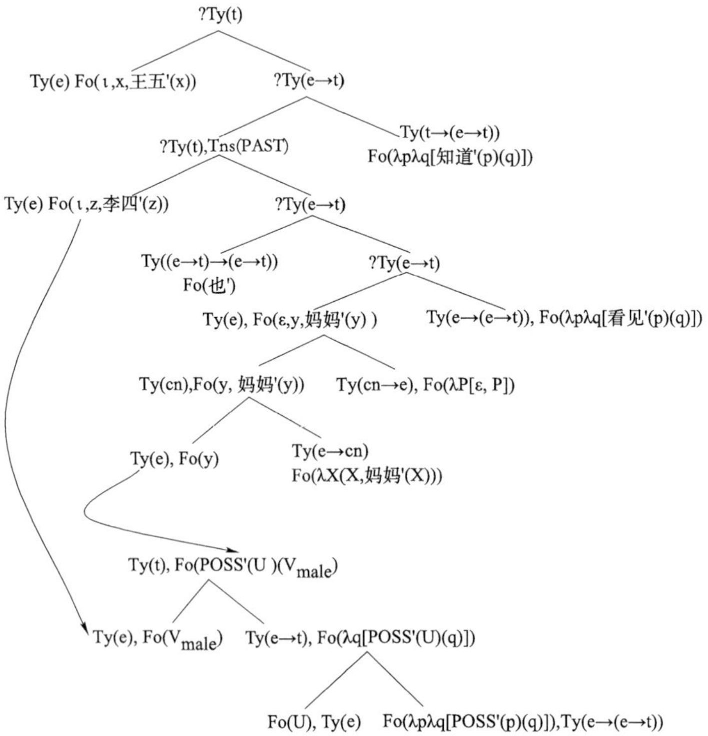

图 4.25　重建“王五知道李四看见了他的妈妈”

4.4 状语成分解析

除严格/宽泛解读歧义及局域效应外，汉语宾语省略结构还有一个现象值得注意，那就是 Li（2002）、Xu（2003）、李艳惠（2005）等都提到的有关状语成分解读的问题，即：

对含有助动词或系动词的省略句的解读必须包含状语短语成分，而对宾语省略结构的解读必须把状语短语成分排除在外，如下面几例所示。

（11）我认真地做功课，他也做了。
我见过他三次了；他们也见过了。
我认识他很久了，我爸爸也认识。
约翰每天刷三遍牙，彼得也刷。

以上各先行分句的谓语动词短语中都包含状语成分，如“三遍”“认真地”“三次”等，但解读目标句中省略的成分时不能包含这些状语成分，也就是说，以上各例不能解释为：

（12）我认真地做功课，他也认真地做功课。
我见过他三次了；他们也见过他三次了。
我认识他很久了，我爸爸也认识他很久了。
约翰每天刷三遍牙，彼得也刷三遍牙。

因为可以说：我认真地做功课，他也做，但不太认真。/我见过他三次了；他们也见过，但只见过一次。/我认识他很久了，我爸爸也认识，但刚认识不久。/约翰每天刷三遍牙，彼得也刷，但只刷一遍。由此可见，在宾语省略结构中，非宾语成分如动词前状语成分和动词后表持续、频率、结果、程度、目的等的状语成分，都不能被包含在目标句缺失的成分中。这种现象在我们构建的现代汉语动态解析模型下，也可以得到直观的解释。

在现代汉语中，状语成分一般修饰谓词性结构。以“我认真地做功课，他也做了 e”为例，“认真地”作副词修饰谓语成分“做功课”，语义类型为 $Ty((e\rightarrow t)\rightarrow(e\rightarrow t))$，它的词项行为可以形式化地表述为：

（13）“认真地”词项行为：

IF ?Ty(e→t)

THEN make(<$\downarrow_0$>), go(<$\downarrow_0$>);

put(Ty((e→t)→(e→t)), Fo(认真地'));

go(<$\uparrow_0$>); make (<$\downarrow_1$>), go(<$\downarrow_1$>); put(?Ty(e→t))

ELSE abort

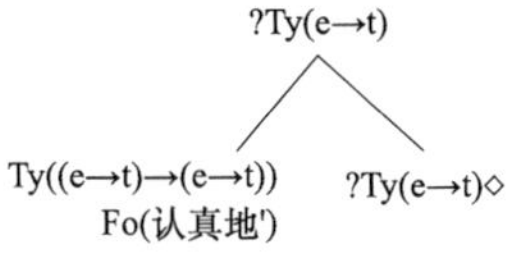

图 4.26

“做功课”是常规的谓词性结构，“做”作为二元谓词，投射一个二元谓词节点并修饰该节点，此外还投射一个内部论元节点，由“功课”携带的信息修饰。“我认真地做功课”的解析如下图所示。

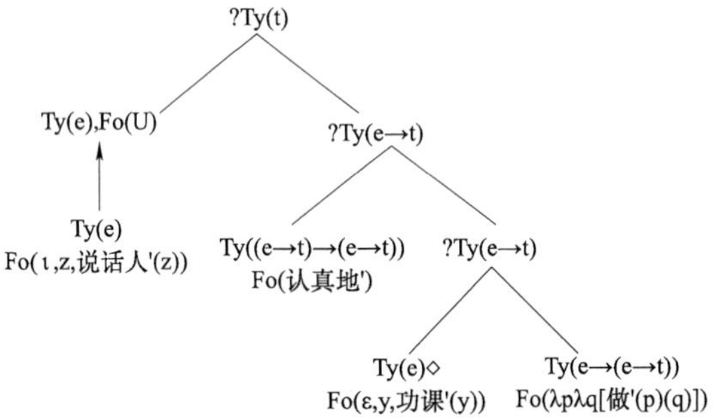

图 4.27 解析“我认真地做功课”

经过函项贴合运算可以得到完整的命题结构树，根节点由 Fo(认真地'(做'(ε,y,功课'(y)))(ι,z,李四'(z)))修饰。先行句的解析过程及结果为目标句提供了完好的语境。在目标句“他也做了”中，代词“他”投射一个元变量 V_{male}，副词“也”修饰谓词性成分，投射一个 Ty((e→t)→(e→t))的节点，“做”投射谓词节点及宾语节点，宾语节点由需求?Ty(e)修饰。因为没有后续语串输入，宾语为空位成分，按照之前的分析，空位宾语投射元变量 Ty(e) Fo(U)，语义值需要在语境中还原，如图 4.28 所示。

以上解析树表明，所有语串解析完毕后指针停留在宾语节点，该宾语节点需求语义类为 Ty(e) 的语义值。语用替代行为通过语用推理拷贝语境中合适的内容，即宾语节点语义类为 Ty(e) 的语义值 Fo(ε,y,功课'(y))，来

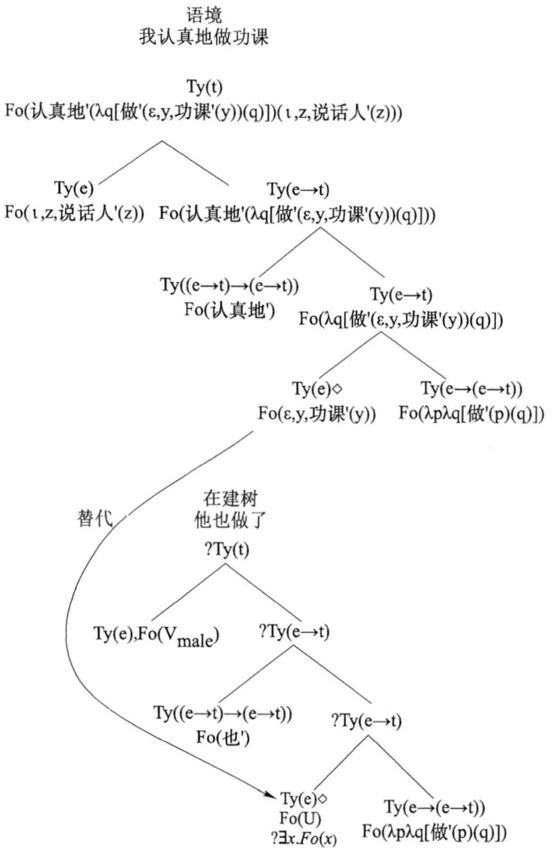

图 4.28 解析“我认真地做功课，他也做了。”

满足此需求。这清晰地表明，被拷贝的内容只是语义类为 Ty(e)的宾语语义值，因此省略句解读中只包含做宾语的“功课”，并不包含语义类型为 Ty((e→t)→(e→t))的状语成分。

相比而言，“我见过他三次了；他们也见过了 e。/我认识他很久了，我爸爸也认识 e。/约翰每天刷三遍牙，彼得也刷 e”等例的解析不如上例那么直观。这些结构的解析涉及附加语的处理。鉴于论元和附加语在语义上表现出极强的相似性，它们之间并没有严格的区分界限，DS 将论元和附加语统一处理为 Ty(e)表达式（见 Marten，2002；Wu，2017）。表现在动词上就是动词语义具有不确定性特征（underspecification），即在不同语境中动词所带论元的数目可以不同，非常规论元（即附加语）的出现完全由语境决定。比如“睡”一般被认为是不及物动词，但经常会出现“睡大床”“睡地板”“睡沙发”等不及物动词后带地点宾语的结构，甚至“睡一个星期沙发”等带时间和地点两个宾语的结构，因此，“睡”的词项行为可以被刻画为：可带数目不定的论元。

（14）“睡”的不确定性词项行为：

IF	? Ty(e→t)
THEN	make($\langle\downarrow_*\rangle$), put(Ty(e*→(e→t)), Fo(λp*λq [睡'(p*)(q)]), ?∃*x*.*Tn*(*x*))
	go($\langle\uparrow_*\rangle$?Ty(e→t))
ELSE	Abort

其中，e*的出现取决于语境，在“我睡了”结构中“睡”只有一个论元，只出现一个 e；在“我睡沙发”中带两个论元，出现两个 e；而在“我睡了一个星期沙发”中带三个论元，出现三个 e。

同理，在分析“我见过他三次了”时，“见”不仅带主语论元“我”、受事宾语论元“他”，还带时间论元“三次”，词项行为可以刻画为：

（15）“见”的不确定性词项行为[①]：

IF	? Ty(e→t)
THEN	make($\langle\downarrow_*\rangle$),
	put(Ty(e*→(e→(e→t))), Fo(λp*λqλr [见'(p*)(q)(r)]),
	?∃*x*.Tn(*x*))
	go($\langle\uparrow_*\rangle$), ?Ty(e→t);
	make($\langle\downarrow_1\rangle$), go($\langle\downarrow_1\rangle$), put(?Ty(e→(e→t)))
	go($\langle\uparrow_1\rangle$); make($\langle\downarrow_0\rangle$), go($\langle\downarrow_0\rangle$); put(?Ty(e))
ELSE	Abort

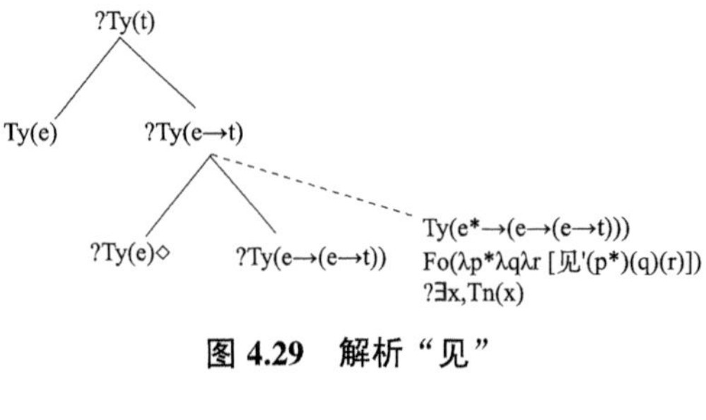

图 4.29 解析“见”

① “见”与“睡”不同，“见”一般是及物动词，至少带两个论元，因此刻画为 Ty（e→（e→（e*→t)))。

由于论元数目不确定，动词位置自然也待定，因此动词暂时由*加接规则引入，等处理完所有论元后再为其在结构树中寻找固定的位置。“我见过他三次了”的解析如下图所示。

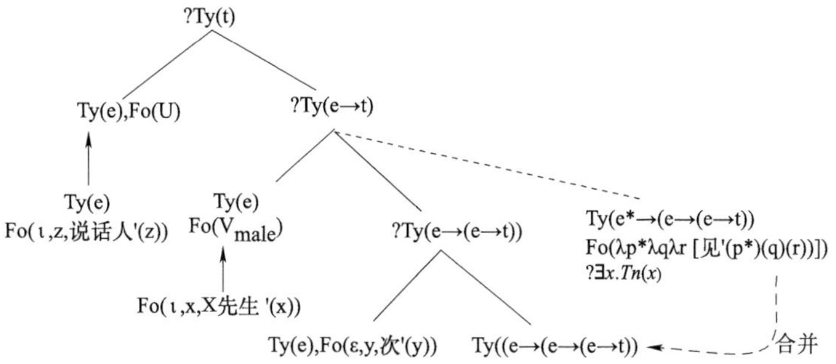

图 4.30　解析“我见过他三次了

论元“他”和“三次”解析完毕后，动词类型确定为 Ty(e→(e→(e→t)))，动词投射的待定节点最终与三元动词节点合并。代词“他”投射的元变量由谈话人所指的某个特定个体替代，比如“X”先生。

目标句“他们也见过了 e”的解析与先行句类似，不同之处在于：动词“见过了”解析完毕之后无后续语串输入，宾语位置是零形成分，该零形成分投射一个元变量 V，语义类为 Ty(e)，语义值需要在语境中寻找合适的名项替代。语用行为选取同位于一元谓词论元女儿节点的个体名项“X 先生”，拷贝其语义值并将其写入在建树，由此可得到“他们也见过了”的解读，即：他们也见过了他（比如 X 先生），如图 4.31 所示。

随后，待定节点与？Ty(e→(e→t))节点合并，待定节点找到固定位置的同时也满足了固定节点的语义需求。之后，经过完成规则、削薄规则等，目标句得到完整的命题逻辑式：Fo(见'(ι,x,X 先生'(x))(U_{pl}))，即“他们看见了他（比如 X 先生）”（其中 U_{pl} 表示复数，指谈话人所指的一些人，此处不再具体替代）。至此，目标句解析完成，语用行为仅拷贝名项“他”的取值，因而“三次”的解析无法在目标句中恢复，如图 4.32 所示。其他几个例句的解析遵循相同的方案，此处不再赘述。

由此可见，通过标示不足（需求）与语用行为（替代）的共同作用，可以成功解释宾语省略句的解析中不包含状语的现象。在状语的表现上，宾语省略结构与动词短语省略结构不同，在下章中我们将看到动词短语省略结构在解析时可以包含状语成分。

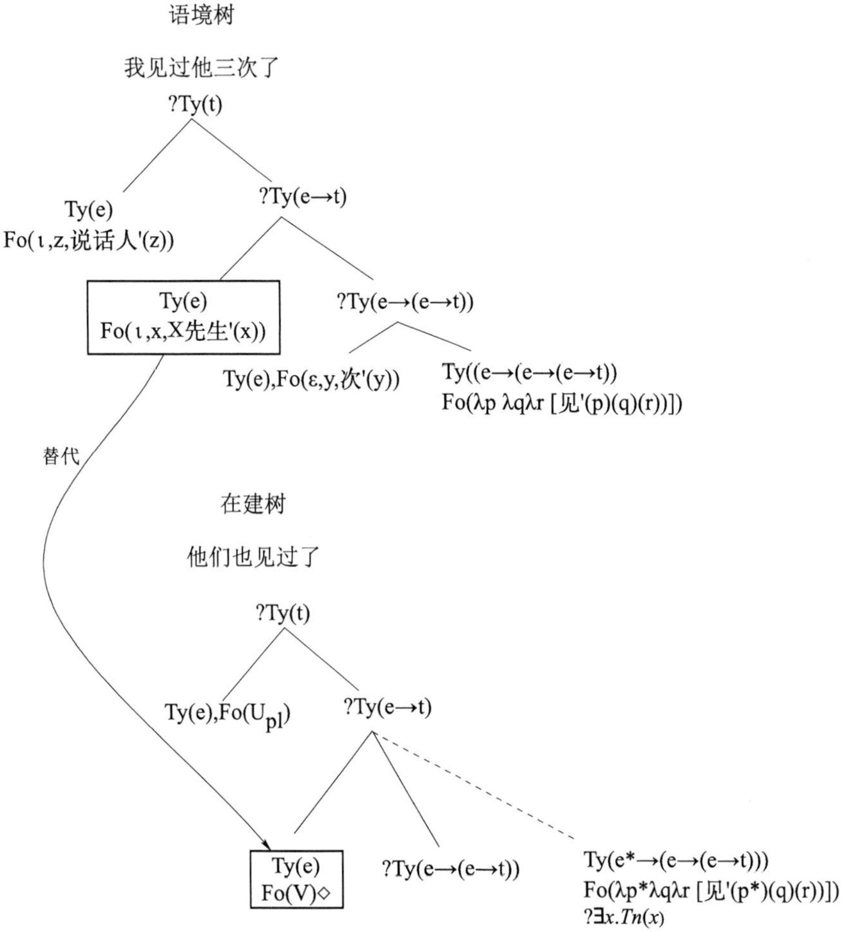

图 4.31　解析“他们也见过了”

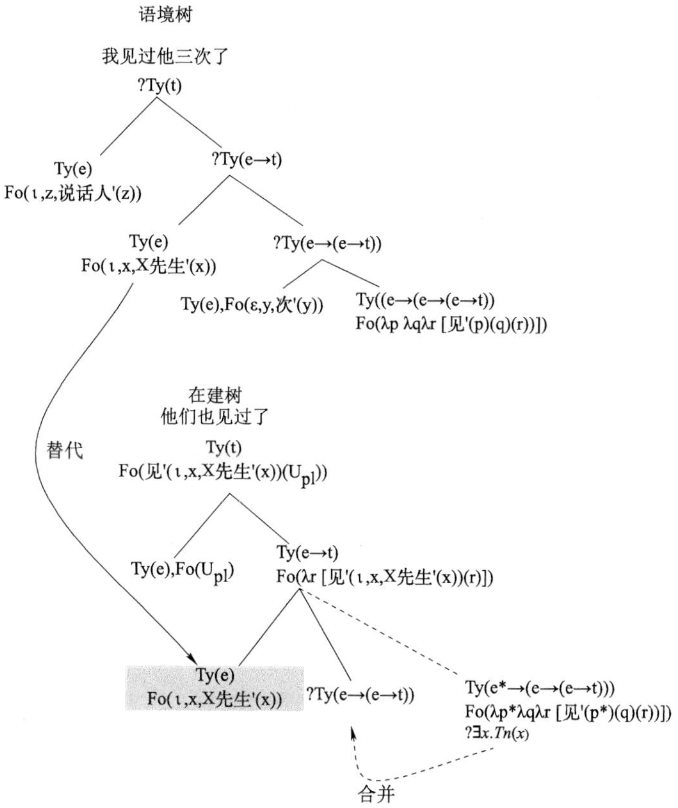

图 4.32　完成“他们也见过了”

4.5 讨　　论

在结束本章之前，我们再看一个有趣的现象。上节的讨论涉及动词的不明确性特征，该特征的刻画可以解决汉语文献中争论已久的一个问题，即“王冕死了父亲”的问题。这里与省略结构相关的一个现象是，对两个并列的不及物动词带宾语的小句来说，后续句省略宾语是不合法的（Lu，1987; Cheng & Huang，1994; Huang，2007），如：

（16）a. 王冕死了父亲，张三也死了__。

*b. 王冕的父亲死了，张三的父亲也死了。

c. 王冕的父亲死了，张三也死了。

如上显示，“王冕死了父亲，张三也死了”只能得到c句的解读，无法得到b句的解读，即“张三也死了”只能解读为“张三死了”。这种现象如何解释呢？本节尝试在我们构建的汉语动态解析模型下回答这个问题。

首先，我们回顾一下 DS 判断句子合法性的标准。如果一个句子的解析最终能获得类型为 Ty(t)的完整命题逻辑式，则句子是合法的。“王冕死了父亲”的解析涉及动词“死”的不确定性特征，词项行为投射论元数目不明确的待定节点 Ty(e*→(e→t))，待“王冕”和“父亲”解析完毕后，动词类型确定为 Ty(e→(e→t))并固定在二价动词位置上。解析过程简述如下。

（17）“死”的不确定性词项行为：

IF	? Ty(e→t)
THEN	make(<↓*>),
	put(Ty(e*→(e→t)), Fo(λp*λq [死'(p*)(q)]), ?∃*x*.*Tn*(*x*))
	go(<↑*>?Ty(e→t))
ELSE	Abort

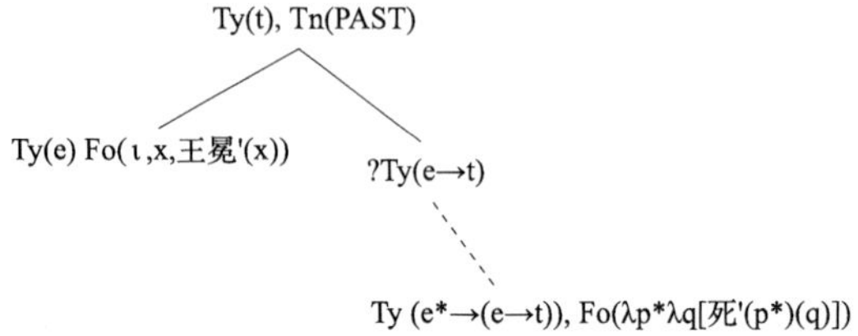

图 4.33　解析“王冕死了”

处理完“王冕死了”之后，还有后续语串“父亲”输入，则解析过程继续。

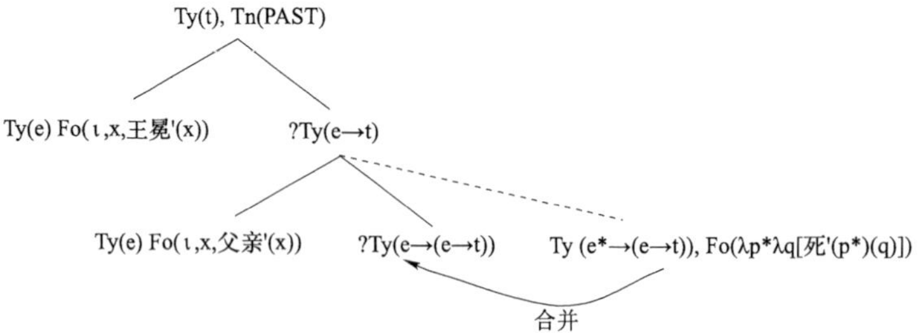

图 4.34　解析“王冕死了父亲”[①]

① “王冕死了父亲”中“父亲”其实是指特定的一个人，即“王冕的父亲”，因此我们用 iota（ι）算子刻画。

接下来解析省略分句："张三也死了"。在处理完现有语串后，没有后续词项输入，当前的处理状态如下图所示。

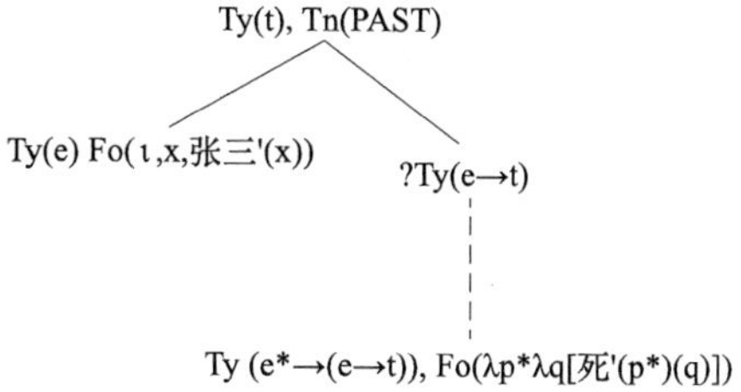

图 4.35　解析"张三也死了[①]"

此时，完全由语境决定的"不确定性"论元没有出现，则"死"投射的待定节点可以直接与一元谓词节点合并，得到完整的结构树，根节点的命题逻辑式为：Fo(死'(ι,x,张三'(x))，即"张三死了"的解读。

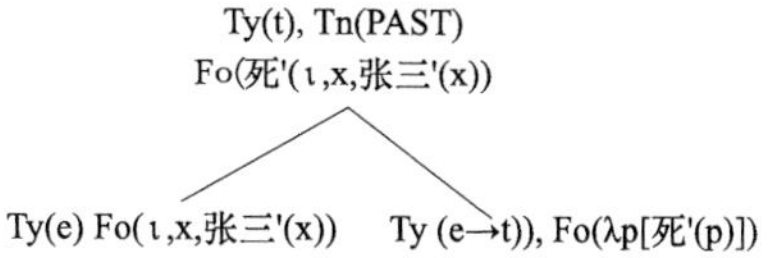

图 4.36　完成"张三也死了"

解析"张三也死了"可以获得一个完整的结构树，意味着这句话是一个完整的句子，得到的是"张三死了"的解读，而无法得到"张三死了爸爸"的解读。该结构与之前解析的空宾语结构不同，诸如"阿 Q 看见了__""张三也喜欢__"这类空宾语结构，在解析完现有语串之后无法获得一个完整的结构树，因为内部论元节点的需求还未得到满足，还需通过语用行为满足此需求以获得完整的结构树。该现象的解析进一步说明，标示不足与动态解析相结合是具有较强解释力的，是解析省略结构的最佳理论途径。

4.6　本 章 小 结

本章根据第三章构建的现代汉语动态解析模型，对汉语主语省略及空宾语结构做出了形式化解析。解析的基本思路是空位即零形指示词与代词一样，投射一个语义类为 Ty（e）、语义值待定的元变量，元变量通过语用行为在语境中得到赋值。本章还进一步解析了空位代词的严格/宽泛解读歧

① 方便起见，此处省略副词"也"的刻画。

义，以及宽泛解读的局部效应：通过语用替代直接拷贝语境中恰当的语义内容，可以获得严格释义，而通过语用重建重复利用语境中的行为序列，可以获得宽泛释义；重建行为序列得到宽泛释义的同时，也解释了宽泛释义所受的局部效应。此外，我们还通过标示不足与语用行为的共同作用，进一步分析了为什么在宾语省略结构的解析中无法包含状语成分。最后，我们利用动词的不确定性特征及 DS 构建完整语义逻辑树的思想，解释了不及物动词带宾语句“王冕死了父亲”不能省略宾语的原因。

第五章

动词短语省略的动态解析

第四章讨论的是论元省略结构，本章讨论动词短语省略结构。汉语动词短语省略结构，顾名思义，就是省略了动词短语的结构，在现代汉语中主要由情态动词、“是”字、否定词“不”和“没（有）”等引导。我们先看看由情态动词引导的结构。

5.1 情态动词引导的动词短语省略

5.1.1 动态解析方案

现代汉语中情态动词引导的动词短语省略结构，在文献中也被称为“类似英语的动词短语省略”（English-like VP Ellipsis）。典型的英语动词短语省略结构由助动词 do 引导，也可以称为 do-support VP ellipsis，如例（1a）。汉语没有类似英语“do”这样的助动词，但可以由情态动词引导动词短语省略结构，如例（1b—e）。

（1）a. Mike made a mistake，and Mary did too.

b. 张三想学英语，李四也*想*。

c. 要是张三能考上北大，我也*能*。

d. 张三：我会爬树。

李四：我也*会*。

e. ［张三敢爬树。］

李四：我也*敢*。

已有研究一般认为上述由“会”“能”“想”“敢”等情态动词引导的省

略结构（b—e 句），是与（a）例对等的动词短语省略结构。本章讨论的问题是：这类省略结构如何解析？既然是类似英语的动词短语省略结构，那接下来我们先看看英语中典型的动词短语省略结构如何解析。

前文综述部分提到，生成语法对这类省略结构的解析主要采取两种途径，语音删除法和逻辑式复制法。但在生成语法这一脱离语境的理论框架下，这两种处理方式均存在不足。DS 将语义、语境纳入句法模型，充分注重句法、语义、语用层面的互动关系，不仅能刻画常规的 do-support 省略结构，也能处理涉及句法依存关系的省略成分，如包含反身代词的省略句："Who burned himself？/John did"。在 DS 解析模型中，助动词 do 的词汇行为投射一个语义内容不明确的元变量 Fo（DO）。它与代词类似，实际的语义值都需要由语境中合适的成分提供，不同的是，do 投射的元变量的语义类型为 Ty（e→t），即实现其语义值的必须是谓词，这符合我们关于 do 表达事件的语感。换言之，助动词 do 是一个动词性照应语（anaphora），或者说 pro-predicate。以（1a）句为例，"do"的词项行为可以刻画为：

（2）Do 的词项行为（省去时体标记等）：

IF	$?Ty(t)$
THEN	$make(\langle\downarrow_1\rangle); go(\langle\downarrow_1\rangle); put(Ty(e\rightarrow t), Fo(DO),$
	$?\exists x.Fo(x));$
	$go(\langle\uparrow_1\rangle); make(\langle\downarrow_0\rangle); go(\langle\downarrow_0\rangle); put(?Ty(e))$
ELSE	abort

（1a）句解析过程如图 5.1 所示。

先行句 Mike made a mistake 是一个常规的"主谓宾"句（解析过程不再赘述），先行句的处理为后句 Mary did too 提供了明晰的语境。Mary did too 是正常的陈述句语序，由引入规则、预测规则构建外部论元节点及一元谓词节点。主语 Mary 的解析修饰外部论元节点，之后完成规则将指针移回根节点?Ty(t)，满足 do 的激发条件①。do 的词汇行为投射的元变量 Fo(DO)，需要在语境中寻找恰当的语义值来充实，且该语义值的语义类型必须为 Ty(e→t)，在当前语境中即为 Fo(λq[make'(ε,y, mistake'(y))(q)])。最后

① 英语中助动词区别于一般实义动词，可被否定（negation），可倒置于句首构成疑问句（inversion），可编码于省略结构中（code），可用于强调（emphasis），即具有所谓的 NICE 特征。因此在 DS 中，do 词汇行为的激发条件为?Ty(t)而非?Ty(e→t)。

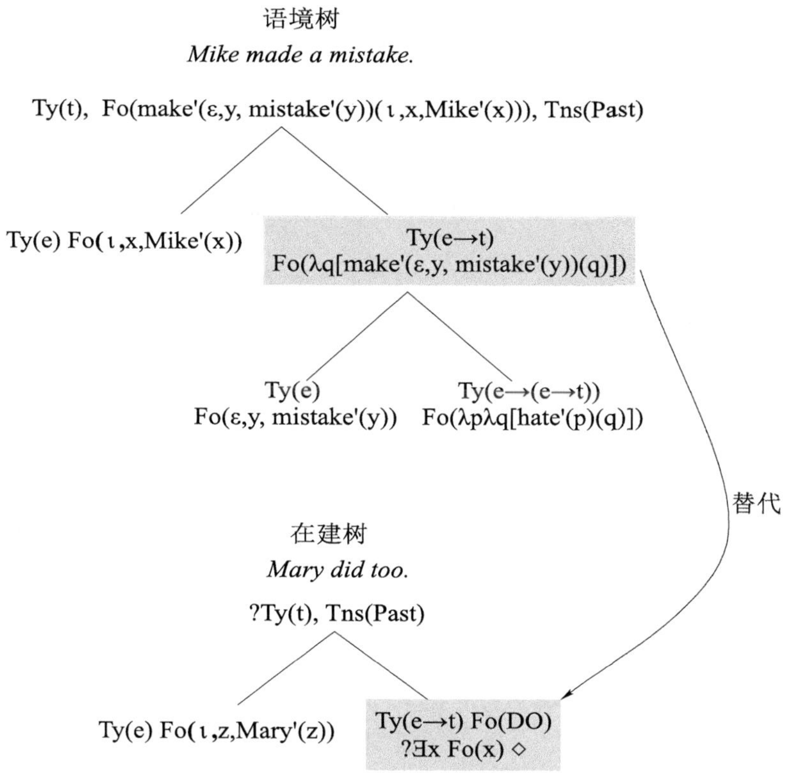

图 5.1 解析“Mike made a mistake. Mary did too”

自下而上地应用完成规则等，可得到一个完整的命题逻辑式 Fo(make'(ε, y, mistake'(y))(ι, z, Mary'(z)))，如图 5.1 所示。由此可见，拷贝语境中的语义内容可以为 do-support 省略结构提供成功的解析方案。

接下来，我们看看现代汉语中由情态动词引导的动词短语省略结构应如何解析。既然是类似英语的省略结构，一个自然的策略便是把情态动词也处理为类似 do 的动词性照应语（anaphora），投射一个语义类型为 Ty（e→t）的、语义内容不明确的元变量 Fo（Mod），语义值由语境中合适的谓词性短语替代。以“张三想学英语，李四也想”为例，在“张三想学英语”中情态动词“想”投射元变量 Fo（想'），Ty(e→t)，语义值由后续语串“学'（英语'）”替代，最终得到解析：

Fo(学'(ε,y,英语'(y))(ι,x, 张三'(x)))。如图 5.2 所示。

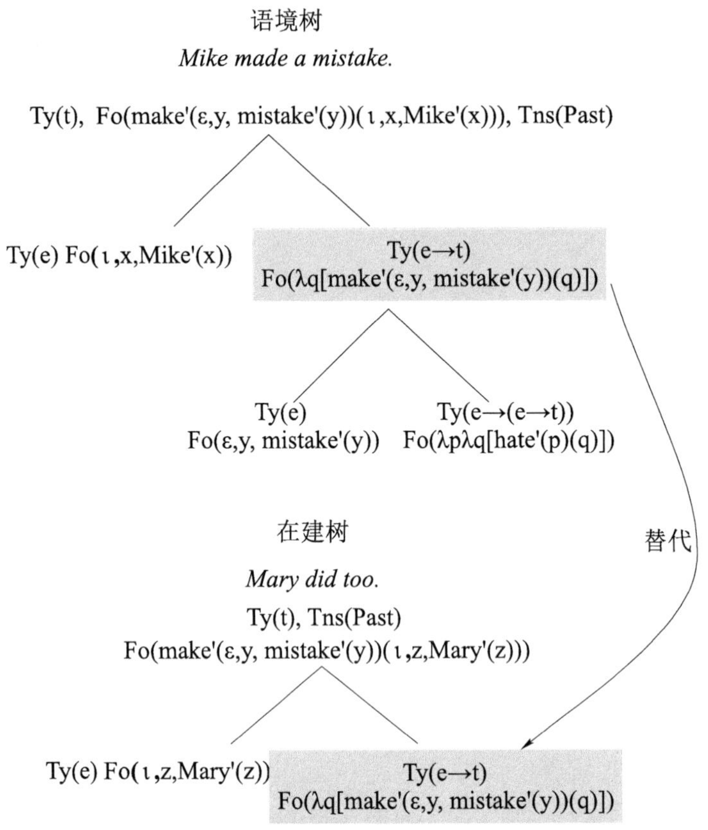

图 5.2　完成“Mike made a mistake. Mary did too”

（3）“想”词汇行为：

IF　　$?Ty(e\rightarrow t)$

THEN　　put($Ty(e\rightarrow t)$, $Fo(\lambda p[Mod(p)])$, $?\exists x.Fo(x)$);

make($<\downarrow_*>$), put($?Ty(e\rightarrow t)$, $?\exists x.Tn(x)$)

ELSE　　Abort

这样处理的问题在于，解析“张三想学英语”最终获得的命题逻辑式与解析“张三学英语”获得的命题逻辑式均是 Fo(学'(ε, y,英语'(y))(ι,x,张三'(x)))，情态动词“想”本身的语义无法体现，而且“张三想学英语”与“张三学英语”的意义并不相同。情态动词“会”“想”“敢”等与助动词 do 不同，助动词 do 本身没有语义内容，因此可以分析为动词性指代词，而情态动词本身有一定的语义内容且各不相同，所以这种处理方法并不可取。

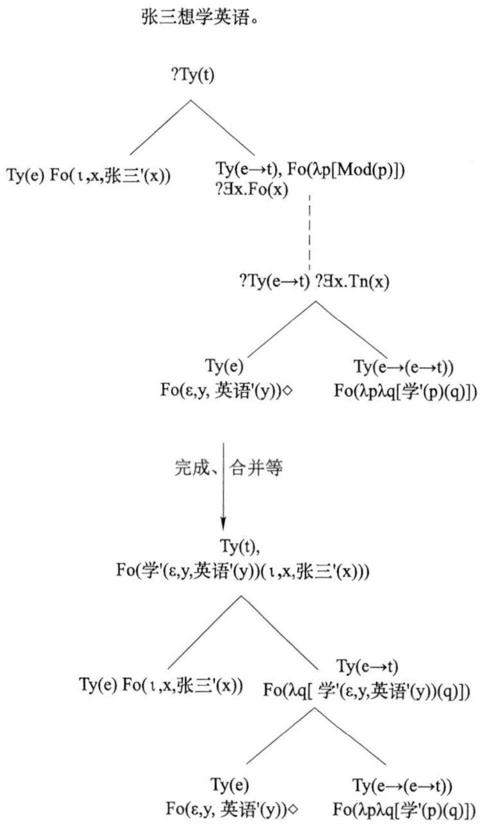

图 5.3　解析“张三想学英语”（方案一）

从句法功能上讲，情态动词不能单独做谓语，必须用在行为动词前，与行为动词一起做谓语。从语义上看，情态动词表达对其后的动作或状态的看法或主观设想，相当于修饰其后的动作动词，“情态动词＋动作动词＋论元”构成 Ty(e→t)语义类，而“动作动词+（论元）”本身具有 Ty(e→t)的语义类，因此情态动词可以看作修饰性的 Ty((e→t)→(e→t))。

（4）修正“想”的词汇行为：

IF　　?Ty(e→t)

THEN　make(<↓0>), go(<↓0>); put(?Ty((e→t)→(e→t)), Fo(想'))

　　　go(<↑0>); make(<↓1>), go(<↓1>);

　　　put(?Ty(e→t));

ELSE　Abort

由此，“张三想学英语”的解析可修正为：

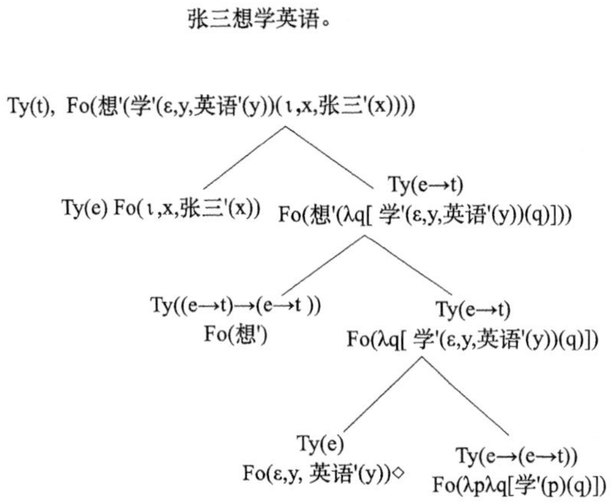

图 5.4 解析“张三想学英语”（方案二）

先行句的解析为目标句提供语境，目标句语串“李四也想”解析完毕之后，指针位于?Ty(e→t)节点。之后虽没有后续语串输入，但我们依然可以完整地理解这个句子，这是因为“想”可以引导动词短语省略结构，即它后面既可以出现有形的动词短语，也允许动词短语以零形式出现，由此，我们进一步修正“想”的词项行为指令。

（5）进一步修正“想”的词汇行为：

IF　　?Ty(e→t)

THEN　make($\langle\downarrow_0\rangle$), go($\langle\downarrow_0\rangle$); put(?Ty((e→t)→(e→t)), Fo(想'))

　　　go($\uparrow_0$); make($\langle\downarrow_1\rangle$), go($\langle\downarrow_1\rangle$);

　　　put(Tn(a), Ty(e→t), Fo(U_{pred}), ?∃x.Fo(x));

ELSE　Abort

也就是说，“想”作为省略允准核心，允许其后的谓词性成分以零形式出现，并投射一个语义值有待充实的谓词性元变量 U_{pred}。如果有后续语串输入（如先行句“张三想学英语”），则元变量的语义值可由新输入的信息更新；如果没有后续语串输入，则元变量的语义值需要在语境中通过语用行为充实。进而，先行句的解析可以修订为如图 5.5–5.6 所示，其中“想”后输入的动词短语“学英语”以后*加接（Late *Adjunction）方式处理。之后，后*加接引入的待定节点与元变量修饰的固定节点合并，既满足待定节点寻找一个位置的需求，同时也满足元变量节点对于充实语义内容的需求。

最后通过完成规则、削薄规则等可以得到如图 5.7 所示的完整命题结构树，获得最终语义逻辑表达式：Fo(想'(学'(ε,y,英语'(y))(ι,x,张三'(x))))。

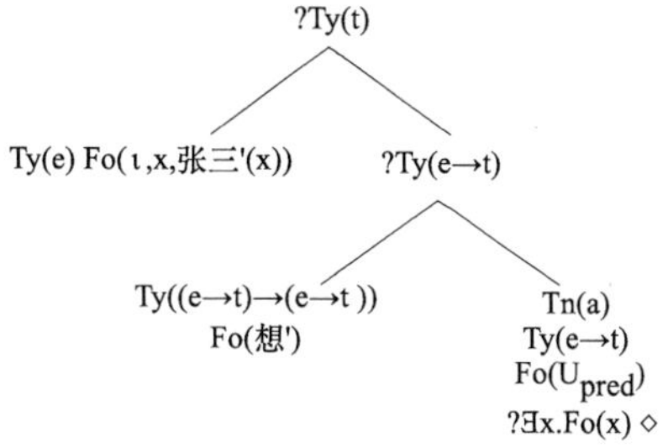

图 5.5　解析“张三想”

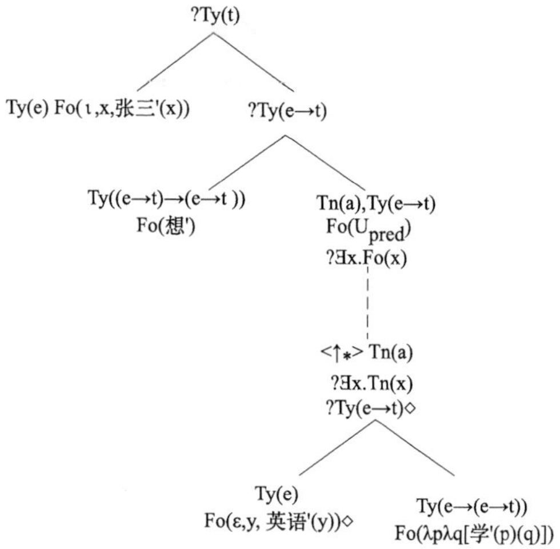

图 5.6　解析“张三想学英语”

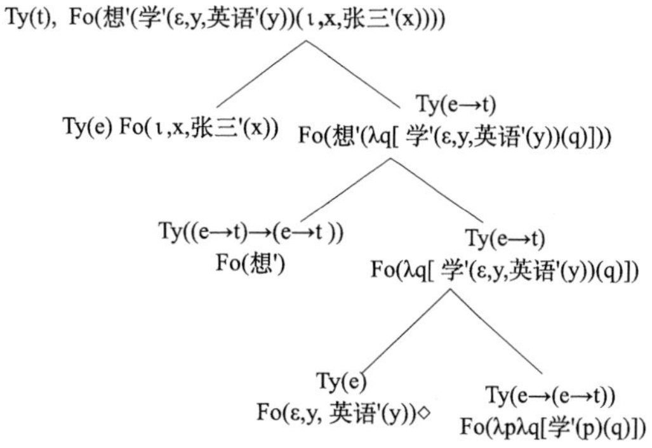

图 5.7　完成“张三想学英语”解析

省略句“李四也想”的解析以先行句为语境，“想”解析完成后投射一个类型为 Ty(e→t)的元变量 U_{pred}，因为没有后续语串输入，元变量的语义值需要在语境中充实。语用替代行为拷贝语境中的 Fo(学'(ε,y,英语'(y)))并将其写入在建树，满足谓词替代词的语义需求，如下图所示。

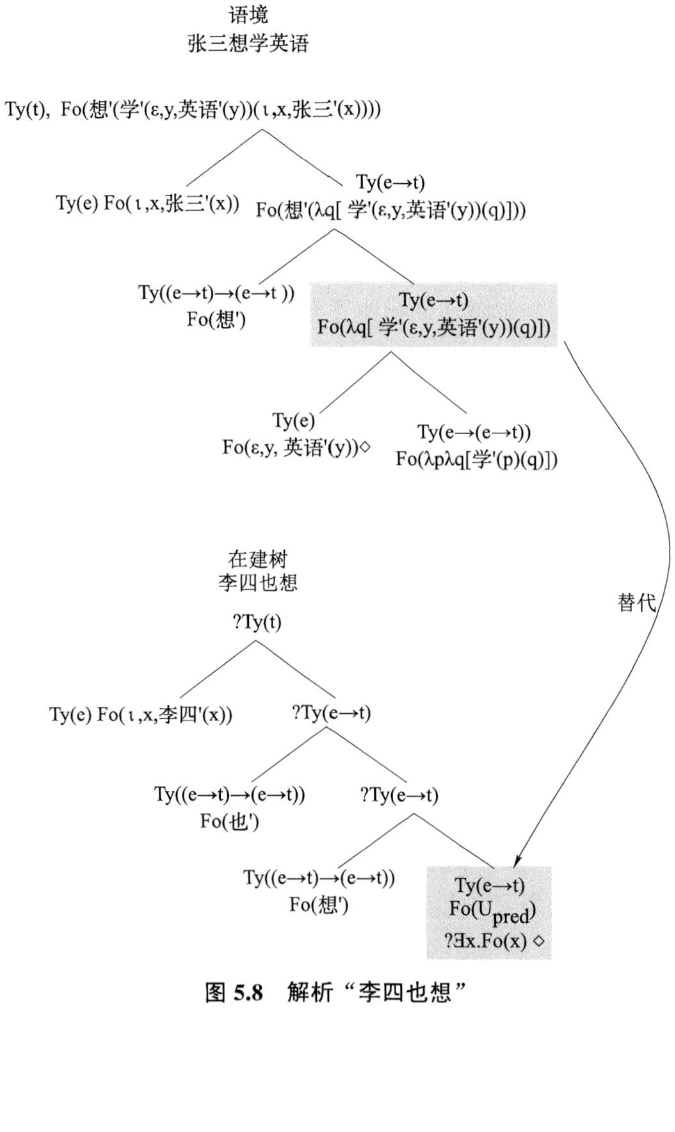

图 5.8 解析“李四也想”

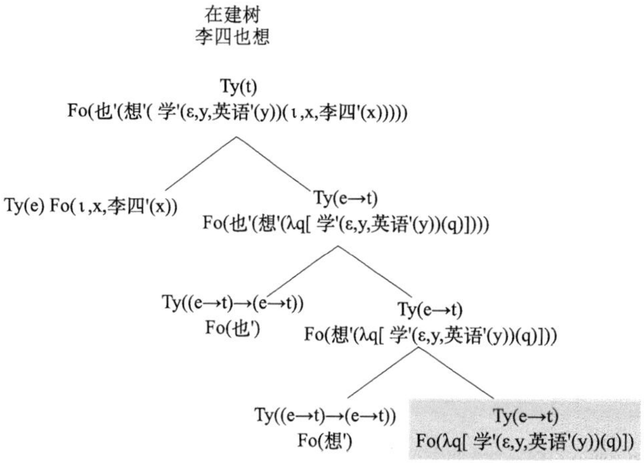

图 5.9　完成“李四也想”

最后经过完成规则等，可以得到目标句的最终语义逻辑式：Fo((也'(想'(学'(ε,y,英语'(y))))))(ι,x,李四'(x)))。由此可见，通过语义标示不足及语境拷贝等技术手段，情态动词引导的动词短语省略结构也可以得到成功的解析与形式刻画。动态解析过程仅需利用 DS 本身的技术工具，不必为不同的结构单独制定各种“临时性规定”（ad hoc stipulations）。

5.1.2　情态动词语义限制

上节讨论了情态动词引导的动词短语省略结构的解析方案。主要思路是，情态动词作为省略允准核心，可以允许其后的动词短语以零形式出现，因此允准核心词如“想”的词汇行为可以投射一个语义类为 Ty（e→t）的元变量 U_{pred}，语义值或由后续语串更新（完整结构），或由语境替代充实（省略结构），由此构建一个完整的命题结构树。

不过，第二章中提到情态动词能否允准省略结构，也受到情态动词本身的语义限制，即表“可能性”的词可以允准省略，而表“必然性”的词不能允准省略，如下面两例。

（6）a. 张三可能去了上海，李四也可能。
　　*b. 张三必须去上海，李四也必须。　　　（Ai, 2008）

能允准省略，意味着其后的动词短语可以以零形式出现；不能允准省略，意味着其后的动词短语不能以零形式出现，表现在词汇行为上的差别是：前者可以投射一个谓词性的元变量，而后者不可以。

也就是说，“想”“可能”等表“可能性”的允准词，词汇行为投射一个语义标示不足的元变量 U_{pred}，当后续动词短语为零形式时，可通过语用行为拷贝（或重建）合适的语义值以满足元变量的取值需求，如上节中“想”的解析。由此，结构树中的需求得到满足，可以构建完整的命题逻辑树。所以，（6a）句中“可能”的词汇行为可以投射元变量 U_{pred}，其取值可通过语用替代行为拷贝语境中“去了上海”的语义值（或通过语用重建行为重用“去了上海”的行为序列）得以满足。

（7）“可以”词汇行为：

IF	$?Ty(e\rightarrow t)$
THEN	make($<\downarrow_0>$), go($<\downarrow_0>$); put($?Ty((e\rightarrow t)\rightarrow(e\rightarrow t))$, Fo(可以'))
	go($\uparrow_0$); make($<\downarrow_1>$), go($<\downarrow_1>$);
	put(Tn(a), **Ty(e→t), Fo(U_{pred}), ?∃x.Fo(x)**);
ELSE	Abort

而“必须”“得”等表“必然性”的词语不是允准词，其词汇行为不能构建元变量，当后续动词短语为零形式时，语用替代或重建行为的激发条件得不到满足（参见 3.6 节），不能重建一元谓词节点。结构树中还存在需求?Ty（e→t）得不到满足，无法构建完整的命题逻辑树，解析失败，由此可以解释（b）句的不合法性。

（8）“必须”的词汇行为：

IF	$?Ty(e\rightarrow t)$
THEN	make($<\downarrow_0>$),go($<\downarrow_0>$); put($?Ty((e\rightarrow t)\rightarrow(e\rightarrow t))$, Fo(必须'))
	go($\uparrow_0$); make($<\downarrow_1>$), go($<\downarrow_1>$);
	put(**?Ty(e→t)**);
ELSE	Abort

由此可见，词汇本身的语义限制决定了其词项行为，由此进一步决定了其句法表现。

5.2 “是”字扶持句

5.2.1 动态解析方案

除情态动词外，“是”字也可以引导动词短语省略结构。Li（2002）及Xu（2003）指出，“是”字扶持句是类似英语的动词短语省略结构（vPE），“尽管汉语缺乏与英语的do对等的助动词，但有自己的动词短语省略结构……汉语的系动词‘是’可以用作动词短语的替代词（pro-VP）”（Xu，2003，p.164）。张和友和邓思颖（2013）也指出汉语真正的动词短语省略句是“是”字省略句。

（9）毛毛喜欢足球，娜娜也是。

从语义理解上看，省略句如例（9）中的系动词“是”替代了前句中的动词短语“喜欢足球”，因此，汉语的系动词被视作谓词的替代词是有道理的。实际上，根据Wu（2011）的考察，现代汉语系动词“是”的替代功能可能与古代汉语里“是”的指示功能有关：“是”字在先秦时期曾用作指示代词，功能上相当于“这”，如“富与贵，是人之所欲也”（《论语》）（参见王力，1958，p.353）。张和友和邓思颖（2013）也认为从汉语发展史看，“是”字省略句比较接近古汉语中的“亦然”结构（试比较以下10a、10b两例）），且“是”原本就是指代词，从这一点看，“是”可取为对动词短语的替代。

（10）a. 张三好古书，李四亦然。
　　b. 张三喜欢古书，李四也是。
（张和友、邓思颖，2013，p.55）

谓词替代词（pro-predicate）与名词性代词一样，在语义上都具有不明确性（semantic underspecification）的特征，其实际的语义值都需要在语境中寻找。因此，汉语中的系动词“是”可被当作占位词对待，在被解析时也投射一个元变量，与名词不同的是，“是”字投射的元变量需由谓词性的替代词取代，即Ty（e→t）语义类。这么看来，汉语中“是”字扶持句确是与英语 do 字扶持句相对等的结构。

（11）“是”字词项行为：

IF　　$?Ty(e \to t)$

THEN　$put(Ty(e \to t), Fo(SHI), ?\exists x.Fo(x));$

ELSE　Abort

例（9）“毛毛喜欢足球，娜娜也是”的解析过程如下。

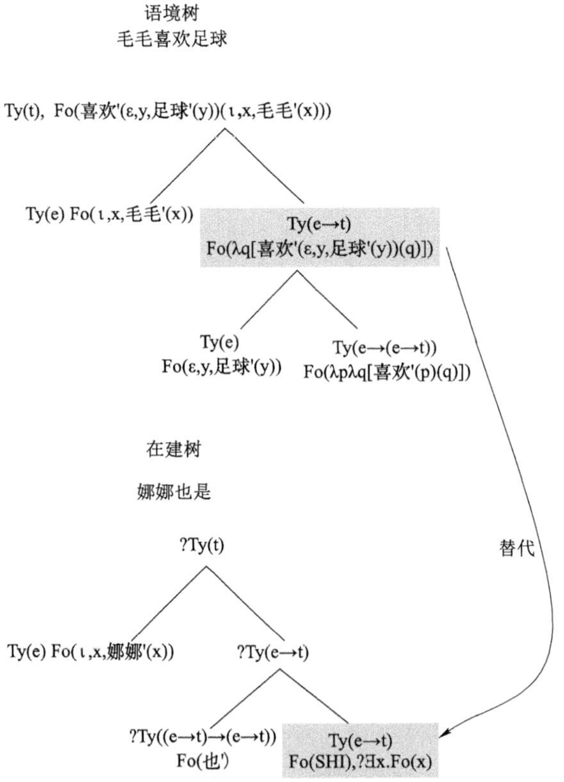

图 5.10　解析“娜娜也是”

上图显示，我们同样可以采用语境与拷贝的方法来完成“是”字扶持句的解析，从而得到目标句的命题逻辑式 Fo(也'(喜欢'(ε,y,足球'(y))(ι,x,娜娜'(x))))。

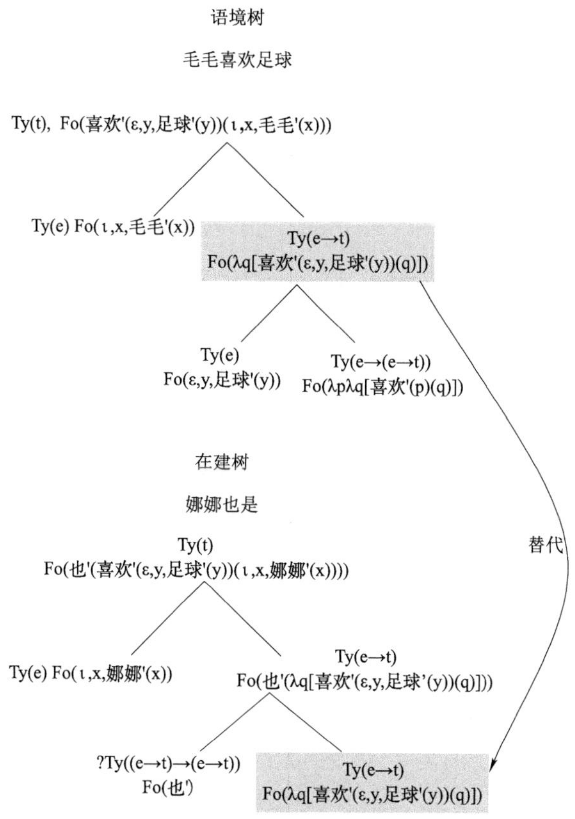

图 5.11　完成“娜娜也是”解析

5.2.2 “是”字句的限制条件

值得一提的是，Li（2002）、Ai（2008, 2014a）等都认为“是”字引导的省略结构的可接受度与动词类型有关。如果先行句中使用的是状态动词，则“是”字扶持句可接受度高；如果是动作动词，则可接受度低；如果动作动词句中加上状语，则可接受度就会提高，试比较以下几例。

（12）a. 毛毛喜欢足球，娜娜也是。
?b. 毛毛吃饭了，娜娜也是。
c. 毛毛一大早就吃饭了，娜娜也是。

这似乎意味着，谓词替代词 Fo(SHI)的取值应该受到限制，比如倾向于取表状态的动词短语，如：

（13）$Fo(SHI)=Fo(U_{stative\ pred})$

这种观察似乎是有道理的，但是仔细分析却也存在问题。如下例中使用的正是动作动词，当宾语中含有数量短语时，“是”字省略句是完全可接受的：

（14）约翰喝了十瓶啤酒，彼得也是 e。
　　　小李家丢了一只羊，小王家也是 e。

此外，搜索语料库也可以找到很多动作动词句中既没有状词，也不含数量宾语的“是”字省略句，如：

（15）a. “我发誓守密。”鲁温学士说。
　　　　“夫人，我也是”。
　　　b. 我失禁了，其他三人也是。
　　　c. 秦朗脸上的笑容变得更明显了，眼睛里的讥讽也是。
　　　　（BCC 语料库）

由此可见，“是”字省略句成立与否并不取决于动词的类型。上述限制条件（13）是不合理的。至于为什么简单动作动词句（12b）不太好，我们认为可能因为人们对这类话语有更常用的省略表达方式，即第四章讨论的宾语省略“毛毛吃饭了，娜娜也吃了”。而加上状语之后，“毛毛一大早就吃饭了，娜娜也是”就很好，这是因为宾语省略的解读中无法包含状语成分（见 4.4 节），而必须用“是”字替代句才能恢复状语成分的解读，即理解为“娜娜也一大早就吃饭了”。

5.3　否定词引导的动词短语省略

“不”和“没（有）”（下文用“没”代表“没有”这两种形式）是现代汉语中使用频率最高的两个否定副词。除了情态动词及“是”字之外，“不”和“没”也可以引导动词短语省略结构，如例（16）。文献中对“不”和“没”的意义及用法的比较分析讨论较多（可参考吕叔湘，1980/2010，1985；沈开木，1984；白荃，2000；戴耀晶，2000；靳炎和倪兰，2002；王环宇，2000；王灿龙， 2011；张家铭，2012 等），对其引导动词短语省略的讨论较少。

（16）a. 张三吃饭了，李四没。

b. 张三喜欢流行歌曲，李四不。

对上述结构，Ai（2008）曾提及，只是他把这类结构当作 IP 省略句而未做详细论述。他认为汉语是主语脱落型（pro-drop）语言，上例可以看作是后续句中删除了除否定词以外的其他成分而生成的句子（stripping，剥落句）。按照他的分析，（16a）应该可以说成“张三吃饭了，没”。实际上，这句话是不能说的，如果非说能说的话，也只能理解为“张三吃饭了，没，他还没吃”，其中“没”是对前句动词短语的否定，与“张三吃饭了，李四没”的意义完全不同。因为汉语主语省略与形态丰富语言中的 pro-drop 存在本质不同，主语“李四”若省略，只能根据语用因素找回，无法根据句法限制恢复。因此，上述例句分析为动词短语省略结构更为合理。

上述例句的后续句中，“没”和“不”后的动词短语均可以以零形式出现，那么按照之前的分析思路，否定副词“没”和“不”的词项行为均可以投射出一个谓词性的元变量，元变量的语义取值由语境提供（或者由非省略句的后续语串提供）。

（17）动词短语省略句中“不”/“没”词项行为[①]：

IF　　$?Ty(e \rightarrow t)$

THEN　make($<\downarrow_0>$), go($<\downarrow_0>$); put(Ty((e→t)→(e→t)), Fo(不'/没'))

go($\uparrow_0$); make($<\downarrow_1>$), go($<\downarrow_1>$);

put(Tn(a), **Ty(e→t), Fo(U_{pred}), ?∃x.Fo(x))**;

ELSE　Abort

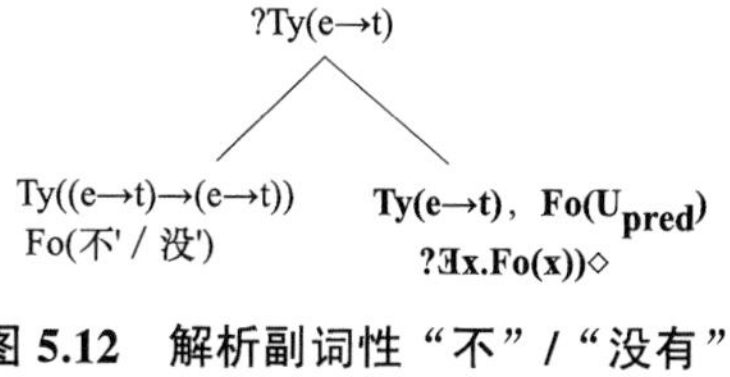

图 5.12　解析副词性“不”/“没有”

① 该词项行为仅限于刻画位于动词短语之前做副词的“不”和“没”，对其在可能式述补结构如“写不好”“说不清楚”、双驱动词结构“回不来”、“进不去”、“A 不 A”等用法中的词项行为，本书暂不考虑。

以（16a）为例，否定副词“没”投射的谓词性元变量 $Fo(U_{pred})$的取值可由语境中“吃饭”的逻辑语义 Fo(吃'(ε,y,饭'(y)))提供，如下图所示。

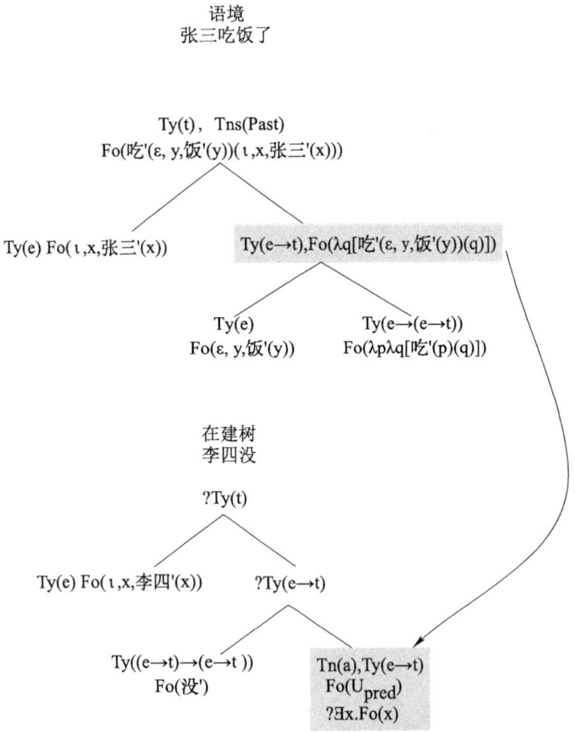

图 5.13　解析“张三吃饭了，李四没”

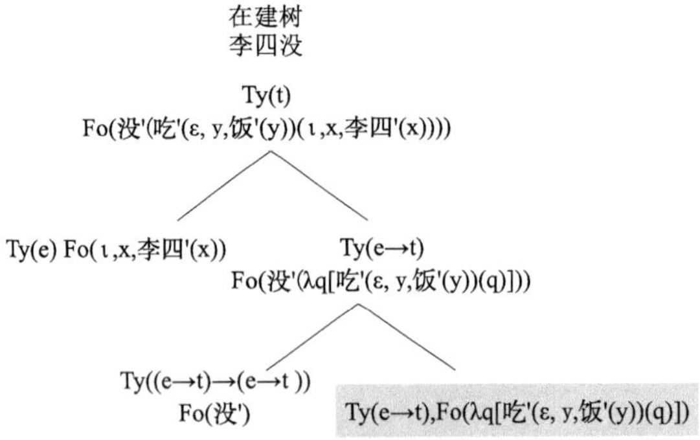

图 5.14　完成“李四没”

经过完成规则等，最终可以获得省略句“李四没”的语义逻辑式:Fo((没'(吃'(ε,y,饭'(y))))(ι,x,李四'(x)))。同理，“不”字引导的省略结构（16b）句也可以通过拷贝语境中谓词性的语义逻辑式 Fo(喜欢'(ε,y,流行歌曲'(y)))得到解析，最终获得省略句“李四不”的逻辑语义值：Fo((不'(喜欢'(ε, y,流行歌曲'(y))))(ι,x,李四'(x)))[①]。

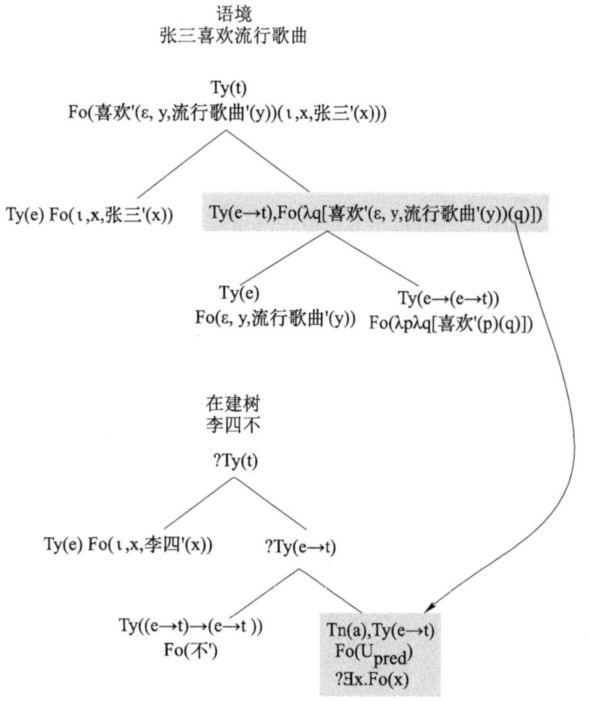

图 5.15　解析“张三喜欢流行歌曲，李四不”

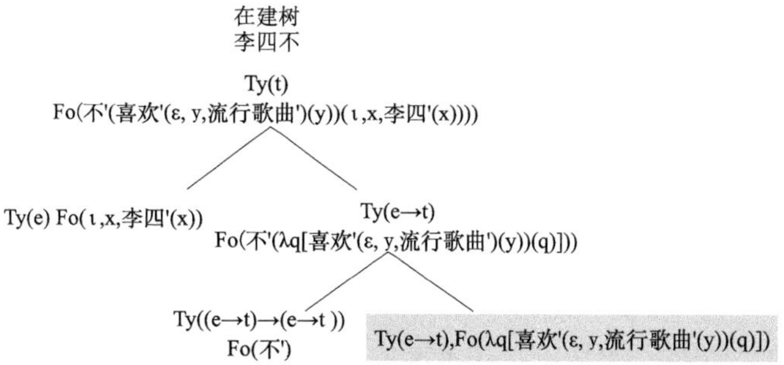

图 5.16　完成“李四不”

---

① 此处，“不”和“没”的语义值，即否定义，也可以由否定算子“¬”来标示，由此例（16）的语义逻辑表达式可以表述为：Fo((¬ (吃'(ε, y,饭'(y))))(ι, x,李四'(x))),Fo((¬ (喜欢'(ε, y,流行歌曲'(y))))(ι,x,李四'(x)))。

我们注意到，并不是任何动词短语都可以由“不”引导省略，也不是任何动词短语都可以由“没”引导省略，如果对上述例句稍作调整，则省略句不合法。

（18）*a. 张三吃饭了，李四不。
*b. 张三喜欢流行歌曲，李四没。

也就是说，a 句只能由“没”引导省略而 b 句只能由“不”引导。我们认为这是由“不”和“没”本身的语义限制决定的。即便不是省略形式，上述例句也不合法。

（19）*a. 张三吃饭了，李四不吃饭。
*b. 张三喜欢流行歌曲，李四没喜欢流行歌曲。

一般认为，“不”和“没”的主要区别在于时态上，即“没”限于指过去和现在，不能指将来；“不”可指过去、现在和将来（蒋琪、金立鑫，1997；吕叔湘，1980/2010；张家铭，2012 等）。白荃（2000）在考察语料的基础上进一步指出，二者的时态上的区别只是表象，本质区别在于“不”否定主观意愿，“没”否定客观事实。

> “不”否定的是做某事的主观意愿，而要表示做某事的主观意愿，常常是这事还没有做，是现在或今后要做的，所以否定“主观意愿”的“不”自然也就常常跟现在或将来的行为或事件联系在一起；“没”否定的是客观事实，而“客观事实”通常是指在过去或现在已经发生或存在的情况，因而否定“客观事实”的“没”就常常跟过去的行为和事件联系在一起。
>
> （白荃，2000）

他举下例说明，当表示过去的主观意愿时也可以用“不”；当在假设句或表估计的句子中否定将来动作行为时，也可以用“没”。

（20）a. 昨天我问他要，可是他不给我。
b. 我估计明天早上你回到家时，孩子还没起床。

例句“张三吃饭了，李四没吃饭”中否定的是客观事实，因此应该用“没”而非“不”；“张三喜欢流行歌曲，李四不喜欢流行歌曲”中否定的是主观意愿，因此应该用“不”而非“没”。

此外，我们还注意到 “不”和“没”除了可以引导动词短语省略结构之外，还可以单独作为对话中的答语来使用，如（21）。

（21）a. A：张三吃饭了吗？
　　　B：没。
　　b. A：张三喜欢流行歌曲吗？
　　　B：不。

否定副词的这类用法引导的不是动词短语省略结构，而更像 Hankamer & Sag（1976）以及 Ai（2008）所说的剥落句（stripping），即在目标句中删除与先行句对应的除某一成分（句首副词，或者否定词）之外的其他所有成分而生成的句子。本书把这类结构统一归为对话中的简短答语，可以直接利用语境中存储的结构树进行解析，具体解析过程我们将在第七章讨论。

5.4　动词短语省略特征解析

5.4.1　严格、宽泛解读歧义

严格、宽泛解读歧义和局域效应，一直以来被看作是动词短语省略结构的典型特征。情态动词引导的动词短语省略结构、“是”字扶持句以及否定词引导的省略句等都具有这些特征。我们先看严格、宽泛解读歧义，如下例所示。

（22）张三能帮助他的朋友，李四也能。
　　a. 严格解读：张三能帮助张三的朋友，李四也能帮助张三的朋友。
　　b. 宽泛解读：张三能帮助张三的朋友，李四也能帮助李四的朋友。

（23）毛毛喜欢她的朋友，娜娜也是。

a. 严格解读：毛毛喜欢毛毛的朋友，娜娜也喜欢毛毛的朋友。

b. 宽泛解读：毛毛喜欢毛毛的朋友，娜娜也喜欢娜娜的朋友。

（24）毛毛看见他的妈妈了，娜娜没。

a. 严格解读：毛毛看见毛毛的妈妈了，娜娜没看见毛毛的妈妈。

b. 宽泛解读：毛毛看见毛毛的妈妈了，娜娜没看见娜娜的妈妈。

目标语中省略的代词有两种解读：a 中省略的代词与先行句中的代词同指，具有严格解读（strict reading）；b 中省略的代词与目标语小句主语同指，具有宽泛解读（sloppy reading）。

与空宾语严格、宽泛解读的解析方式一致，通过语用替代行为（Substitution）拷贝语境中语义内容可以获得严格解读，而通过语用重建行为（Regeneration）重建语境中的行为序列可以获得宽泛解读。

具体来说，例（22）“张三能帮助他朋友，李四也能”解析完毕后，表“可能性”的情态动词“能”投射一个语义类为 Ty（e→t）的元变量 U_{pred}，由于没有后续语串输入，该变量的取值只能通过语用行为满足。如果运用替代行为拷贝语境中合适的语义值，即“帮助他的朋友”，此处“他”指张三，可得到严格解读“李四也能帮助张三的朋友”。如果运用重建行为拷贝语境中的行为序列，即“帮助＋他的＋朋友”行为序列，其中代词“他”与小句主语同指，先行句中小句主语是“张三”，因此先行句中的“他”指“张三”；而后续句中小句主语是“李四”，因此在构建后续句时，“他”指李四，则可得到宽泛释义“李四也能帮助李四的朋友”，如图 5.17、图 5.18 所示。

“李四也能”严格解读：

直接拷贝 Ty(e→t)节点语义值 Fo(λq[帮助'(POSS'(ε,y,朋友'(y))(ι,x,张三'(x)))(q)])，获得“李四也能帮助张三的朋友”解读。

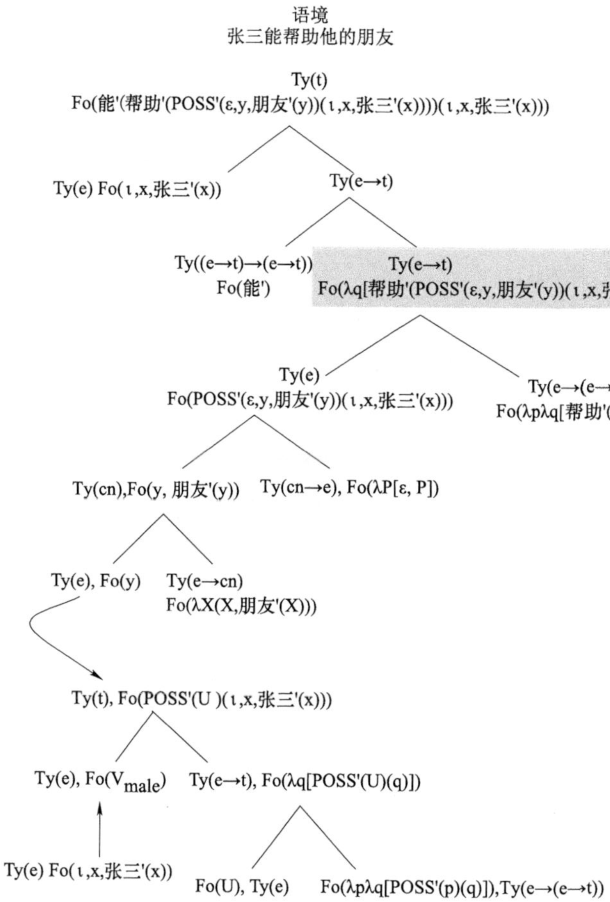

图 5.17 解析语境树"张三能帮助他的朋友"

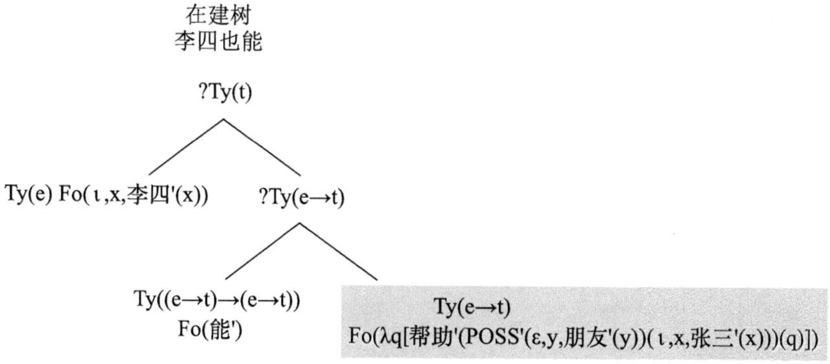

图 5.18 严格解读

“李四也能”宽泛解读：

重用构建 Ty（e→t）节点的行为序列，即重用“帮助＋他的＋朋友”的行为序列，获得“李四也能帮助李四的朋友”解读。

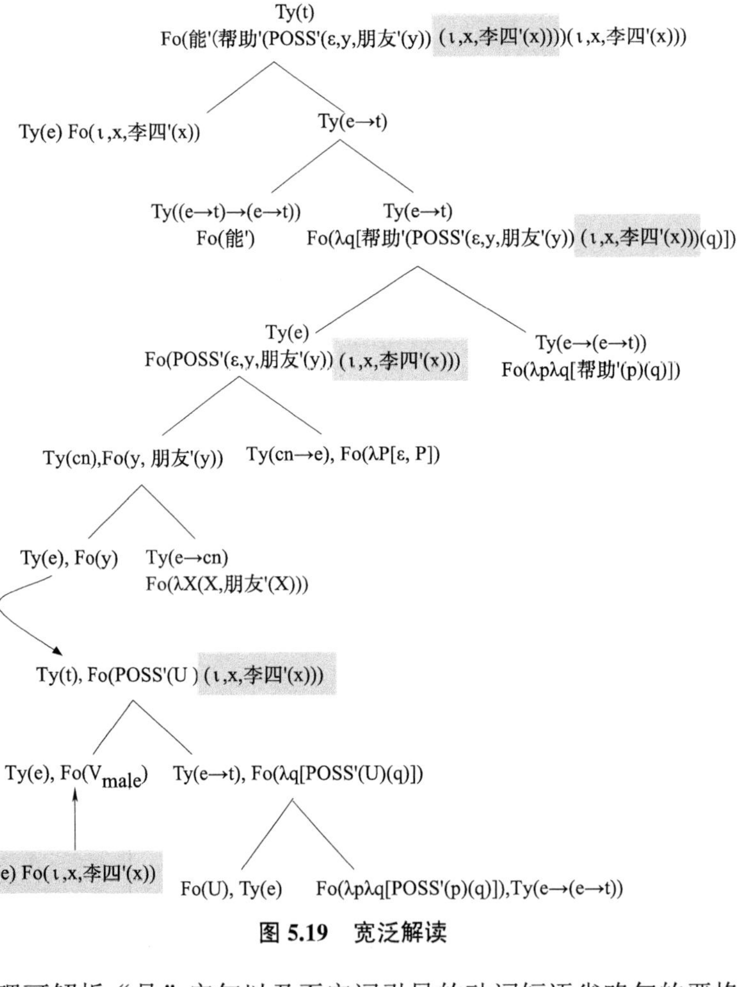

图 5.19 宽泛解读

同理可解析“是”字句以及否定词引导的动词短语省略句的严格、宽泛释义歧义，在此不再赘述。

5.4.2 局域效应

除严格、宽泛解读歧义外，动词短语省略结构同样受到定域限制（locality effect）。

（25）张三能帮助他的朋友，王五知道李四也能。
a. 严格解读：张三能帮助张三的朋友，王五知道李四也能帮助张三的朋友。
b. 宽泛解读：张三能帮助张三的朋友，王五知道李四也能帮助李四的朋友。
*c. 定域限制：张三能帮助张三的朋友，王五知道李四也能帮助王五的朋友。

（26）毛毛喜欢她的朋友，宁宁知道娜娜也是。
a. 严格解读：毛毛喜欢毛毛的朋友，宁宁知道娜娜也喜欢毛毛的朋友。
b. 宽泛解读：毛毛喜欢毛毛的朋友，宁宁知道娜娜也喜欢娜娜的朋友。
*c. 定域限制：毛毛喜欢毛毛的朋友，宁宁知道娜娜也喜欢宁宁的朋友。

（27）毛毛看见他的妈妈了，宁宁知道娜娜没有。
a. 严格解读：毛毛看见毛毛的妈妈了，宁宁知道娜娜没看见毛毛的妈妈。
b. 宽泛解读：毛毛看见毛毛的妈妈了，宁宁知道娜娜没看见娜娜的妈妈。
*c. 定域限制：毛毛看见毛毛的妈妈了，宁宁知道娜娜没看见宁宁的妈妈。

a 句与 b 句分别为缺省代词的严格与宽泛解读，而 c 句的不合法显示了宽泛解读的局域效应。非局域性的宽泛解读（c 句）之所以不合法，是因为重用语境中的行为序列时只能构建出 b 句的释义，无法构建出 c 句的释义。以（25）为例，在先行句“张三能帮助他的朋友”中，代词“他”指其所在的局域性小句的主语“张三”；解析目标句时重用“帮助＋他的＋朋友”的行为序列，“他”只能指其所在的局域性小句的主语“李四”，不能指“王五”，因此 c 句释义“帮助王五的朋友”不合法。“是”字结构、否定词引导的动词短语省略结构中非局域性宽泛解读不合法也是此理。

动词短语省略结构的严格、宽泛释义歧义以及局域效应的解析再次证明将语境因素纳入句法模型，可以解析纯句法理论无法处理的问题，从句法、语义与语用接口的视角关照语言现象，可以使我们对语言的运作机制有更为深入的理解。

5.5 状语成分解析

与宾语省略结构不同，动词短语省略结构的解析中是包含状语成分的，正如李艳惠（2005）所指出的：对含有助动词或系动词的省略句的解读必须包含状语短语成分。

（28）a. 约翰会认真地做功课，彼得也会。
　　　b. 毛毛见过小明三次了，娜娜也是。

从语义解读上说，以上例句相当于：

（29）a. 约翰会认真地做功课，彼得也会认真地做功课。
　　　b. 毛毛见过小明三次了，娜娜也见过小明三次了。

省略句的解读中包含状语成分，意味着对省略部位进行解析时，状语成分的语义应该可以被拷贝或者重建。接下来，我们以上述两句为例，看看动词短语省略句中的状语成分是如何被拷贝或者重建的。

先看情态动词引导的（28a）句。先行句首先得到解析，“约翰”修饰主语节点，“会”的词项行为投射一个类型为 Ty（e→t）的元变量 U_{pred}，后续动词短语“认真地做功课”通过后*加接规则加接于元变量节点，其中“认真地”作为副词修饰谓语成分“做功课”，语义类型为 Ty（(e→t ）→（e→t))；“做功课”是常规的谓词性结构。之后，后*加接规则引入的待定节点“认真地做功课”与元变量节点合并，既满足元变量节点寻找语义值的需求，也满足待定节点寻找固定位置的需求。最后，运用完成规则、削薄规则等可得到完整的结构树，并构成省略句的语境，如图 5.20 所示。

接下来再看目标句“彼得也会”的解析。当所有语串都解析完毕之后，指针位于“会”的姊妹节点，即其词项行为构建的 Ty(e→t)元变量节点上。因无后续新信息输入，元变量的语义值需要通过语用行为来充实：替代行为通过语用推理拷贝语境中的恰当语义值，即同是“会”姊妹节点、类型为 Ty(e→t)的语义值 Fo(认真地'(λq[做'(ε,y,功课'(y))(q)]))。由此可得到目标句的解析“李四也会认真地做功课”。我们可能会问，为什么语用行为拷贝

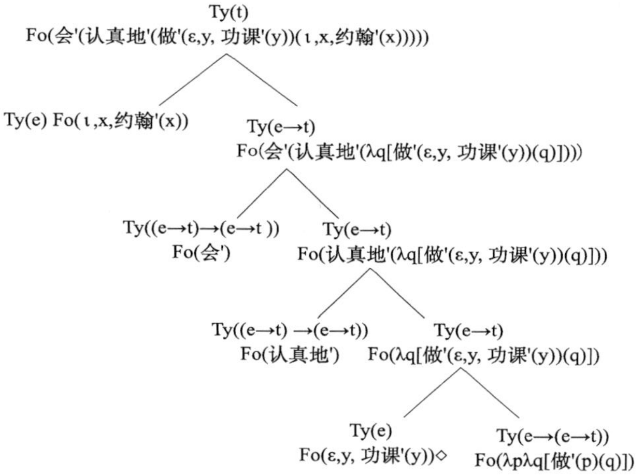

图 5.20　解析“约翰会认真地做功课”

的是“认真地做功课”的语义值，而不是其女儿节点上“做功课”的语义值，因为“做功课”同样也具有 Ty(e→t)语义类。这个问题其实不难回答，因为先行句与后续句具有相同的信息结构，为了表达的省力所以省去了后续句中的部分成分。后续句中省去的成分（用元变量表示）与先行句中“认真地做功课”处于相同的位置，即都位于“会”的姊妹节点，因此在解析时拷贝“认真地做功课”更加合理，理解起来也更加省力。解析过程请详见下图。

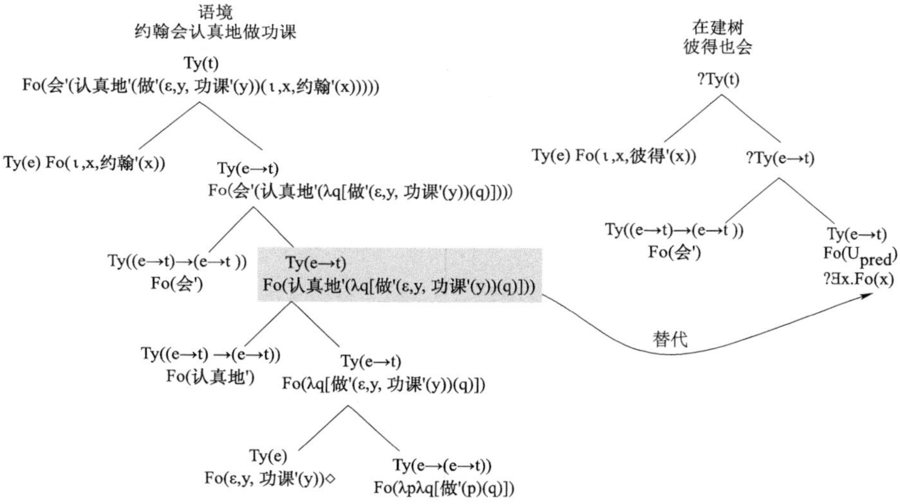

图 5.21　解析“约翰会认真地做功课，彼得也会”

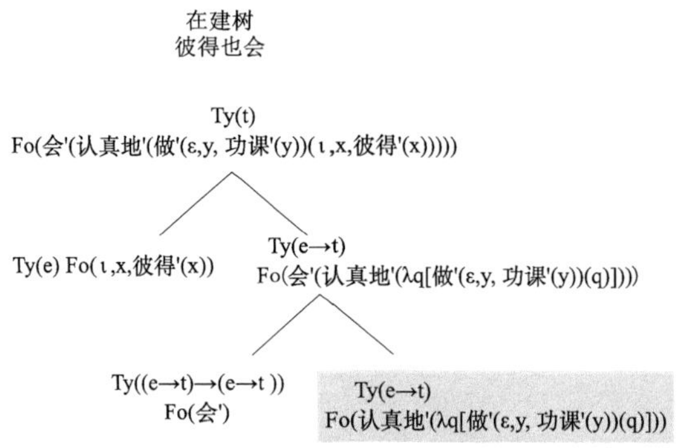

图 5.22　完成“彼得也会”

“是”字省略句“毛毛见过小明三次了，娜娜也是”的解析方案也是如此。先行句“毛毛见过小明三次了”首先得到解析，“小明”修饰主语节点，“见”投射论元数目不明确的待定节点，通过后*加接规则引入。当处理完所有论元后，待定节点再与谓词节点合并（详见 4.4)。“过”的解析在根节点添加时体标记，“小明”与附加语“三次”都处理为类型为 Ty（e）的论元，如下图所示。

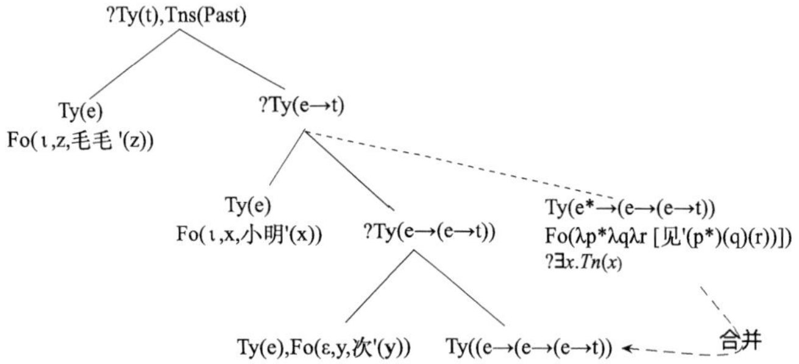

图 5.23　解析“毛毛见过小明三次了”

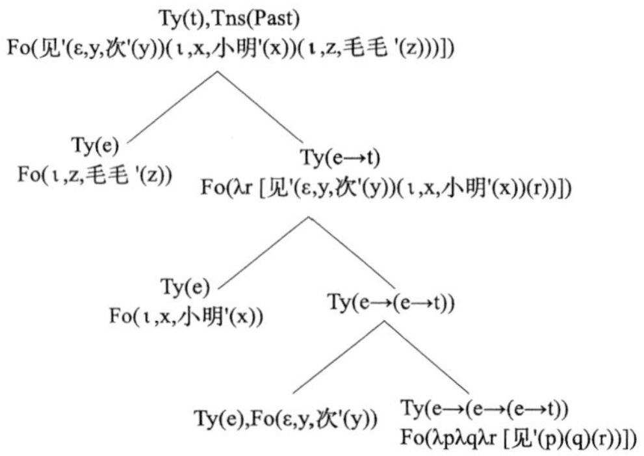

图 5.24　完成“毛毛见过小明三次了”

目标句“娜娜也是”解析完毕后，没有后续词项输入，谓词替代词“是”投射的元变量 U_{pred} 只能通过语用行为满足其语义值。通过拷贝语境中语义类为 Ty(e→t)的语义值 Fo(λr [见'(ε,y,次'(y))(ι,x,小明'(x))(r)]))，最终获得目标句的语义逻辑式 Fo(也'(见'(ε,y,次'(y))(ι,x,小明'(x))(ι,z,娜娜'(z))))))①，可解读为“娜娜也见过小明三次了”。由此可见，“是”字省略句的解读中也是包含状语成分的。

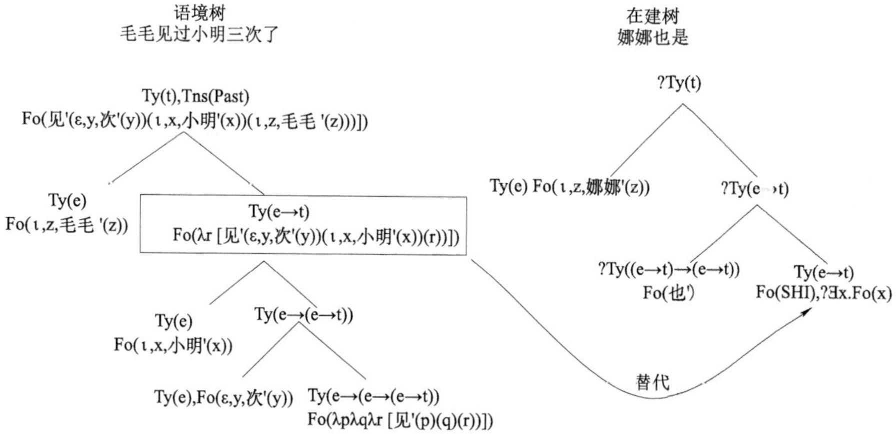

图 5.25　解析“娜娜也是”

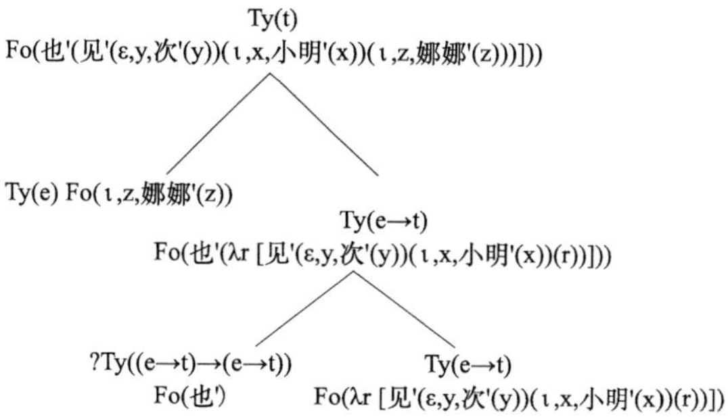

图 5.26　完成“娜娜也是”

① 更精确地说，应该采取语用重建行为（regeneration）来重建元变量 U_{pred} 的语义值，即重用“见过＋小明＋三次了”的行为序列，与采取语用替代行为的区别在于，前者可以重新构建“过”投射的时体标记，后者只拷贝语义内容。

5.6 本章小结

本章主要讨论现代汉语动词短语省略结构的动态解析方案。首先刻画了情态动词的词项行为，即情态动词作为省略允准核心，可以允许其后动词短语以零形式出现，表现在词项行为上是可以投射一个语义类型为 Ty（e→t）元变量 U_{pred}，元变量的取值可以由后续语串更新（完整句），或者由语用行为从语境中充实（省略句）。此外，能否允准省略受到情态动词本身的语义限制，由此进一步刻画了表“可能性”与表“必然性”的情态动词词项行为的区别，前者可以投射语义值待定的元变量，后者无法投射。之后分析了“是”字省略结构以及否定词引导的动词短语省略结构的动态解析过程，“是”作为谓词替代词，本身可以被刻画为一个语义类为 Ty(e→t)的元变量 Fo（SHI）；引导动词短语省略结构的否定词“不”和“没”的词项行为同样可以投射出一个语义类为 Ty(e→t)的元变量，语义值有待语境内容充实，保持了动词短语省略结构解析方式的一致性。

除此之外，本章还简单描述了动词短语省略结构严格/宽泛解读歧义、宽泛解读受到区域限制等特征的解析思路，即重用语境内容可以得到严格解读，重用行为序列可以得到区域性的宽泛解读。最后，我们还分析了动词短语省略句对状语成分的解读问题，由于对语境拷贝（或重建）时包含先行句状语成分，所以解读自然是包含状语成分的，在这点上动词短语省略结构的表现与宾语省略结构不同。以上解析再次证明将语境因素纳入句法模型可以解释纯句法理论无法处理的问题，从句法、语义与语用接口的视角关照语言现象，可以使我们对语言的运作机制有更为深刻的理解。

第六章

动词空缺句的动态解析

动词空缺句指后续句中发生动词空缺的句子，典型的动词空缺句如：

（1）John likes English and Mary __Mathematics.

现代汉语中是否存在类似英语的动词空缺句，一直颇有争议。一些学者（Tsai，1994；李艳惠，2005；贺川生，2007；刘丹青，2010 等）认为汉语中不存在动词空缺结构。另外一些学者（Paul，1999；Tang，2001；Li，2002；Ai，2008，2014b 等）认为虽然汉语中动词空缺结构的分布不如英语中广泛，但也是存在的。本章主要讨论这类结构的动态解析，如下例所示。

（2）豆豆吃了三个苹果，瓜瓜__四个橘子。

6.1 动态解析方案

现代汉语中动词空缺句的分布极其有限，在解析之前，我们先看看英语中典型的动词空缺句是如何解析的，以（1）为例。

Kempson et al.（2015）认为可以采取重用行为序列的方式，重建后续句中空缺的动词。在动词空缺句中，“语调”（intonation）起重要作用，后续句中两个并列名词组之间抑扬顿挫的语调，意味着二者有着各自不同的角色。第一个名词组“Mary”标志着重用行为序列的开端，而第二个名词组“Mathematics”标志着重用行为序列的终点，也就是说，例（1）后续句的解析需要利用语用重建（regeneration）行为，重新利用“Mary”和“Mathematics”二者之间的行为序列，即“like”的行为序列：构建一个二元谓词节点并由 $Ty(e \rightarrow (e \rightarrow t))$、$Fo(\lambda p \lambda q[like'(p)(q)])$修饰，以及一个内部论元节点并由?Ty(e)修饰。之后，“Mathematics”提供的信息满足该内部论元节点的需求。

但是，这样处理的一个弊端是，语用重建行为的激发条件无法保持一致。第三章介绍了语用重建行为，现重复如下。

（3）语用重建行为（Regeneration）

IF　　$Ty(X)$, $?\exists x.Fo(x)$,
　　　$A = \langle ai,...,ai+n \rangle \in$ C
　　　ai =⟨**IF**φ1,**THEN**φ2,**ELSE** ABORT⟩,
　　　$?Ty(X) \in \varphi 1$,
THEN　do(⟨$ai,...,ai+n$⟩)
ELSE　ABORT

上述激发条件显示，重建行为的激发条件是 ***Ty*(*X*)?∃*x*.*Fo*(*x*)**，即正在构建的节点语义类型确定为 *Ty*(*X*)，而语义内容标示不足，需要通过重用语境中的行为序列来充实。而在上述动词空缺句中，处理完主语节点“Mary”之后，指针移至?Ty(e→t)节点，表明需求一个语义类型为 Ty(e→t)的名项，此时，重建行为的激发条件并不满足。因此，如果想要启用重建行为，则需进一步补充修正其行为序列，为不同的结构单独制定不同的激发条件，这样做无疑加重了技术操作的负担，也与 DS 一贯的思想不符。DS 力求在理论框架内部解决问题，尽量不制定临时性规则（ad hoc stipulations）。

为避免修正重建行为的激发条件，我们或许可以采取一种更为简洁的处理方案，即认为谓词位置上的空缺动词与论元位置上的空缺名词一样，都可以投射语义值待定的元变量 U，元变量的语义取值可由语境内容充实，我们暂且称之为“方案一”。

方案一：零形动词与零形名词一样，投射语义值待定的元变量 U，元变量的取值通过语用替代充实。

比如，吴义诚和于月（2015）曾试图以此方案解析动词空缺句“豆豆吃了三个苹果，瓜瓜__四个橘子”。其中，后续句中的空动词为二价动词，二价动词的词项行为可以投射一个二元谓词节点以及一个内部论元节点，只不过，空缺动词本身语义不明晰，需要依赖语境恢复。与代词、谓词替代词等的处理方案一致，不明晰的语义可暂时以元变量 U 表示，需要后续语义更新。由此，二价空动词的词项行为可以刻画如下。

（4）空动词词项行为[①]：

IF　　?Ty(e→t)

THEN　make(<↓$_1$>),go(<↓$_1$>),put(Ty(e→(e→t)),
　　　Fo(U),?∃*x*.*Fo*(*x*));
　　　go(<↑$_1$>),make(<↓$_0$>),go(<↓$_0$>),put(?Ty(e));

ELSE　abort

这样例（2）“豆豆吃了三个苹果，瓜瓜__四个橘子”的解析便无须附加任何假设与临时性规则。与以往的解析一样，先行句解析完毕后，我们得到的命题结构树为后句的解读提供了十分明晰且结构化了的语境。后续句中，在名词主语“瓜瓜”解析完毕后，指针移到一元谓词的节点上。因为先行句谈论的是吃东西，而并列句名词主语解析之后接着又出现了另一个名词，我们由语感得知该句子的动词缺省了；这个谓词位置上的零形动词可以投射出一个语义值等待替代的元变量 U，其语义值可通过语用替代满足，解析过程如下图所示。

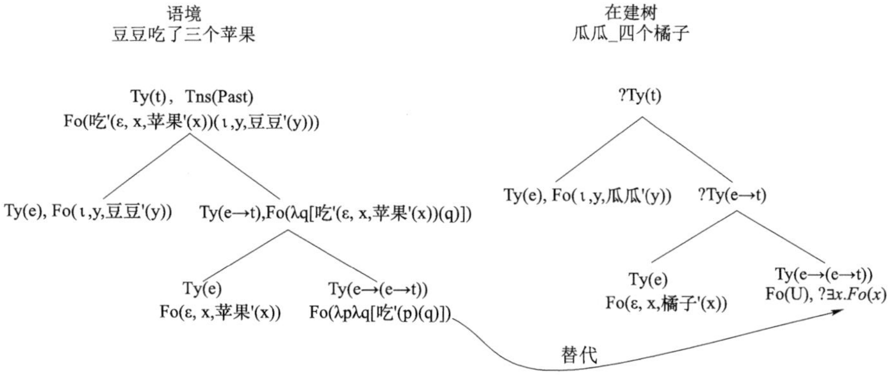

图 6.1　解析“瓜瓜四个橘子”（方案一）

由于 DS 要求结构树中的每一个节点都要有实质的语义内容，缺省动

① 这条词项行为刻画的是投射一个内部论元的情况，即二价空动词的词项行为。不过我们注意到，虽然传统的三价动词后续动词空缺句如“豆豆给小明一颗糖，瓜瓜__小红一支笔”不好，但“约翰蹲了十年监狱，乔恩__三年看守所”要好很多。鉴于在我们构建的模型中论元（arguemnt）与附加语（adjunct）同样被刻画为 Ty(e)名项，所以对于这类结构中的空动词，我们可以将其词项行为刻画为投射两个论元，动词本身语义类为 Ty (e→(e→(e→t)))。

词投射出的元变量，由于其语义类型为 Ty(e→(e→t))，只能由语境树中的Fo(吃')来替代。二元谓词节点构建完毕后，缺省动词之后的宾语名词“四个橘子”最后得到解析。函项应用之后，我们可以得到省略句的完整命题式 Fo(吃'(ε,y,橘子'(y))(ι,x,瓜瓜'(x)))。

方案一：完成“瓜瓜四个橘子”。

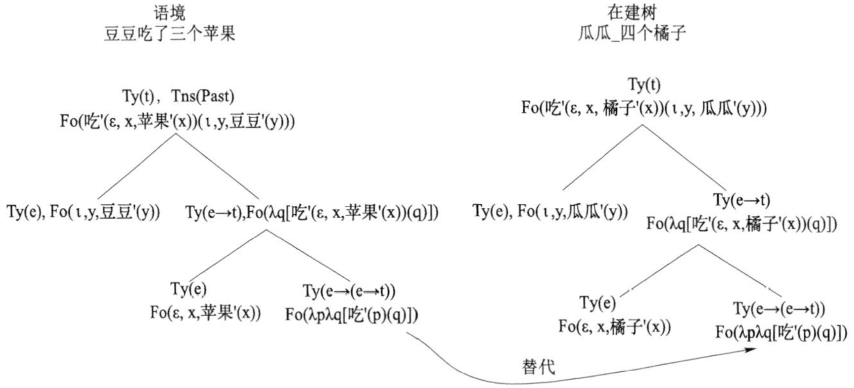

图 6.2 完成“瓜瓜四个橘子”（方案一）

这样处理可以通过语用替代行为满足元变量的取值，无须修正语用重建的激发条件，不仅调节了技术操作与词库之间的平衡，还保持了零形结构解析的一致性：谓词位置上的零形动词与论元位置上的零形名词一样，都可以投射出一个语义值等待替代的元变。

然而遗憾的是，进一步分析发现这样处理的弊端也不容忽视。方案一似乎可以成功地解析动词空缺句“豆豆吃了三个苹果，瓜瓜__四个橘子”，最终得到动词空缺句的语义逻辑式 Fo(吃'(ε,y,橘子'(y))(ι,x,瓜瓜'(x)))。但方案一也仅限于解析这类基本的、缺省简单动词的句子，无法解析缺省的不只是简单动词的结构，比如例（5）—（6）。

（5）Mrs. Janes <u>cann't live</u> in Boston and Mr. Janes [ ] in L.A.（贺川生，2007）

a. Mrs. Janes <u>cann't live</u> in Boston and Mr. Janes <u>cann't live</u> in L.A.

*b. Mrs. Janes <u>cann't live</u> in Boston and Mr. Janes <u>lives</u> in L.A.

（6）豆豆<u>能吃</u>三碗饭，瓜瓜[ ]两盘水饺。

a. 豆豆<u>能吃</u>三碗饭，瓜瓜<u>能吃</u>两盘水饺。

*b. 豆豆<u>能吃</u>三碗饭，瓜瓜<u>吃</u>两盘水饺。

以上动词空缺句的释义都如（a）句所示，而非（b）句，也就是说后续句空缺的并非仅仅是简单动词本身，而是主语与宾语（或补足语）之间的所有成分，主宾语之间通常会有可明显察觉的停顿等语音手段。

除此之外，方案一的解析虽然能得到动词空缺句（例 2）的主要命题逻辑语义，但却无法顾及一些细节的处理，比如无法重建“了”表达的完成义。在解析“豆豆吃了三个苹果，瓜瓜__四个橘子”时，只能通过语用替代恢复 Fo（吃'）的语义内容，而无法重建“了”在根节点标注 Tns（Past）的行为。

因此，综合考虑上述利弊，重建动词空缺句中主、宾语（补足语）之间行为序列的做法更为可取，我们称之为“方案二”。如若采取方案二的处理办法，一定需要修正语用重建行为的激发条件，加重技术负担吗？其实不然。我们同意 kempson et al.（2015）对动词空缺句中“语调”的看法。动词空缺句中“空缺动词”前后的名词短语之间，确实有可察觉的、不可忽视的停顿等抑扬顿挫的语调，停顿的地方即原本应该出现动词的地方。换句话说，停顿标志着空位的出现，在解析过程中也就意味着此处的内容需要重建，可以激发语用重建行为（regeneration），据此我们可以将方案二表述为：

方案二：动词空缺句中零形动词处的停顿等语音手段（intonation）激发语用重建行为①。

首先，我们尝试给出语音停顿激发的语用重建行为：

（7）动词空缺句中语音停顿激发的行为序列

IF	$?Ty(e\rightarrow t), <\downarrow_*>Ty(e)$,
	$A = \langle ai,...,ai+n\rangle \in C$;
	$ai = \langle \mathbf{IF}\varphi 1, \mathbf{THEN}\varphi 2, \mathbf{ELSE}\ \text{ABORT}\rangle$,
	$?Ty(e\rightarrow t) \in \varphi 1$;
	$ai+n = \langle \mathbf{IF}\psi 1, \mathbf{THEN}\psi 2, \mathbf{ELSE}\ \text{ABORT}\rangle$,
	$?Ty(e) \in \psi 1$,
THEN	$\text{Regenerate}(\langle \boldsymbol{ai},...,\boldsymbol{ai+n_{-1}}\rangle)$
ELSE	Abort

① 这里，语音停顿激发的语用行为是语用重建，而非替代。这是因为，如果激发的是替代行为，例句比如“豆豆吃了三个苹果，瓜瓜__四个橘子”中的时态信息依然无法重建；更重要的是，为满足 Ty（e→t）类型的语义值要求，替代行为拷贝的是语境中类型为 Ty（e→t）的语义值，在当前例句中即“吃三个苹果”的语义值，这样一来后续句中的“四个橘子”便无法解析了。因此，语音停顿激发的是语用重建行为。

其中，激发条件中的$<\downarrow_*>Ty(e)$指停顿之后有名词项输入（宾语或者补足语），以此保证该行为序列是动词空缺句中的语音停顿激发的行为序列，而不是句尾等处的停顿。空缺动词处的语音停顿指导语用重建行为，重新利用语境中的行为序列$\langle ai，...，ai+n\text{-}_{1}\rangle$。我们尝试为$\langle ai\rangle$和$\langle ai+n\rangle$添加了两个限制条件。$\langle ai\rangle$是重建行为的起点，其激发条件是?Ty（e→t）（通过前文多个例句的解析可知，?Ty(e→t)节点是解析完主语之后指针移向的节点），也就是说重建行为的起点是主语节点之后；$\langle ai+n\rangle$是重建行为的终点，激发条件 ?Ty（e）意味着$\langle ai+n\rangle$是为动词后的宾语节点添加修饰信息的行为序列，重建行为不应包含此行为序列。因此，重建空缺动词所使用的行为序列应该是：$\langle ai，...，ai+n\text{-}_{1}\rangle$，即主语节点和宾语节点之间的行为序列。这符合我们对动词空缺句的基本认识，因为主语节点和宾语节点的修饰信息可以由词汇信息提供，比如在上述例句“张三吃了三个苹果，瓜瓜__四个橘子”中，后续句中的主语“瓜瓜”和宾语“四个橘子”都是有词汇形式的，它们的词项行为可以为相应节点添加修饰信息，无须也不应该使用语用重建行为。

按照方案二，语音停顿可以激发语用重建行为，因此无须为修正重建行为的激发条件而制定临时性规则，同样权衡了技术操作与词库之间的负担。除此之外，该方案还形式化地刻画了语音停顿的语法功能。实际上，很多学者都认同语音停顿具有语法功能这一观点（见林焘，1962；吴为善，1990；方武，1993；邓红华，2006 等）。林焘先生（林焘，1962）早在 1962 年就曾以“三加四乘五”为例说明语音停顿的语法功能：若在“三”后停顿较长，则“三”是主语，“加四乘五”是谓语，即 $3+(4\times5)=23$；若在“四”后停顿较长，则“三加四”是主语，“乘五”是谓语，即$(3+4)\times5=35$。由此，林先生指出“弄清楚语句发音结构的特点，对分析它的句法结构，无疑是会有很大帮助的”（转引自方武，1993，p.102）。吴为善（1990）指出“人们对话语的理解，就是通过感知节奏停顿大小来把握结构层次，进而识别结构关系，然后才能准确地理解意义”，“从心理语言学的角度来分析，人们通过节奏停顿的暗示，来把握结构层次；进而将不同层次成分之间的关系与大脑中储存的有限的结构模式相匹配，确定结构关系，而后才能进入语义理解的过程”。方武（1993）进一步举出语音停顿的几种语法功能，比如自调性功能［通过调整语音停顿的位置和长短来自行调整句子（或词组）内部结构关系］；倒装性功能（变换句子内部语法成分的位置）；替代性功能等。对于替代功能，他认为语音停顿可以“以替代比喻词或判断动词的方式而起到结构句子的作用的，因此实质上它是一个无形无声的比喻词或判断动词”，比如以下各例。

（8）a. 院子里的积水，一面肮脏的镜。
　　b. 南方初夏的天空，六岁孩子的小脸……
　　c. 海洋，巨大的宝库。
　　d. 延安，革命的摇篮。
　　e. 他，中学生。
　　f. 雷锋，共产主义战士。　　（方武，1993）

他指出，在以上各例中如果没有句中较长的语音停顿，则省略比喻词或者判断动词后是说不通的。这种情况与本节讨论的动词空缺句相似，动词空缺句中主语和宾语之间的语音停顿也是起替代性功能的，替代的是空缺的动词（以及修饰动词的成分及时体标记等）。因此，本节对语音停顿的刻画，即在理解语句时停顿可以激发语用重建行为来构建其替代的具体内容，是完全合理的。

接下来，我们看看在方案二下动词空缺句（2）是如何解析的。“豆豆吃了三个苹果”的解析完全遵照常规步骤，首先引入规则和预测规则构建主语节点和谓词节点，之后语句词项行为开始发挥作用，详细步骤我们不再赘述，为方便起见，下面列出语句解析时的行为序列。

（9）“豆豆吃了三个苹果”的行为序列：

IF　　?Ty(e)
THEN　put(Ty(e),Fo(ι,y,豆豆'(y)),[↓]⊥),“豆豆”
ELSE　abort

↓

IF　　?Ty(e→t)
THEN　go($\langle\uparrow_1\rangle$),put(Tns(Past); go($\langle\downarrow_1\rangle$);
　　　make($\langle\downarrow_1\rangle$),go($\langle\downarrow_1\rangle$),　　“吃了”
　　　put(Ty(e→(e→t)),Fo(λpλq[吃'(p)(q)]),[↓]⊥);
　　　go($\langle\uparrow_1\rangle$),make($\langle\downarrow_0\rangle$),go($\langle\downarrow_0\rangle$),put(?Ty(e))
ELSE　abort

↓

IF　　?Ty(e)
THEN　put(Ty(e),Fo(ε,x,苹果'(x)))三个苹果”

接下来解析后续句“瓜瓜__四个橘子”。“瓜瓜”处理完后，指针移到?Ty(e→t)节点，在主语“瓜瓜”和宾语“四个橘子”之间有可识别的较长停顿，此时，停顿的行为序列开始发挥作用，激发语用重建行为：重用主、宾语之间的行为序列，以?Ty(e→t)激发条件所引导的行为序列为起点，以?Ty(e)激发条件所引导的行为序列为终点。在本例中也就是“吃了”的行为序列［（9）中粗体部分］：首先在根节点处标注过去时信息，之后构建二元谓词节点并添加修饰信息 Ty(e→(e→t))、Fo(λpλq[吃'(p)(q)])，之后构建内部论元节点并以?Ty(e)修饰。此时，指针处于?Ty(e)节点，意味着接下来要处理的是宾语“四个橘子”。最后，经过完成规则等可以得到动词空缺句的逻辑语义公式：Fo(吃'(ε,x,橘子'(x))(ι,y,瓜瓜'(y)))以及时态信息 Tns（Past），解析过程如下图所示。

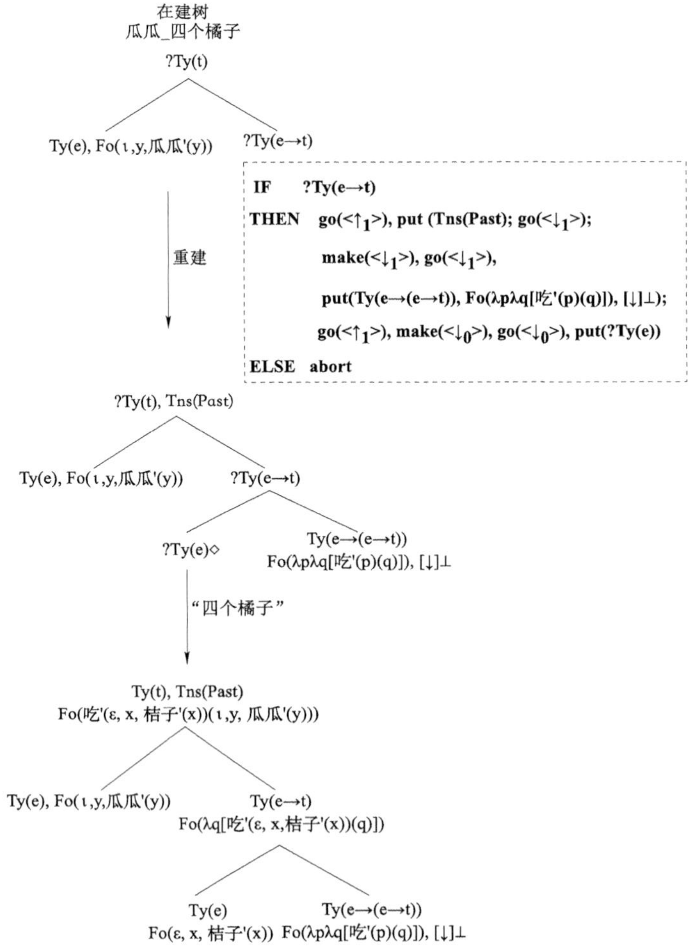

图 6.3 解析“豆豆吃了三个苹果，瓜瓜四个橘子”（方案二）

对于缺省的是简单动词的动词缺句而言［如（2）所示］，方案二与方案一相比，其优点主要体现在时态信息的处理上。接下来，我们看看“豆豆能吃三碗饭，瓜瓜两盘水饺”的解析，若按照方案一来处理，后续句零形动词投射语义类为 Ty(e→(e→t))的元变量 U，其语义值通过拷贝语境中的 Fo(λpλq[吃'(p)(q)])提供，最终只能得到“豆豆能吃三碗饭，瓜瓜吃两盘水饺”的解读，显然是不够好的。

若按照方案二来处理，解析先行句“豆豆能吃三碗饭”时所用的词项行为序列储存在语境中，可为后续句的解析提供支持。

（10）“豆豆能吃三碗饭”行为序列：

IF　?Ty(e)
THEN　put(Ty(e),Fo(ι,y,豆豆'(y)),[↓]⊥), “豆豆”
ELSE　abort

↓　　↓

IF　?Ty(e→t)
THEN　make($<\downarrow_0>$),go($<\downarrow_0>$); put(?Ty((e→t)→(e→t)), Fo(能'))　“能”
go($\uparrow_0$); make($<\downarrow_1>$),go($<\downarrow_1>$);
put(Tn(a),Ty(e→t),Fo(U_{pred}),?∃x.Fo(x));
make “Late * Ajunction”
put(?Ty(e→t),$<\uparrow_*>$Tn(a),?∃x.Tn(x))　↓
IF　?Ty(e→t)
make($<\downarrow_1>$),go($<\downarrow_1>$),　“吃”
put(Ty(e→(e→t)),Fo(λpλq[吃'(p)(q)]),[↓]⊥);
go($<\uparrow_1>$),make($<\downarrow_0>$),go($<\downarrow_0>$),put(?Ty(e))
ELSE　abort

↓　　↓

IF　?Ty(e)
THEN　put(Ty(e),Fo(ε,x,饭'(x)))　“三碗饭”

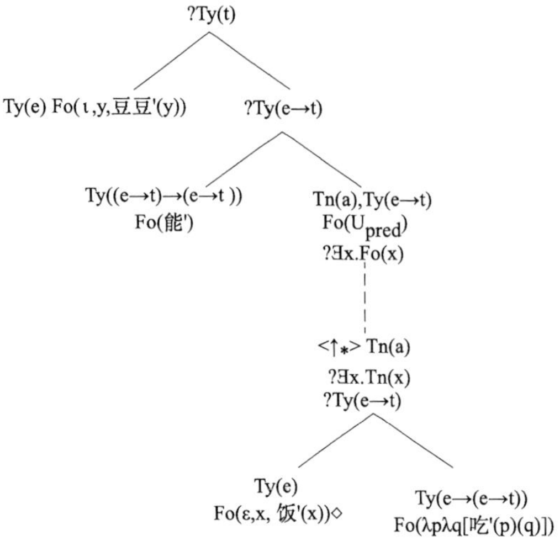

图 6.4 解析“豆豆能吃三碗饭”

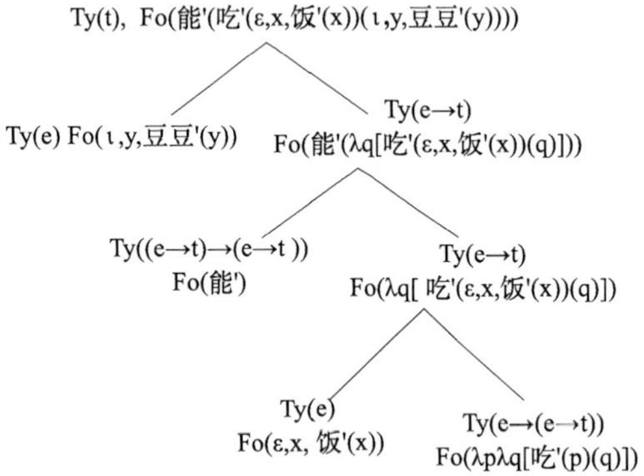

图 6.5 完成“豆豆能吃三碗饭”

先行句解析完毕后，我们得到的行为序列为后续句“瓜瓜__两盘水饺”的解读提供了十分明晰的语境。后续句中“瓜瓜”处理完成之后，指针位于?Ty(e→t)节点，由语音停顿激发语用重建行为，重新利用主语节点与宾语节点之间的词项行为，即（10）中粗体部分“能＋吃”的行为序列。随后“两盘水饺”得到解析。最后，经过完成规则等可以得到后续句完整的命题逻辑公式：Fo(能'(吃'(ε,x,水饺'(x))(ι,y,瓜瓜'(y))))，解析过程如下图所示。

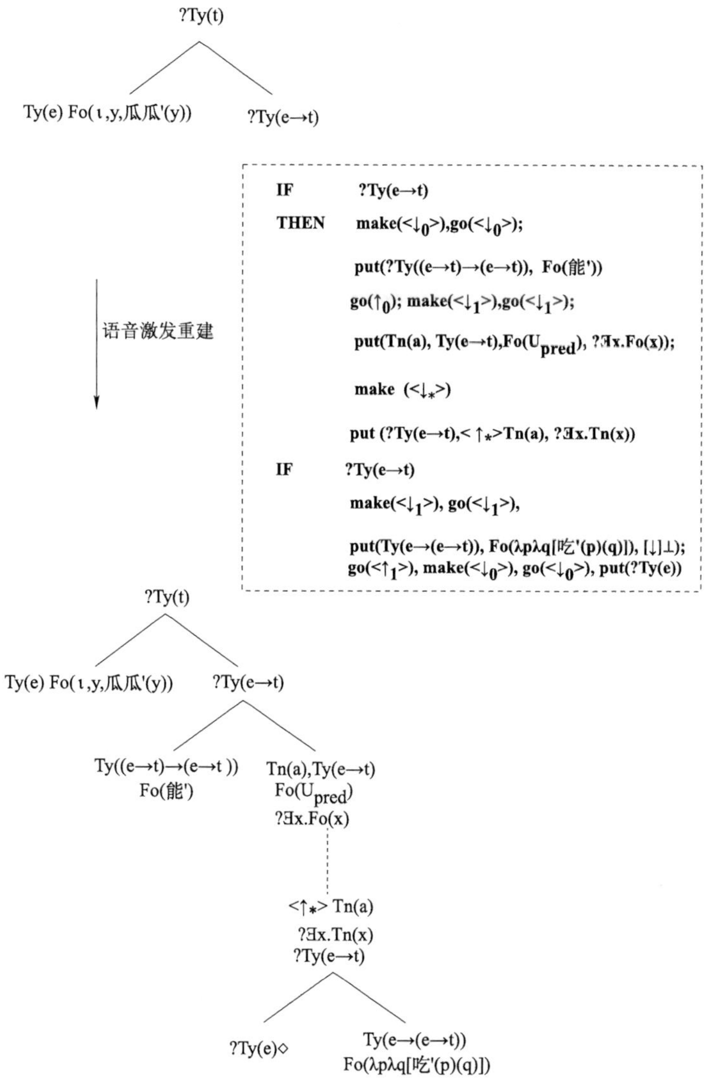

图 6.6　解析"瓜瓜＋［停顿］"（方案二）

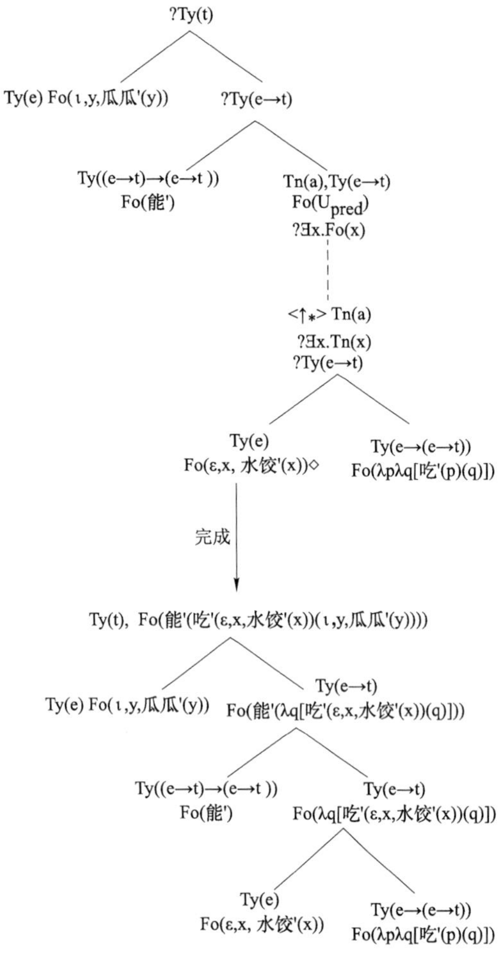

图 6.7 解析“瓜瓜__两盘水饺”（方案二）

如图 6.4–6.7 所示，在储存了行为序列的语境的关照下，我们对动词空缺句的解析变得较为直观。通过方案二，即语音停顿可以激发语用重建行为，可以为诸如例（2）和例（6）之类的动词空缺句提供一致性的解析途径。由此可见，充分利用语境内容与语用重建行为之间的互动关系可以成功解析汉语中缺省了动词的结构。

6.2 极端的动词空缺句

有学者认为除上节所述的动词空缺句外，现代汉语中还存在一种特殊的动词空缺句，或称为极端的（radical）动词空缺句。傅玉（2012）指出，这些结构“在形式上，存在严格的语义对比关系，且通过重音和语调等语音手段体现出来，在表征上，并连的第二或之后的小句动词发生空缺，或在特殊语境下（如问答句中）所有小句动词空缺；在使用上，仅在口语中出现；在结构上，不拘于句子，甚至涉及话语（如问答句）。从广义上讲，这类动词空缺句已不再局限于‘句子语法’的范畴，甚至已经涉及‘语篇语法’的领域”，如：

（11）a. 工人：老板，我刷哪些柜子？
　　　　工头：你__里面的柜子，他__外面的柜子。
　　　b.（安排住宿）
　　　　室友 A（对室友 B 说）：你__这屋，我__那屋。

上述例句显示，在语境允许的情况下，所有小句的动词都可以发生空缺，这种结构也就是刘丽萍（2015）所说的“并列空动词句”，具有如下结构。

（12）$XP_1[_{VP}[_V Ø]YP_1],XP_2[_{VP}[_V Ø]YP_2]$

（12）中的结构是两个并列小句，其中 XP_1、XP_2 为动词省略后的主语，YP_1、YP_2 为动词省略后的宾语，动词为空。空缺动词的意义需要借助语境才能恢复和重建，因此对于空动词句来说，语境必不可少。语境既可以有显性的语言形式（如 11a 所示），也可以没有显性的语言形式（如 11b 所示）。刘丽萍（2015）进一步指出，并列空动词句出现的语境只能是事件性的，可以允准空动词句的典型场景是消费场景、餐馆场景、商场场景等。

显然，对语境的依赖性决定了脱离语境的语法无法处理此类结构。接下来，我们看看该结构在本书构建的现代汉语动态解析模型下如何解析。以（11a）为例，这是一个“安排工作”的场景，具体地说是工头安排工人刷柜子的场景，空动词句“你__里面的柜子，他__外面的柜子”需要依赖此场景得到解析。与 6.1 节动词空缺结构的后续句类似，并列空动词句中的残余成分（主语和宾语，即“你”和“里面的柜子”、“他”和“外面的柜子”）之间存在明显的停顿等语音手段，且停顿出现的句法位置及其语法功能与动词空缺句中的停顿相同。因此，可以采取一致的处理方式，即认为语音停顿标志着缺省，起替代功能，可以激发语用重建行为重复利用语境中主语与宾语之间的行为序列。对当前例句而言，语境由显性语言形式“老板，我刷哪些柜子？”的解析提供，主语与宾语之间的行为序列就是储存在语境中的“刷”的词项行为。据此方案，并列空动词句“你__里面的柜子，他__外面的柜子”的解析可见下图（以第一分句为例）。

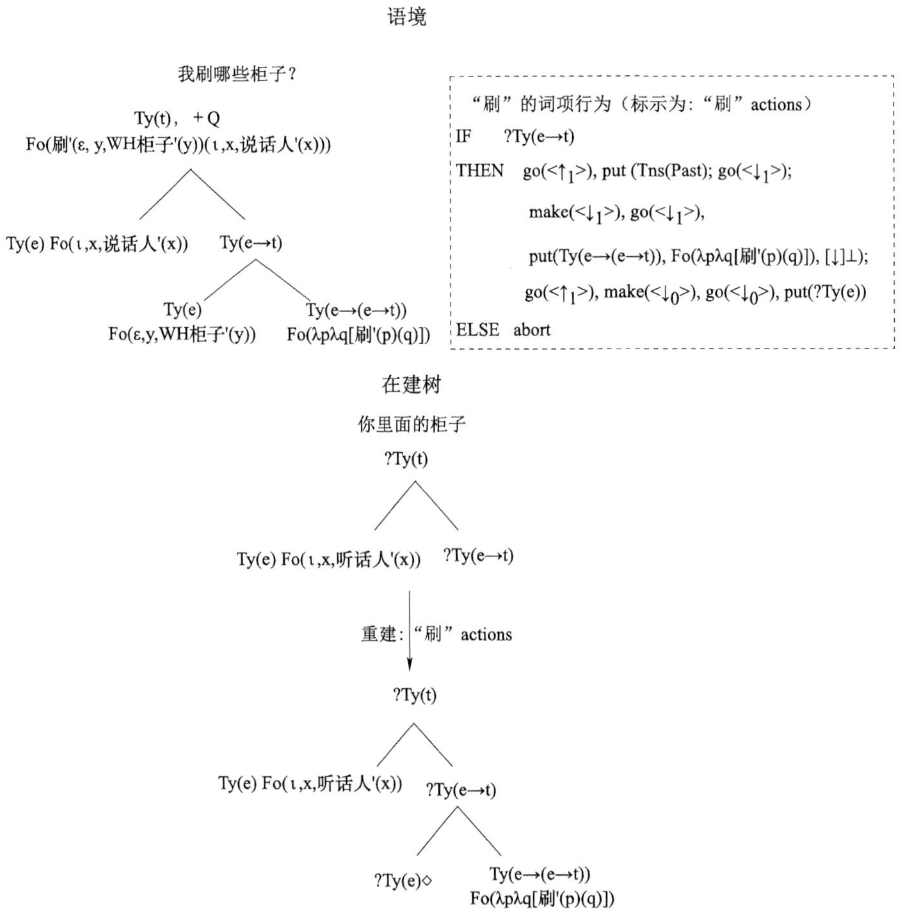

图 6.8 解析“你＋［停顿］”

经过完成规则等，可以得到第一分句“你__里面的柜子”完整的命题逻辑公式：Fo(刷'(ε,y,里面的柜子'(y))(ι,x,听话人'(x)))。第二分句“他__外面的柜子”的解析遵循相同的步骤，同理可得到完整的命题公式：Fo（刷'(ε,y,外面的柜子'(y))(ι,x,X 先生'(x)))（假设“他”指 X 先生）。

以上是具有显性语言形式的先行语作语境时，空动词句的解析方案。在没有显性语言形式的先行语做语境时，解析方式类似。在第三章中，我们扩展了 DS 理论框架所定义的语境内容，使语境不仅包括解析先行句得

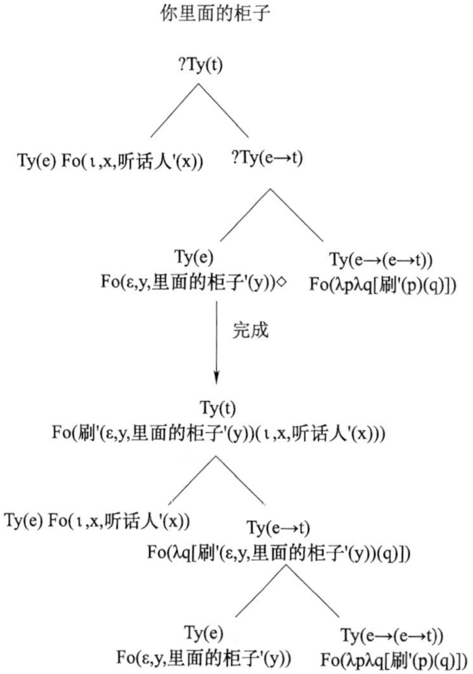

图 6.9　解析“你＋［停顿］＋里面的柜子”

到的语义内容、树结构、行为序列；还包括具体的、经常出现的情景所具有的知识表征（即框架元素）。由此，工头安排工人刷柜子这个事件场景中通常出现的元素也在语境中得到刻画，比如名词性的“工人”“工头”“柜子”；动词性的“刷”；形容词性的“白色的”“红色的”，它们的词项行为以及词项行为构建的结构树等。空缺的动词可以依赖语境内容得以恢复。在“安排住宿”的框架中，通常出现的元素包含：名词（住宿者、宿管员、床、房间、屋等）；动词（住、睡等）；形容词（干净、脏、明亮、宽敞）等，以及它们的词项行为和词项行为构建的结构树。

例句（11b）是安排住宿的场景，该例句没有显性语言形式的先行语，所以空缺的动词只能依赖“安排住宿”语境中储存的内容来获得解析。具体地说，在并列空动词句“你__这屋，我__那屋”中，由语音停顿标示的零形动词的释义需要依赖语境中储存的动词得以恢复。此场景中常出现的“睡”“住”等动词的词项行为及语义内容等都可以被激活并应用于语用行为中。第四章讨论了“睡”“住”这类动词的词项行为，由于它们在不同语境中经常携带不同数目的论元，我们用不确定性特征（underspecification）来刻画它们的语义内容（主要指论元数量不确定）。在当前语句中，空动词前后各出现一个论元，语义类型为 Ty(e→(e→t))，因此“睡”“住”的语义内容最终可以明确为：Fo(λpλq[睡'(p)(q)])、Fo(λpλq[住'(p)(q)])。最后，经过完成规则等，可以得到并列空动词句的逻辑语义公式：Fo(睡'(ι,y,这屋'(y))(ι,x,听话人'(x)))∧ Fo(睡'(ι,y,那屋'(y))(ι,x,说话人'(x)))；或者 Fo(住'(ι,y,这屋'(y))(ι,x,听话人'(x)))∧ Fo(住'(ι,y,那屋'(y))(ι,x,说话人'(x)))，二者均是“安排住宿”场景下空动词句“你__这屋，我__那屋”的合理解读。解析过程如下图所示（以第一个分句为例）。

语境

安排住宿框架

名词：Fo(ε,x,房间'(x)), Fo(ε,x,床'(x))…

动词：Fo(λp*λq[睡'(p*)(q)]), Fo(λp*λq[住'(p*)(q)]) …

…

词项行为：

“睡”actions:

IF ? Ty(e→t)

THEN make(<↓*>), put(Ty(e*→(e→t)), Fo(λp*λq [睡'(p*)(q)]), ?∃x.Tn(x))

go(<↑*>), ?Ty(e→t)

ELSE Abort

“住”actions:

IF ? Ty(e→t)

THEN make(<↓*>), put(Ty(e*→(e→t)), Fo(λp*λq [住'(p*)(q)]), ?∃x.Tn(x))

go(<↑*>), ?Ty(e→t)

ELSE Abort

…

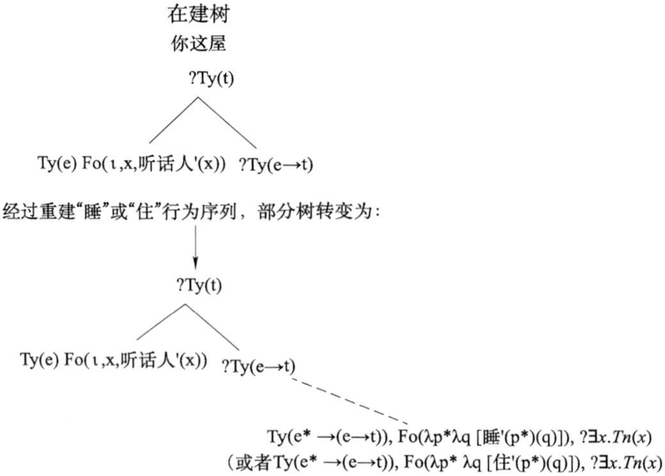

图 6.10 解析“你＋［停顿］”

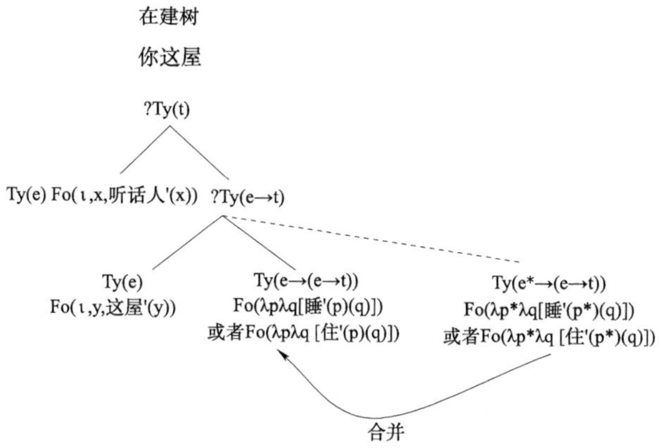

图 6.11 解析“你__这屋”

上图显示，通过扩展的语境内容与语用行为之间的相互作用同样可以为并列空动词句提供合理的解析方案。不过，这里有一个问题值得关注，如例（11b）的解析展示，空缺动词在一定场景中可能有不止一种的重建方案，语境中的“睡”或者“住”都可以满足“你__这屋，我__那屋”的语义恢复需求。这种情况下的语用行为应该如何操作？前后两个小句中零形动词的语义恢复可以不同吗？比如，如果前一个小句中语音停顿重建的是语义值Fo(λpλq[睡'(p)(q)])，后一个小句中语音停顿重建的语义值可以是 Fo(λpλq[住'(p)(q)])吗？我们认为从信息传递的角度讲，前后两个小句中停顿处的零形动词的语义解读一般是一样的，站在说话人的角度，若二者不同还均以空形式表示，则可能造成歧义；而站在听话人的角度，若二者相同则信息处理过程更加省力。由此，在例（11b）的解析中，前后两个分句中的零形动词，通过语用行为恢复的替代值一般是相同的（如图 6.11 所示），因而不会得到 Fo（睡'(ι,y,这屋'(y))(ι,x,听话人'(x)))∧ Fo(住'(ι,y,那屋'(y))(ι,x,说话人'(x)))；或者 Fo（住'(ι,y,这屋'(y))(ι,x,听话人'(x)))∧ Fo(睡'(ι,y,那屋'(y))(ι,x,说话人'(x)))这类语义逻辑式。这与我们的语感是一致的，人们一般不会说“你住这屋，我睡那屋”或者“你睡这屋，我住那屋”。不过，在某些特殊情况下，前后两分句中空动词的解读也可能不同。比如在需要列举的语境中：

（13）问：你们都吃了什么？

答：我__三碗饭，张三__两碗汤，李四__四个水饺。

答语中的“我”与“三碗饭”，“李四”与“四个水饺”之间的动词可以恢复为“吃”，而“张三”与“两碗汤”之间的动词可以恢复为另一个动词“喝”（见 Ai，2014b，p.129－130）。这是由动词与宾语之间固有的语义匹配关系决定的，在现代汉语普通话中，“吃”的受事一般是固体性质的，如“米饭”“水饺”等；“喝”的受事一般是流食性的，如“汤”“酒”等。因此例（13）中“两碗汤”之前的空动词语义内容恢复为Fo(λpλq[喝'(p)(q)])更为合理。这同时也证明了我们在第三章修正 DS 语境内容的必要性。因为先行问句“你们都吃了什么”的解析只提供了“吃”的词项行为及语义内容Fo(λpλq[吃'(p)(q)])，而没有提供“喝”的词项行为及语义内容 Fo(λpλq[喝'(p)(q)])。“喝”的词项行为及语义内容是储存在“吃饭情景”所具有的知识表征中的，即吃饭情景相关的语境中的。解析过程如下图所示。

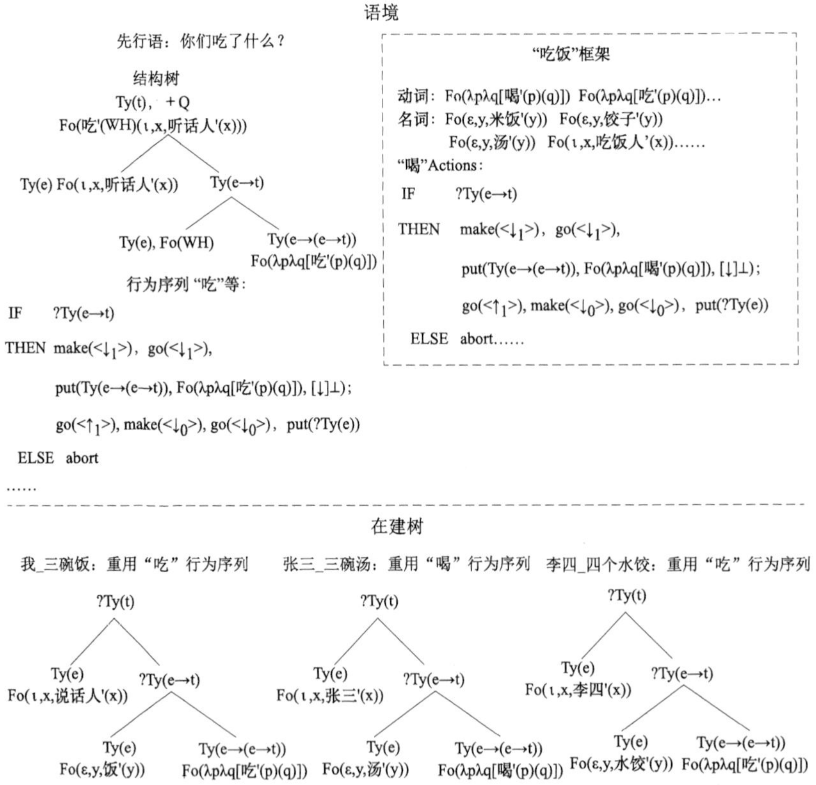

图 6.12 解析“我__三碗饭，张三__两碗汤，李四__四个水饺”

6.3 左边界删除结构

以上两个小节分别讨论了动词空缺句以及极端的动词空缺句的解析方

案，它们均可以通过语音停顿激发语用重建行为来恢复空缺动词的解读，完成句子的解析。在结束本章之前，我们再简单看看左边界删除结构（Left Peripheral Deletion）应该如何解析。它是学术界一直认为的左边界缺省（“主语＋动词”缺省）结构，还是 Tang（2001）所说的汉语特有的动词空缺句［“主语＋并列动词短语”（动词发生提升移位）］呢？

Tang（2001）指出，汉语中确实存在左边界删除结构，如以下例句所示。

（14）a. 老师送了张三一本书，李四一支笔。
　　b. 他放了一本书在桌子上，三支笔在椅子上。
　　c. 医生劝张三戒烟，李四戒酒。
　　d. 张三看过小猫一次，小狗两次。
　　e. 老板骂的张三很不开心，李四很不满意。

他认为上述结构实际上是动词空缺结构，可以按照 Johnson（1994）等提出的跨界移位的方法来解释，即在上述结构中，两个动词短语 VP 并列，动词经历 V-to-v 移位后留下空位，如下图所示（改编自 Tang，2001，(43)）。

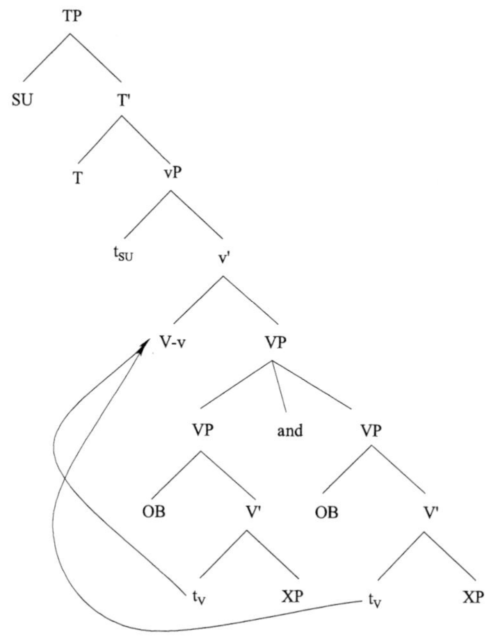

图 6.13 跨界移位

移位分析的主要依据是 Tang 认为上述结构对孤岛敏感[①]，他给出如下例句并据此认为汉语左边界删除结构（LPD）对孤岛敏感。

（15）*a.我给张三一个 A，［李四一个 A］也应该没有问题。
　　*b. 老师给张三一个 A，但是我不能接受［李四一个 C］的事。
　　*c. 因为［我给张三一个 A］，（所以）［李四一个 C］。

事实上，以上例句不合法并不能说明汉语 LPD 结构就是对孤岛敏感的。经过调查发现，如果把上述例句稍作调整，这些受孤岛限制的句子是可以接受的，如：

（16）a. 如果老师给张三一个 A，那［我一个 A］应该也没问题吧。
　　b. 老师给张三一个 A 还说得过去，但［李四一个 A］也太不合理了。
　　c. 可能因为［老师给张三一个 A］，所以你觉得［你一个 C］不太公平。

除了孤岛敏感性的问题，以上例句也不符合 Johnson 跨界移位分析的基础条件（并列结构条件），因此 Tang（2001）的分析有待商榷。接下来，我们简单看看上述 LPD 结构能否在本书构建的现代汉语动态解析模型下得到合理的解析。

LPD 与上述两节中讨论的动词空缺结构和并列空动词结构之间有一个共同特点，即在目标句中都存在可以察觉的、较长的语音停顿。不同的地方在于，在上述两种结构中，停顿发生在主语和宾语（或者说补足语）之间，相对容易刻画；在 LPD 中停顿发生在第一与第二分句之间［如（14）所示］，或者第二分句中目标语与其之前的成分之间［如（16）所示］，相对较难刻画。但是，在这些结构中，停顿的地方都表征着存在语义空缺的地方，因此，本节对 LPD 的解析可以采取与上述两节相同的思路，即语音停顿可以激发语用重建行为，重新构建空缺的语义内容。

解析 LPD 结构时，语用重建行为不仅重新构建动词结构，还应当重新

① 在生成语法中，孤岛敏感性（sensitivivity of islands）是判断是否存在移位的主要标准，孤岛主要有复杂名词短语岛（complex NP）、主语岛（subject island）等。

构建主语节点的修饰，也就是说在构建目标句解析树时，语用行为可以重新利用先行句中“主语＋动词”的行为序列。我们尝试对其行为指令刻画如下。

（17）LPD 结构中停顿行为序列：

IF　　?Ty(e)

$A = \langle ai,...,ai+n \rangle \in$ C;

ai =⟨**IF**φ1,**THEN**φ2,**ELSE** ABORT⟩,

?*Ty*(e) ∈ φ1;

$ai+n$ =⟨**IF**ψ1,**THEN**ψ2,**ELSE** ABORT⟩,

?Ty(e) ∈ψ1,

THEN　　Regenerate(⟨***ai***,…,$\boldsymbol{ai+n_{-1}}$⟩)

ELSE　　Abort

LPD 中的重建行为（17）与动词空缺句中的重建行为（7），区别主要在于⟨*ai*⟩。如（17）所示，我们将 LFD 中重建行为序列⟨***ai***，…，$\boldsymbol{ai+n_{-1}}$⟩的开端做了调整，将⟨*ai*⟩的激发条件修正为?Ty(e)，也就是说，重建行为从主语节点的行为序列开始，重新利用“主语+…+动词”的行为序列，以构建目标语句中空缺的结构及语义内容。下面以（14a）“老师送了张三一本书，李四一支笔”为例具体分析其解析过程。

先行句的解析遵照常规步骤，其中“送”是典型的三价动词，它一般带两个宾语，间接宾语“张三”和直接宾语“一本书”，因此它的词项行为不仅投射一个三价动词节点，还投射两个内部论元节点，词项行为如下所示。

（18）“送”的词项行为

IF　　?Ty(e→t)

THEN　　make($<\downarrow_0>$),go($<\downarrow_0>$); put(?Ty(e)); go($<\uparrow_0>$);

make($<\downarrow_1>$),go($<\downarrow_1>$); put(?Ty(e→(e→t));

make($<\downarrow_0>$),go($<\downarrow_0>$); put(?Ty(e)); go($<\uparrow_0>$);

make($<\downarrow_1>$),go($<\downarrow_1>$);

put(Fo(λpλqλr[送'(p)(q)(r)]),Ty(e→(e→(e→t))));

go($<\uparrow_1>$),go($<\downarrow_0>$)

ELSE　　abort

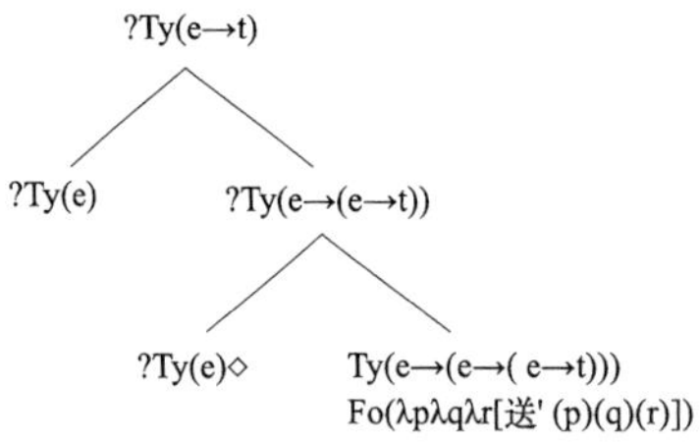

图 6.14 解析动词“送”

先行句“老师送了张三一本书”首先得到解析，“老师”提供的信息修饰主语节点，“送”的词项行为构建一个三元谓词节点并以 Fo(λpλqλr[送'(p)(q)(r)])、Ty(e→(e→(e→t)))修饰，此外还构建了两个内部论元节点：“张三”提供的信息修饰间接宾语节点，“一本书”提供的信息修饰直接宾语节点。构建先行句解析树时所用的行为序列被储存在语境中，可通过语用重建行为来构建后句的解析树。为方便解析后续语句，我们将构建先行句解析树时所用的行为序列展示如下。

（19）“老师送了张三一本书”行为序列：

IF **?Ty(e)**
THEN put(Ty(e),Fo(ε,y,老师'(y)),[↓]⊥),“老师”
ELSE **abort**

IF **?Ty(e→t)**
THEN **go(<↑$_{1}$>),put(Tns(Past));**
go(<↓$_{1}$>),make(<↓$_{0}$>),go(<↓$_{0}$>); put(?Ty(e));
go(<↑$_{0}$>);
make(<↓$_{1}$>),go(<↓$_{1}$>); put(?Ty(e→(e→t));
make(<↓$_{0}$>),go(<↓$_{0}$>); put(?Ty(e)); go(<↑$_{0}$>); “送了”
make(<↓$_{1}$>),go(<↓$_{1}$>);
put(Fo(λpλqλr[送'(p)(q)(r)]),Ty(e→(e→(e→t))));
go(<↑$_{1}$>),go(<↓$_{0}$>)
ELSE **abort**

IF ?Ty(e)
THEN put(Ty(e),Fo(ι,x,张三'(x))) “张三”
ELSE Abort

IF ?Ty(e)
THEN put(Ty(e),Fo(ε,z,书'(z))) “一本书”
ELSE Abort

解析过程如图 6.15 中的系列图（a–c）所示。

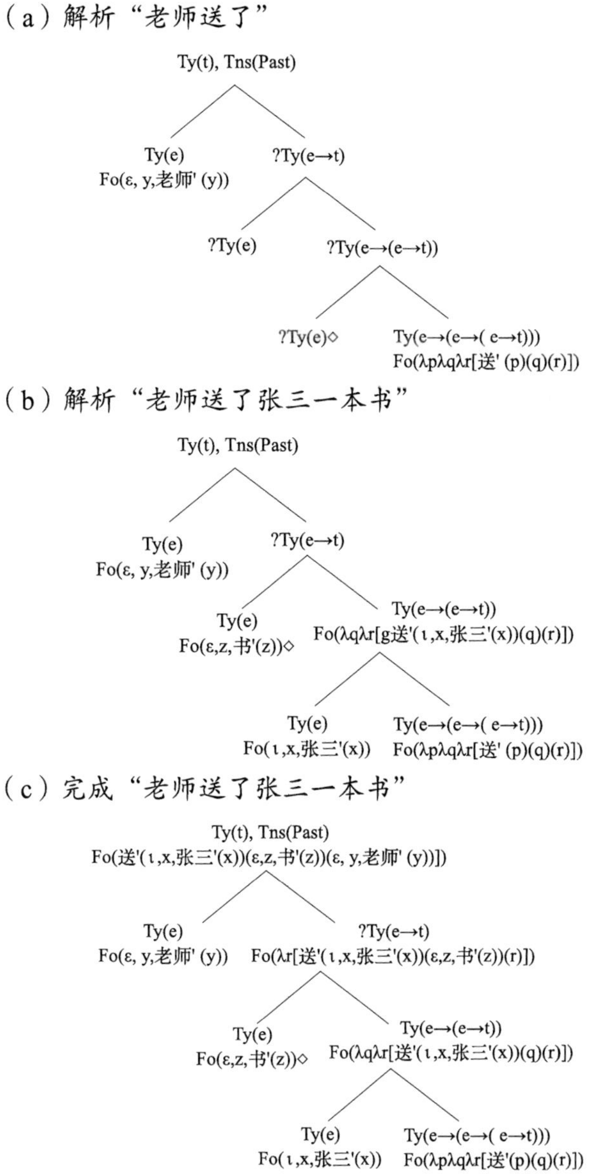

图 6.15　解析“老师送了张三一本书”

解析完先行句之后，其词项行为、语义内容及结构树等都储存在语境中，可以以此为参照解析后续句。后续句“李四一支笔”的解析与 6.1 节中的动词空缺句及 6.2 节中的并列空动词句的解析类似：由语音停顿激发语用重建行为，重新利用语境中相关行为序列。在本例句中，重建行为重新利用 “老师＋给了”的行为序列（如（19）中粗体部分所示），修饰主语节点并构建动词及两个内部论元节点。之后语串“李四一支笔”得到解析，“李四”提供的信息修饰间接宾语节点，“一支笔”提供的信息修饰直接宾语节点。解析过程如下图 16（a－c）所示，最终获得后续句的命题逻辑公式：Fo(送'(ι,x,李四'(x))(ε,z,笔'(z))(ε,y,老师'(y)))。全句“老师送了张三一本书，李四一支笔”的命题逻辑语义可以表示为：

Fo(送'(ι,x,张三'(x))(ε,z,书'(z))(ε,y,老师'(y))))∧Fo(送'(ι,x,李四'(x))(ε,z,笔'(z))(ε,y,老师'(y))))。

（a）重建“老师＋送了”行为序列

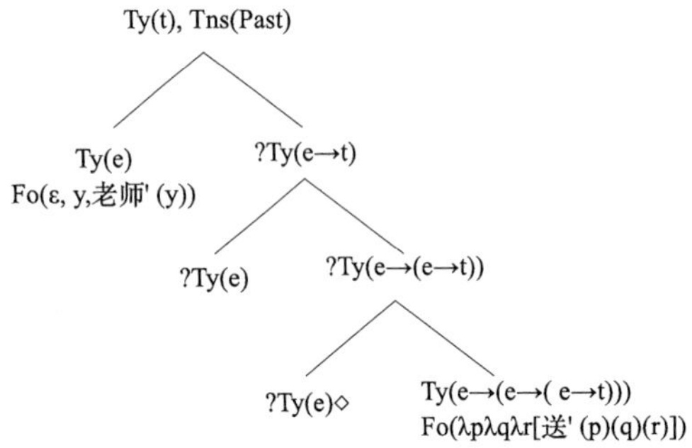

（b）解析“李四一支笔”

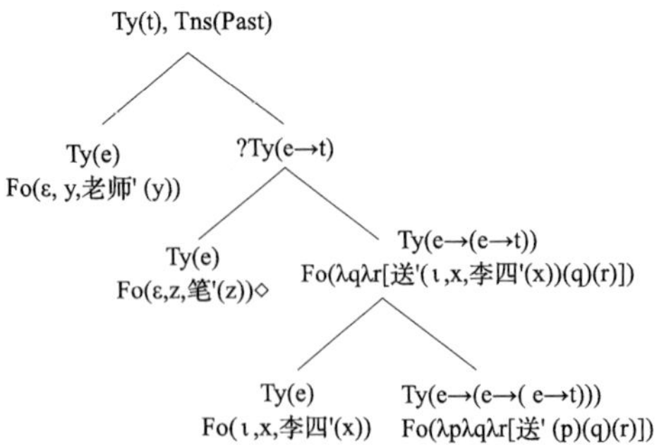

（c）完成“李四一支笔”

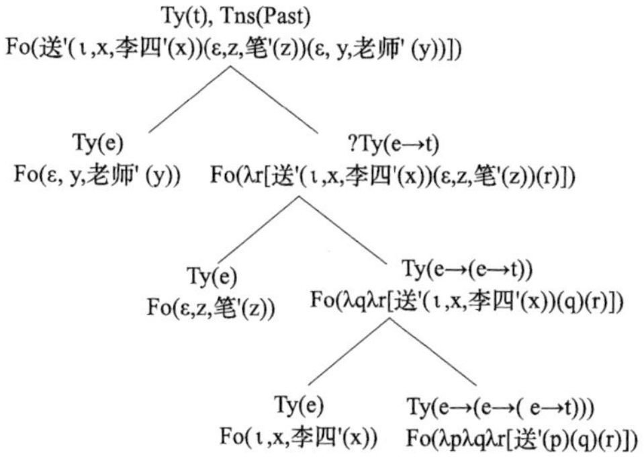

图 6.16　解析“李四一支笔”

由上述解析过程可见，通过刻画丰富的语境内容与语用行为可以为 LPD 结构提供一个直观的解析方案：左边界空缺处的语音停顿激发语用重建行为，重用语境中“主语＋动词”的行为序列构建目标语义树。该解析方案与之前动词空缺结构的解析方案保持了一致。

6.4　本章小结

本章主要讨论现代汉语动词空缺句的解析。动词空缺句中主语与宾语之间（即空动词处）的语音停顿激发语用重建行为，通过语境内容与语用行为的相互作用，重新利用语境中主语、宾语之间的行为序列来构建目标语句的语义解析树。此方案不仅能解析动词空缺结构，还可以为并列空动词结构以及 LPD 结构（重用主语＋动词行为序列）提供一致性的解析方案。借助扩展的语境概念，没有显性语言形式先行语的结构也可以得到顺利解读。这种处理方案不仅保持了省略结构解析的一致性，还权衡了 DS 理论框架内技术操作与词库之间的平衡关系。

第七章

片语的动态解析

第四至第六章讨论了结构中省略某一句法成分后的解析方案，第四章主要讨论做论元的名词性成分的省略，第五章主要关注做谓词的动词短语的省略，第六章主要考察省略动词的情况。而在日常会话中，除了经常会省略语句中的某一成分外，还会使用大量的话语片段（fragments），比插话、简短的答语、回应性的话语等，如以下各例所示。

（1）a.（B 打断 A 的话语）
　　A：张三吃了。
　　B：三个苹果。
　b.（A 与 B 之间的对话）
　　A：阿 Q 看见了谁？
　　B：吴妈。
　c.（A 与 B 之间的对话）
　　A：天气真好。
　　B：对。
　d. A：张三吃饭了吗？
　　B：没。
　e. A：张三喜欢流行歌曲吗？
　　B：不。

话语片段在日常会话中非常常见，广泛存在于对话中。对话是一种相对自由的言语形式，会话参与者随时可能打断说话人，发生话轮转换，产生话语片段。生成语法等形式语法往往以完句为基础，认为片段等低于句子层次的成分是“语言使用”不完美的表现，因此不将其作为研究对象。但是，话语片段分布广泛，是构建自然语言句法模型不可回避的问题。如何刻画对话中出现的一些言语片段，是以往纯形式句法理论所面临的艰巨挑战。DS 为解决此类难题提供了新的理论平台，也开辟了一条形式化的路子。

7.1 DS 处理片语的理论优势

DS 直击语言能力和语言使用之间的密切关系，认为语言能力就是人们处理语言时运用语言知识的能力，即从语音单位中提取语义信息的能力。因此，DS 所构建的语言模型是形式化的语言能力模型。动态句法学认为，关注语言的实时理解与表达的动态性，是探究自然语言机制的最佳途径。会话作为语言使用中的典型范式，其实时理解与表达，为自然语言处理模式的研究提供了丰富的素材。

DS 具有渐进递增性的特征，可以将输入的话语进行逐词解析，因此能够处理低于句子层次的成分，这样就为话语片段的解析奠定了基础。渐进性的特征还决定了话语的表达与理解，即生成与解析过程，均可始于部分结构。此外，生成过程与解析过程紧密联系，说话者与听话者遵从同样的行为指令（词汇行为、计算规则等）同步生成或解析话语。这些行为指令的运用，逐步渐进地将可感知的物理刺激（如语串）映射为概念表征（解析过程），或将概念表征实现为物理信号（生成过程）。解析过程是目标驱动的，不断有需求（requirements）需要被满足，因此解析过程也包含对生成过程的预测（predication）。而生成过程需要依赖解析机制，利用解析状态来判定新生成的话语是否逐步接近想要达成的目标。同时，DS 只有一个表征层面，即语义逻辑内容的表征层面。因此在 DS 理论框架下，对话中的话轮转换以及话语片段都可以得到直观的刻画。

听话者可随时打断说话者接过话轮，通过直接扩展语境中的结构树的方式，生成或解析新的话语片段。这样，新产生的片段不必被解析为是完句删略的结果，而是由直接扩展他人未完成的句子而来，这种解析方式更符合普通人的语感。

7.2 动态解析方案

DS 对话语片段的解析思路基本是：直接扩展语境中恰当的结构树，以生成或解析新的话语片段。接下来，我们以（1a）为例看看具体操作方式。图 7.1 简单展示了对话（1a）的解析过程。

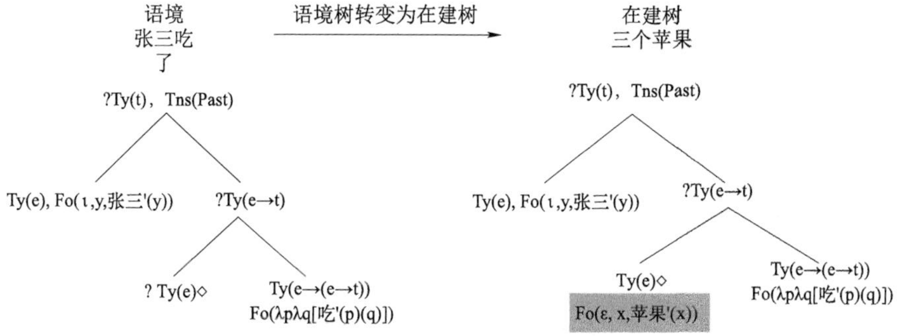

图 7.1 解析“张三吃了/三个苹果”

（1a）中的话语“张三吃了/三个苹果”是参与者合作完成的，在语境树中，解析完及物动词“吃了”之后，指针移到内部论元位置，该位置需求一个语义类为 Ty(e)的名项。此时 B 打断 A 的话语接过话轮，听话人转变为说话人。在语境树的基础上直接扩展即可完成片段性的名词短语“三个苹果”的解析。“三个苹果”提供的信息可满足内部论元的名项需求。最后，通过完成规则等可以得到此对话传达的语义内容：Fo(吃'(ε,x,苹果'(x))(ι,y,张三'(y)))。

图 7.2 简单展示了简短回答例（1b）的解析过程。

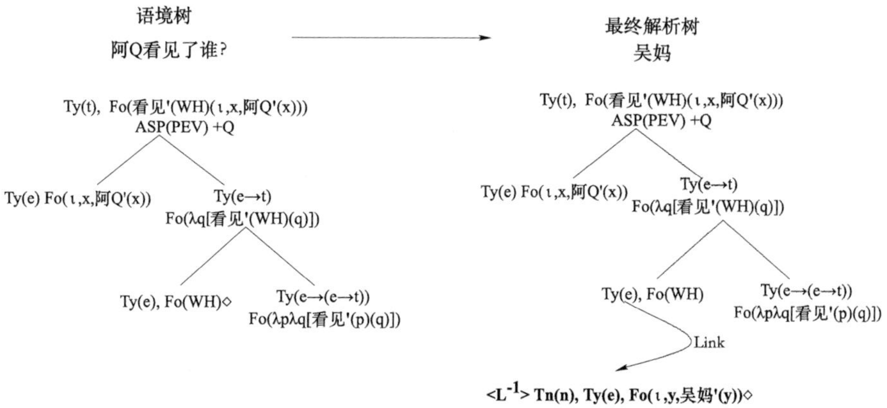

图 7.2 解析“阿 Q 看见了谁？/吴妈”

如上图所示，问句“阿 Q 看见了谁”的解析遵循一般规则，“阿 Q”投射的语义值修饰主语节点，及物动词“看见”创建一个二元谓词节点以及一个内部论元节点。疑问代词“谁”投射的元变量 WH 修饰内部论元节点。问句类型由根节点处＋Q 表示，同时也可以解释为什么根节点命题逻辑式中存在语义值待定的元变量 WH。鉴于问句的解析构成答句的语境，答句的解析可以直接在语境树的基础上进行扩展，从语义类型为 Ty(e)的内部论元节点投射链接结构，“吴妈”由此得到解析。“吴妈”的语义值满足了问句中元变量的语义更新，最终得到一个完整的语义逻辑式 Fo(看见'(ι,y,吴妈'(y))(ι,x,阿 Q'(x)))，如图 7.3 所示。

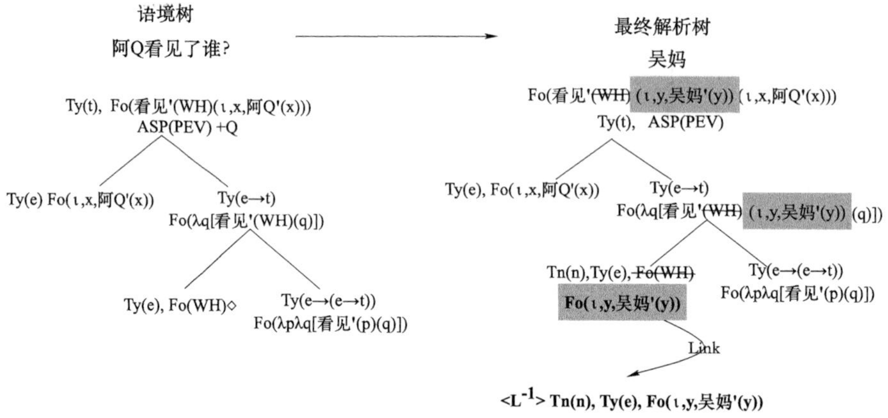

图 7.3 完成“阿 Q 看见了谁？/吴妈”的解析

再看例（1c），回应性的话语“对”表示同意前文的观点与内容，相当于英语中的“yes”，其解析可以直接借鉴前文，即语境。“对”的词项行为将标有需求?Ty(t)的根节点直接链接到语境中结构树的根节点 Fo(真'(好'(ε,x,天气'(x))))，得到对话“天气真好/对”的解析，即会话参与者都认为“天气真好”，最终获得语义逻辑式：Fo(真'(好'(ε,x,天气'(x))))∧ Fo(真'(好'(ε,x,天气'(x))))。

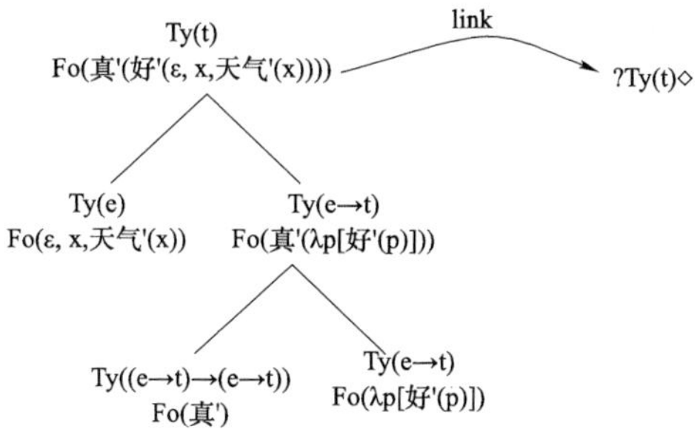

图 7.4 解析“天气真好/对”

在 5.3 节中，我们提到例 1（d－e）同样可以通过直接扩展语境中结构树的方式获得解析。“不”和“没”用作省略形式的简短答语时，语义稍有差别。李立群（2006）指出，“不”是对整个问句的否定，否定焦点是整个问句，表示与问话意思相反；而“没”否定的焦点是动词。例如，在用“不”和“没”回答同一个问句时，意义差别可以清楚地看到。

（2）小明没有听昨天的报告会吗?
没，他没听。/不，他听了。

在此基础之上，我们尝试刻画 d－e 的解析过程。d 句中，问句“张三吃饭了吗”解析完成之后，语义结构树储存在语境中可被直接利用。

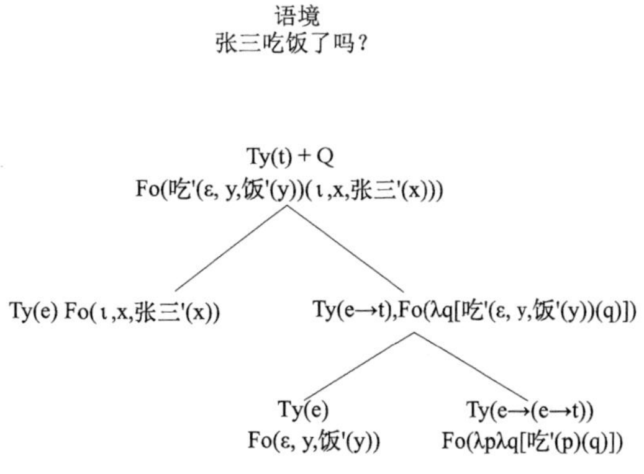

图 7.5

答句中“没”否定的是动词短语，因此可从 Ty（e→t）节点构建链接结构，引入“没”的语义值 Fo（没'）(或表示为 Fo（┐），如图 7.6 所示。经过完成规则等，最终获得问句和答句的语义逻辑公式：Fo(吃'(ε,y,饭

'(y))(ι,x,张三'(x)))，+Q∧ Fo(¬ {吃'(ε,y,饭'(y))}(ι,x,张三'(x)))。其中，否定词“没”的辖域由{}表示。

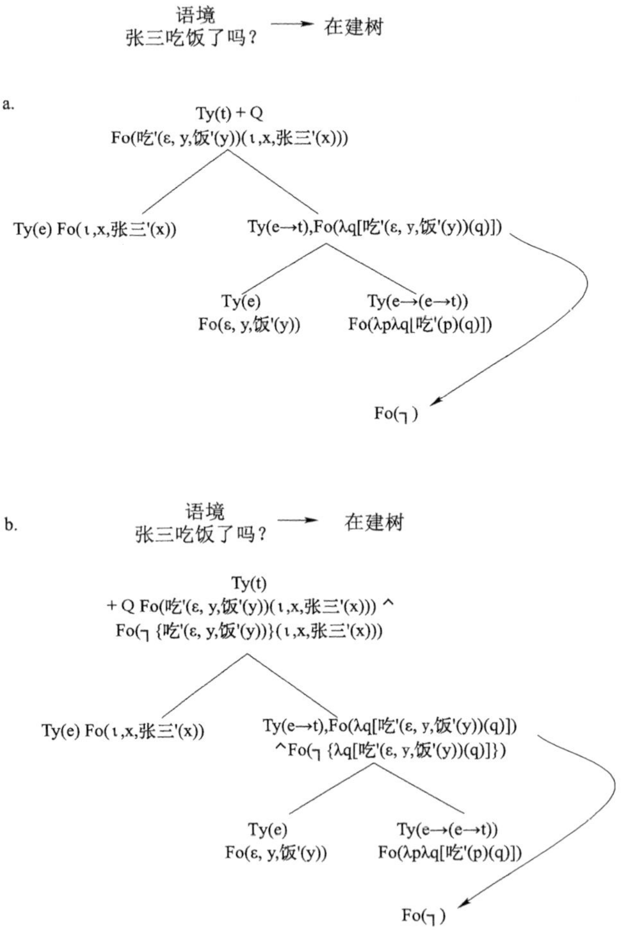

图 7.6 解析“张三吃饭了吗？/没”

e 句答语中“不”否定的是整个问句命题，在解析时应该从问句根节点处构建链接结构，如下图所示，最终获得问句和答句的语义值：+Q，Fo(喜欢'(ε,y,流行歌曲'(y))(ι,x,张三'(x))) ∧Fo(¬ {喜欢'(ε,y,流行歌曲'(y))(ι,x,张三'(x))})。由表达式可见，在答句中单用时，否定词“不”的辖域（由{}表示）是整个命题，与“没”不同。

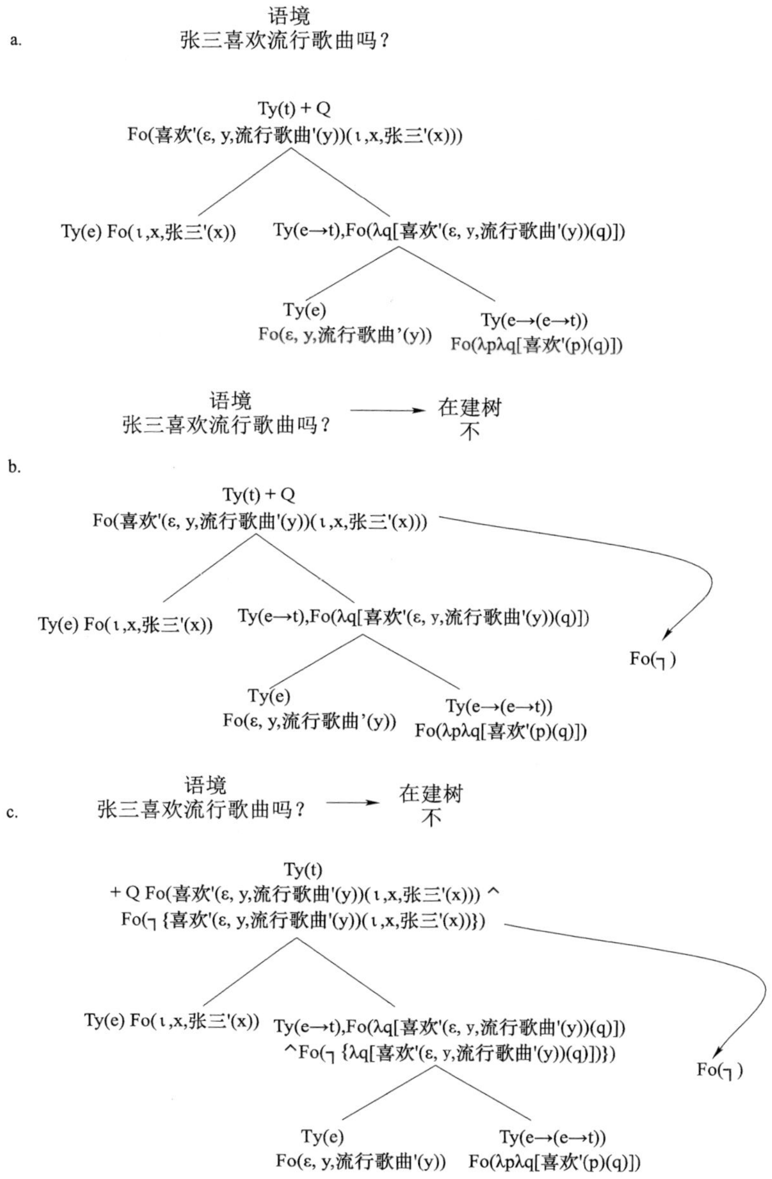

图 7.7　解析“张三喜欢流行歌曲吗？/不”

7.3 本 章 小 结

本章关注言语片段的动态解析。日常会话中的合作语句、简短答语、回应性话语等，都可通过直接扩展语境中储存的结构树的方式获得较为直观的一致性解析。解析过程只需利用 DS 理论框架内部的规则，表明对话的理解在理论系统内部即可完成，不必借助更高价的对说话人意图的推理（Gregoromichelaki et al.，2011）。

结束语

在过去三十年里，有关汉语省略结构的生成和理解机制一直是理论语言学界颇有争议的一个问题。本书在动态句法学的理论框架下对汉语省略结构做出了相对一致的解析，主要包括论元省略结构、动词短语省略结构、动词空缺结构和话语片段等。

对以上省略现象的解析是在本书构建的汉语动态解析模型下进行的。我们根据动态句法理论框架，结合汉语语言事实，初步构建了适合汉语的动态解析模型，包括汉语词项行为、语用行为等。值得注意的是，汉语不存在丰富的曲折变化和一致关系，缺省的成分不能从动词形态推测出来，因此汉语动词词项行为不投射完整的命题结构，外部论元节点及一元谓词节点需由通用计算规则引入。语用行为包括替代和重建，可重复利用语境中的语义公式或行为序列来构建在建树中标示不足的内容。

此外，本书还在考察汉语语料的基础上提出了扩展的语境刻画内容，包括：

（i）解析显性话语所得的语义内容、结构树和行为序列；

（ii）特定情景框架中包含的相关知识概念及其行为序列、结构树。

在标示不足、语用行为等技术手段和扩展的语境内容的相互作用下，本书为多种省略结构提供了相对一致性的解析方案。概括地说，通过语用替代行为拷贝语境中恰当的语义内容，可以为论元省略结构（严格解读）、动词短语省略结构（严格解读）提供解析方案；通过语用重建行为重新利用语境中恰当的行为序列可以为宾语省略结构（宽泛解读）、动词短语省略结构（宽泛解读）以及动词空缺结构（包括动词空缺句、并列空动词句、左边界删除结构）提供解析方案；通过直接扩展语境中的结构树可以为对话中的简短答语、插话、回应性话语等言语片段提供解析方案。此外，充分利用语义标示不足、语用行为和丰富的语境内容之间的互动关系，还可以解析上述结构中涉及的局域效应、状语解读等问题。

本书对省略结构取得的一致性解析表明，句子结构的生成是由语义驱动的，即人们在使用语言时总是力求表达有意义的命题，但同时又会受到语境因素的制约：语境不仅是句子与句子之间的依存关系，也是词与词之间的依存关系。从句法、语义与语用互动的角度研究省略结构，不仅使我们对省略句的构建有了更直观的认识，同时也使我们对语句省略的运作机制有了更为深入的理解：我们使用省略句进行表达时较为省力，但对其进行理解时并不“省力”，需要根据语用推理并借助语用行为与语境恢复理解。

同时，不同省略结构在 DS 下获得一致性的解析方案，促使我们重新思考把语言能力（competence）与语言运用（performance）割裂开来的做法。众所周知，生成语法对“语言能力”和“语言使用”作了区分，并指出人的语言能力是一个独立于语言使用环境的封闭自足的系统，对其描写和解释不能在语境成分的语言或话语功能的基础上进行。由于生成语法等形式语法基本上都是“脱离语境”的语法，所以自然而然地将语境因素对语言生成和理解的制约作用排除在外。然而，省略结构作为人类语言中普遍存在的一种现象，其生成和理解不可能独立于语言使用环境：一些语言成分若无法从语境中推断出来，人们在交际过程中往往不会省去。从我们对省略结构的动态解析可以看出，对省略现象的描写和解释不仅要在语句成分的意义上进行，而且必须结合语境这个探讨省略结构不可或缺的主导因素。

动态句法则直击语言能力和语言使用的密切关系，使得代表语言能力的语法知识变成了一个可用的道具，而不是仅供参考的剧本。因此我们相信，从接口的视角关照诸多语言现象，重视结构与语义及语用的有机互动关系，我们对人类语言的认识将可能更接“地气”。

回顾本书研究，主要创新之处在于：

第一，首次在形式语法框架下，对汉语多种省略结构提出了相对一致性的解析方案，为计算机处理省略结构提供了一个形式化模型基础。省略结构种类繁多，情况复杂，目前对其研究大多是从描写、分类与跨语言对比等感性的角度进行的。从形式角度进行的研究主要是在生成语法理论框架下完成的，目前还存在分析方案不一致、适用结构受限以及脱离语境等不足之处。本书在动态句法理论框架下解析省略结构，充分重视句法、语义与语用之间的互动关系，将零形成分分析为语义未明示的内容，不仅保持了省略结构之间解析的一致性，还捕捉到了省略结构与代词之间的一致性，即语义内容都存在着标示不足的情况，需要依赖语境内容进行充实。

第二，形式化地刻画了汉语零形论元、情态动词、以及语音停顿等成分的行为指令。其中，根据能否允准省略结构的句法表现，详细刻画了情态动词本身的语义限制，即允准省略的情态动词能投射一个语义值待定的元变量，而不允准省略的情态动词不能投射元变量。此外，本书首次形式化地刻画了语音停顿的语法功能，希望可以为计算机处理语音停顿提供借鉴作用。

第三，扩大了动态句法理论的解释范围。动态句法问世以来，应用在汉语研究上的成果主要有：刘伟（2006）在动态句法框架下成功解析了一些结构中代词的隐现规律；Wu（2017）在动态句法框架下解析了汉语话题结构、被动结构、系动词结构、分裂句及虚指结构（expletive constructions）等；杨小龙（2015）在动态句法框架下解析了汉语反身代词“自己”。本书将解析范围扩展到省略结构，以及低于句子成分的话语片段等。

本书的主要不足如下：

本书的研究是利用动态句法模型刻画多种汉语省略结构的初步尝试，鉴于解析过程涉及语境的形式化刻画，影响因素繁多，还存在很多可以改进的空间。

首先，我们根据汉语语料扩展了 DS 刻画的语境内容，然而对扩展内容的形式化表征不足，还需进一步努力。

其次，我们讨论了论元省略、动词短语省略、动词空缺句及话语片段等的解析过程，而没有考虑省略小句的结构，如截省句，也没有探讨省略名词中心词的结构，比如“张三的”“红色的”等。这些都有待进一步研究。

参 考 文 献

[1] Ai, R.-X. R.(2008). *Elliptical predicate constructions in Mandarin*. Muenchen: Lincom.

[2] Ai, R.-X. R.(2014)a. Remarks on shi-support in Modern Mandarin. *International Journal of Humanities and Social Science*, 4(3): 1 – 8.

[3] Ai, R.-X.R.(2014)b. Topic-comment structure, focus movement, and gapping formation. *Linguistic Inquiry* 45(1): 125 – 145.

[4] Beavers, J. & Sag, I.(2004). Coordinate ellipsis and apparent non-constituent coordination. In Müler, S.(ed.). *Proceedings of the HPSG04 conference*. Stanford CA: CSLI, 48 – 69.

[5] Bresnan, J.(2001). *Lexical-functional syntax*. Oxford: Blackwell.

[6] Burton, S. & Grimshaw, J.(1992). Coordination and VP-internal subjects. *Linguistic Inquiry*(23): 305 – 313.

[7] Cann, R., Kempson, R. & Marten, L.(2005). *The dynamics of language*. Oxford: Elsevier.

[8] Carston, R.(2002). *Thoughts and utterances: The pragmatics of explicit communication*. Oxford: Blackwell.

[9] Chao, Y.R.(1968). *A Grammar of spoken chinese*. Berkley: University of Califonia Press.

[10] Cheng, L. L.-Shen.(1989). *Aspectual licensing of pro in Mandarin Chinese*, Ph.D. Dissertation. Cambridge MA: MIT.

[11] Cheng, L. L.-Shen. & Huang, C.-T. James.(1994). On the argument sturcture of resultative compounds. In Chen, M. & Tzeng, O.(eds.). *Honor of William Wang: Interdisciplinary studies on language and language change*. Taipei: Pyramid Press, 187 – 221.

[12] Chomsky, N.(1964). *Current issues in linguistic theory*. The Hague, Paris: Mouton.

[13] Chomsky, N.(1970). Deep structure, surface structure, and semantic interpretation. In Jakobson, R. & Kawamoto, S.(eds.). *Studies in general*

and oriental linguistics. TEC Corporation for Language Research, 183－216.

［14］Chomsky, N.(1972). Some empirical issues in the theory of Transformational Grammar. In Peters, S.(ed.). *The goals of linguistic theory*. NJ: Prentice-Hall, 63－130.

［15］Chomsky, N.(1977). On Wh-movement. In Culicover, P., Wasow, T. & Akmajan, A.(eds.). *Formal syntax*. New York: Academic Press, 71－132.

［16］Chomsky, N.(1981). *Lectures on government and binding*. Dordrecht: Foris.

［17］Chomsky, N.(1986). *Barriers*. Cambridge MA: The MIT Press.

［18］Chomsky, N. & Howard, L.(1993). The theory of principles and parameters. In Jacobs, J., von Stechow, A., Sternefeld, W. & Vennemann, T.(eds.). *Syntax: An international handbook of contemporary research*. Berlin: Walter de Cruyter, 506－596.

［19］Chomsky, N.(1994). A minimalist program for linguistic theory. In Hale, K. & Keyser, S. J.(eds.). *The view from building 20*. Cambridge, MA: The MIT Press, 1－52.

［20］Chomsky, N.(1995). *The minimalist program*. Cambridge, MA: The MIT Press.

［21］Chung, S., Ladusaw, W. & MacCloskey, J.(1995). Sluicing and logical form. *Natural Language Semantics*(3): 239－282.

［22］Culicover, P. & Jackendoff, R.(2005). *Simpler syntax*. Oxford: Oxford University Press.

［23］Depiante, M.(2000). *The syntax of deep and surface Anaphora: A study of null complement anaphora and stripping/bare argument ellipsis*, Ph.D. Dissertation. Storrs: University of Connecticut.

［24］Evans, G.(1980). Pronouns. *Linguistic Inquiry*(11): 337－362.

［25］Fiengo, R. & May, R.(1994). *Indices and identity*. Cambridge MA: The MIT Press.

［26］Fillmore, C. J.(1982). Frame semantics. In the Linguistic Society of Korea(ed.). *Linguistics in the morning calm*. Seoul: Hanshin.

［27］Fillmore, C.J. & Atkins, B. T.(1992). Towards a frame-based organization of the lexicon: the semantics of RISK and its neighbors. In Lethrer, A. & Kittay, E.(eds.). *Frames, fields, and contrasts: New essays in semantics and lexical organization*. NJ: Lawrence Erlbaum Associations.

[28] Fortin, C.(2007). *Indonesian sluicing and verb phrase ellipsis: Description and explanation in a minimalist framework*, Ph.D. Dissertation. Ann Arbor: University of Michigan.

[29] Fox, D.(2000). *Economy and semantic interpretation*. Cambridge MA: The MIT Press.

[30] Gabbay, Dov M.(1996). *Labelled deductive systems*. Oxford: Oxford University Press.

[31] Ginzburg, J. & Sag, I.(2000). *Interrogative investigations: The form, meaning, and use of english interrogatives*. Stanford CA: CSLI.

[32] Gregoromichelaki, E., Cann, R. & Kempson, R.(2012). Language as tools for interaction: Grammar and the dynamics of ellipsis resolution. *The Linguistic Review* 29(4): 563 – 584.

[33] Gregoromichelaki, E., Cann, R. & Kempson, R.(2013). On coordination in dialogue: Subsentential talk and its implications. In Goldstein, L.(ed.). *Brevity*. Oxford: Oxford University Press, 53 – 73.

[34] Gregoromichelaki, E., Kempson, R., Mattew, P. et al.(2011). Incrementality and intention-recognition in utterance processing. *Dialogue and Discourse* 2(1): 199 – 233.

[35] Gu, Y.(1995). Aspect licensing, verb movement and feature checking. *Cahiers de Linguistic Asie Orentale* 24(1): 49 – 83.

[36] Hankamer, J.(1973). Unacceptable ambiguity. *Linguistic Inquiry*(4): 17 – 68.

[37] Hankamer, J. & Sag, I.(1976). Deep and surface anaphora. *Linguistic Inquiry* 7(3): 391 – 426.

[38] Hardt, D.(1993). *Verb phrase ellipsis: Form, meaning and processing*, ph.D. Dissertation. Philadelphia: University of Pennsylvania.

[39] Hardt, D.(1999). Dynamic interpretation of verb phrase ellipsis. *Linguistic and Philosophy*(22): 185 – 219.

[40] Hardt, D.(2004). Ellipsis resolution and interface. *Acta Linguistica Hafniensia* 36(1): 65 – 77.

[41] Hardt, D.(2005). Interface, ellipsis and deaccenting. In Dekker, P. & Franke, M.(eds.). *Proceedings of the fifteenth Amsterdam colloquium*,

197－221.

[42] Huang, C.-T. J.(1982). *Logical relations in Chinese and the theory of grammar*, ph.D. Dissertation. Cambridge MA: MIT.(published in 1998, New York: Garland Publishing, Inc.)

[43] Huang, C.-T. J.(1984)a. On the distribution and reference of empty pronouns. *Linguistic Inquiry* 15(4): 531－574.

[44] Huang, C.-T. J.(1984)b. On the typology of zero anaphora. *Language Research* 20(2): 85－106.

[45] Huang, C.-T. J.(1987). Remarks on empty categories in Chinese. *Linguistic Inquiry* 18(2): 321－337.

[46] Huang, C.-T. J.(1989). Pro-drop in Chinese: A general control theory. In Jaeggli, O. & Safir, K.(eds). *The null subject parameter.* Dordrecht: Kluwer, 185－214.

[47] Huang, C.-T. J.(1991)a. Remarks on the status of the null object. In Freidin, R.(ed.). *Principles and parameters in comparative grammar.* Cambridge, MA: MIT Press, 56－76.

[48] Huang, C.-T. J.(1991)b. Verb movement, (in)definiteness, and the thematic hierarchy. In Li, J-K. P., Huang, C-R., & Lin, Y-C.(eds.). *Proceedings of the second international symposium on Chinese languages and linguistics*. Taipei: Academica Sinica, 481－498.

[49] Huang, C.-T. J.(1992). Reconstruction and the structure of VP: Some theoretical consequences. *Linguistic Inquiry* 24(1): 103－138.

[50] Huang, C.-T. J.(1993). Reconstruction and the structure of VP: Some theoretical consequences. *Linguistic Inquiry* 24(1): 103－138.

[51] Huang, C.-T. J.(1994)a. Verb movement and some syntax-semantics mismatched in Chinese. *Chinese Languages and Linguistics*(2): 587－613.

[52] Huang, C.-T. J.(1994)b. More on Chinese word order and parametric theory. In Lust, B., Suner, M. & Whitman, J.(eds.). *Syntactic theory and first language acquisition: Cross-linguistics perspectives.* Hillsdale: Lawrence Erlbaum Associates Publishers, 15－35.

[53] Huang, C.-T. J.(1997). On lexical structure and syntactic projection. *Chinese Languages and Linguistics*(3): 45－89.

[54] Huang, C.-T. J.(2007). "Hanyu dongci de tiyuan jiegou yu qi jufa

biaoxian"[The thematic structures of verbs in Chinese and their syntactic projection]. *Linguistic Sciences* 6(4): 3 – 21.

[55] Huang, C.-T. J., Li, Y.-H. Audrey & Simpson, A.(2014). *The Handbook of Chinese Linguistics*. New Jersey: Wiley Blackwell.

[56] Huang, Y.(1991). A neo-Gricean pragmatic theory of anaphora. *Journal of Linguistics* 27(2): 301 – 35.

[57] Huang, Y.(1992). Against Chomsky's typology of empty categories. *Journal of Pragmatics* 17(1): 1 – 29.

[58] Huang, Y.(1994). *The syntax and pragmatics of anaphora: A study with special reference to Chinese*. Cambridge: Cambridge University Press.

[59] Huang, Y.(2000). *Anaphora: A cross-linguistic study*. Oxford: Oxford University Press.

[60] Jackendoff, R. S.(1971). Gapping and related rules. *Linguistic Inquiry*(2): 21 – 36.

[61] Johnson, K.(1994). *Bridging the gap*, ph.D. Dissertation. Amherst: University of Massachusetts.

[62] Johnson, K.(2001). What VP-ellipsis can do, and what it can't, but not why. In Baltin, M. & Collins, C.(eds). *The handbook of contemporary syntactic theory*. Oxford: Blackwell, 439 – 479.

[63] Johnson, K.(2004). *In search of the English middle field*, ph.D. Dissertation. Amherst: University of Massachusetts.

[64] Johnson, K.(2009). Gapping is not(VP-) ellipsis. *Linguistic Inquiry* 40(2): 289 – 328.

[65] Kamp, H.(1981). A theory of truth and semantic representation. In Groenendijk, J., Jansenn, T. & Stokhof, M.(eds.). *Truth, interpretation and information*i. Dordrecht: Foris Publications, 1 – 41.

[66] Kamp, H. & Reyle, U.(1993). *From discourse to logic*. Dordrecht: Kluwer.

[67] Kaplan, R. M. & Bresnan, J.(1982). Lexical functional grammar: A formal system of grammatical representation. In Bresnan, J.(ed.). *The mental representation of grammatical relations*. Cambridge, MA: The MIT Press, 173 – 281.

[68] Kempson, R., Cann, R., Eshghi, A., Gregoromichelaki, E. & Purver, M.(2015). Ellipsis. In Lappin, S. & Fox, C.(eds.). *The handbook of*

contemporary semantic theory. New Jersey: Wiley-Blackwell, 114–140.

[69] Kempson, R., Meyer-Viol, W. & Gabbay, D.(2001). *Dynamic syntax: The flow of language understanding*. Oxford: Blackwell Publishers.

[70] Kiaer, J.(2014). *Pragmatic syntax*. New York: Continuum Publishing Corporation.

[71] Kitagawa, Y.(1986). *Subjects in Japanese and English*, ph.D. Dissertation. Amherst: University of Massachusetts.

[72] Koopman, H. & Sportiche, D.(1991). The position of subjects. *Lingua*(85): 211–258.

[73] Kuroda, Y.(1988). Whether we agree or not: A comparative syntax of English and Japanese. In Poser, W.(ed.). *The second international workshop on Japanese syntax*. Stanford, CA: CSLI, 103–143.

[74] Lappin, S.(1996). The interpretation of ellipsis. In Lappin, S.(ed.). *The handbook of contemporary semantic theory*. Oxford: Blackwell Publishers, 145–175.

[75] Lasnik, H.(1995). Verbal morphology: Syntactic structures meets the minimalist program. In Campos, H. & Kempchinsky, P.(eds). *Evolution and revolution in linguistic theory*, Washington DC: Georgetown Univeristy Press, 251–275.

[76] Li, H. -J. G.(2002). *Ellipsis constructions in Chinese*. University of California.

[77] Li, Mei-Du.(1988). *Anaphoric structures of Chinese*. Taipei: Student Book Co, Ltd.

[78] Li, X.G.(1997). *Deriving distributivity in Mandarin Chinese*, ph.D. Dissertation. Irvine: University of California.

[79] Li, Y.-H. Audrey.(2014). Born empty. *Lingua*(11): 43–68.

[80] Lin, T.-H. J.(2001). *Light verb syntax and the theory of phrase structure*, ph.D. Dissertation. Irvine: University of California.

[81] Lobeck, A.(1995). *Ellipsis, functional heads, licensing and identification*. Oxford: Oxford University Press.

[82] Lobke, A.(2010). *The syntactic licensing of ellipsis*. Amsterdam/Philadelphia: John Benjamins.

[83] Marten, L.(2002). *At the syntax-pragmatics interface: Verbal underspecification*

and concept formation in Dynamic Syntax. Oxford: Oxford University Press.

[84] Merchant, J.(1998). Pseudosluicing: elliptical clefts in Trish. *Natural Language and Linguistic Theory*(14): 47 – 104.

[85] Merchant, J.(2001). *The syntax of silence: Sluicing, islands, and identity in Ellipsis*. Oxford: Oxford University Press.

[86] Merchant, J.(2004). Fragment and ellipsis. *Linguistic and Philosophy*(27): 661 – 738.

[87] Merchant, J.(2005). On the role of unpronounced syntactic structures. Retrieved October 10, 2014, form http: //home.uchicago.edu/merchant/pubs/uiuc. handout.pdf

[88] Merchant, J.(2006). *Rethinking the identity conditions in ellipsis*. Paris: Ealing.

[89] McNally, L.(1992). VP coordination and the VP-internal subject hypothesis. *Linguistic Inquiry*(23): 336 – 341.

[90] Neeleman, A. & Szendröi, K.(2007). Radical pro drop and the morphology of pronouns. *Linguistics Inquiry*(38): 671 – 714.

[91] Neijt, A.(1979). *Gapping: A contribution to sentence grammar*. Dordrecht: Foris.

[92] Nunes, J. & Zocca, C.(2009). Lack of morphology identity and ellipsis resolution in Brazilian Portuguese [A]. In Nunes, J.(ed.). *Minimalist essays on Brazilian Portuguese*. Amsterdam: John Benjamins, 215 – 236.

[93] Paul, W.(1996)a. Verb raising in Chinese. In Cheng, C.C. et al.(eds.). *Proceedings of the eighth North American conference on Chinese linguistics*. Los Angeles: USC, 260 – 276.

[94] Paul, W.(1996)b. Verb raising in Mandarin Chinese. *Studies in the Linguistics Sciences* 26(1/2): 255 – 270.

[95] Paul, W.(1999). Verb gapping in Chinese: A case of verb raising. *Lingua*(107): 207 – 229.

[96] Pollard, C. & Sag, I.A.(1987). *Information based syntax and semantics*. Chicago: The University of Chicago Press.

[97] Pollard, C. & Sag, I.A.(1994). *Head-driven phrase structure grammar*. Chicago: CSLI publications.

[98] Purver, M., Eshghi, A. & Hough, J.(2011). Incremental semantics

construction in a dialogue system. In Bos, J. & Pulman, S.(eds.). *Proceedings of the 9th incremental conference on computational semantics*. Oxford, 365 – 369.

[99] van Riemsdijk, H. 1(978). *A case study in syntactic markedness: The binding nature of prepositional phrases*. Dordrecht: Foris.

[100] Romero, M.(1998). *Focus and reconstruction effects in Wh-phrases*, ph.D. Dissrtation. Amherst: University of Massachusetts.

[101] Rooth, M.(1985). *Association with focus*, ph.D. Dissrtation. Amherst: University of Massachusetts.

[102] Rooth, M.(1992)a. A theory of focus interpretation. *Natural Language Semantics*(1): 75 – 116.

[103] Rooth, M.(1992)b. Ellipsis redundancy and reduction redundancy. In Berman, S. & Hestvik, A.(eds). *Proceedings of the stuttgarter ellipsis workshop*. Stuttgart: University of Stuttgart, 1 – 26.

[104] Ross, J. R.(1969). Guess who?. In Binnick, R., Davidson, A., Green, G. & Morgen, J.(eds). *Papers from the fifth regional meeting of the Chicago linguistic society*. Chicago IL: CLS, 252 – 286.

[105] Ross, J. R.(1976). *Constraints on variables in syntax*, ph.D. Dissertation. Cambirdge, MA: MIT.(Published as Ross, J. R. 1986. Infinite Syntax. Norwood NJ: Ablex).

[106] Sag, I.(1976). *Deletion and logical form*, ph.D. Dissertation. Cambirdge, MA: MIT.

[107] Sauerland, U.(2004). The interpretation of traces. *Natural Language Semantics*(12): 63 – 127.

[108] Schlangen, D.(2003). *A coherence-based approach to the interpretation of non-sentential utterances in dialogue,* ph.D. Dissertation. Edinburgh: University of Edinburgh.

[109] Schwartzschild, R.(1999). Givenness, avoidF, and other constraints on the placement of accent. *Natural Language Semantics*(7): 141 – 177.

[110] Shopen, T.(1972). *A generative theory of ellipsis*, ph.D. Dissertation. Los Angeles: UCLA.

[111] Soh, H-L.(2007). Ellipsis: Last resort and dummy auxiliaries shi 'be' in Mandarin Chinese. *Linguistic Inquiry* 38(1): 178 – 188.

[112] Stainton, R.(2006). Neither fragments nor ellipsis. In Progovac, L.,

Paesani, K., Casielles, E. & Barton, E.(eds.). *The syntax of nonsententials*. Amsterdam: John Benjamins, 93 – 116.

[113] Tancredi, C.(1993). *Deletion, deaccenting and presupposition*, ph.D. Dissertation. Cambirdge, MA: MIT.

[114] Tang, Chih-Chen J.(1990). *Chinese phrase structure and the extended X'-theory*, ph.D. Dissertation. New York: Cornell University.

[115] Tang, Sze, -Wing.(2001). The(non-)existence of gapping in Chinese and its implications for the theory of gapping. *Journal of East Asian Linguistics*(10): 201 – 224.

[116] Thoms, G.(2011). Reviews of the syntactic licensing of ellipsis. *Journal of Linguistics*(47): 219 – 225.

[117] Tsai, W-T.(1994). *On economizing the theory of A-bar dependencies*, ph.D. Dissertation. Cambirdge, MA: MIT.

[118] Wasow, T.(1972). *Anaphoric relations in English*, ph.D. Dissertation. Cambirdge, MA: MIT.

[119] Wedgwood, D.(2005). *Shifting the focus: From static structures to the dynamics of interpretation*. Amsterdam & Boston: Elsevier Science Ltd.

[120] Wilder, C.(1997). Some properties of ellipsis in coordination. In Alexiadou, A. & Alan Hall, T.(eds.). *Studies in university grammar and typological variation*. Amsterdam: John Benjamins, 59 – 107.

[121] Williams, E.(1977). Discourse and logical form. *Linguistic Inquiry* 8: 101 – 139.

[122] Wilson, D.(2004). Relevence, word meaning and communication: The past, present and future of lexical prgamtics. *Morden Foreign Languages* 103(1): 1 – 13.

[123] Winkler, S. & Schwabe, K.(2003). Exploring the interfaces from the perspective of omitted structures. In Schwabe, K.& Winkler, S.(eds.) *The interfaces: Deriving and interpreting omitted structures*. Amsterdam/ Philadelphia: John Benjamins Publishing Company, 1 – 33.

[124] Wu, H.-H.(2003). *On ellipsis and gapping in Mandarin Chinese*, ph.D. Dissertation. Xinzhu: National Tsing-Hua University.

[125] Wu, Y. C.(2011). The interpretation of copular constructions in Chinese: Semantic underspecification and pragmatic enrichment. *Lingua* 121(5): 851 – 870.

[126] Wu, Y.C.(2017). *The interfaces of Chinese syntax with semantics and pragmatics*. London and New York: Routledge.

[127] Xu, L.-J.(1986). Free empty category. *Linguistic Inquiry* 17(1): 75–93.

[128] Xu, L.-J.(1990). Are they parasitic gaps. In Mascaro, J. & Nespor, M.(eds.). *Grammar in process*. Dordrecht: Foris, 455–461.

[129] Xu, L.-J.(2003). Remarks on VP-ellipsis in disguise. *Linguistic Inquiry* 34(1): 163–171.

[130] Zagna, K.(1982). *Government and proper government of verbal projections*, ph.D. Dissertation. Seattle, Washington: University of Washington.

[131] Zipf, G. K.(1949). *Human behavior and the principle of least effort*. New York: Hafner Publishing Company.

[132] 白荃，(2000)，“不”、“没（有）”教学和研究上的误区－关于“不”、“没（有）” 的意义和用法的探讨，《语言教学与研究》，第 3 期。

[133] 陈伟英，(2008)，汉语主语省略的认知语用研究，博士学位论文。杭州：浙江大学。

[134] 陈信春，(1982)，关于后分句主语承前省略宾语而出现及省略的问题，《语言教学与研究》，第 2 期，50–57。

[135] 戴耀晶，(2000)，试论现代汉语的否定范畴，《语言教学与研究》，第 3 期。

[136] 邓红华，(2006)，浅谈停顿的语音作用，《湖南科技学院学报》，第 3 期，203–4。

[137] 邓思颖，(2002)，经济原则和汉语没有动词的句子，《现代外语》，第 1 期，1–13。

[138] 范晓，(1996)，《三个平面的语法观》。北京：北京语言学院出版社。

[139] 范晓，(1998)，《汉语的句子类型》。太原：书海出版社。

[140] 方梅，(1985)，关于复句中分句主语省略的问题，《延边大学学报》，第 1 期，44–54。

[141] 方武，(1993)，语音停顿的语法功能，《赣南师范学院学报》，第 1 期，102–107。

[142] 傅力，(1982)，主语承前省略的必要条件，《中国语文通讯》，第 1 期，8–11。

[143] 傅玉，(2012)，现代汉语中存在动词空缺句吗，《外国语》，第 5 期，24–34。

[144] 贺川生，(2007)，动词空缺、左边界省略及英汉语主语位置，《现代外语》，第 2 期，124－134。
[145] 胡裕树，(1981)，《现代汉语（增订版）》。上海：上海出版社。
[146] 胡裕树、范晓，(1993)，试论语法研究的三个平面，《语言教学与研究》，第 2 期，4－21。
[147] 华宏仪，(2001)，主语承主语省略探讨，《烟台师范学院学报（哲学社会科学版）》，第 1 期，83－89。
[148] 华宏仪，(2002)，主语承非主语省略探讨，《烟台师范学院学报（哲学社会科学版）》，第 2 期，88－95。
[149] 黄伯荣、廖旭东，(2007)，《现代汉语（增订版）》。北京：高等教育出版社。
[150] 蒋严、潘海华，(1998/2005)，《形式语义学引论》。北京：中国社会科学出版社。
[151] 靳炎、倪兰，(2002)，浅谈否定标记“不”和“没（有）”，《新疆师范大学学报》，第 3 期，109－115。
[152] 李宝伦、潘海华、徐烈炯，(2003)，对焦点敏感的结构及焦点的语义解释（下），《当代语言学》，第 2 期，108－119。
[153] 刘丹青，(2010)，汉语是一种动词型的语言－试说动词型语言和名词型语言的类型差异，《世界汉语教学》，第 1 期，3－17。
[154] 刘丽萍，(2015)，《句法省略与汉语截省句研究》。北京：中国社会科学出版社。
[155] 刘乃实、张韧弦，(2004)，《动态句法学》述评，《当代语言学》，第 4 期，372－378。
[156] 刘伟，(2003)，《动态句法学》评介，《外语教学与研究》，第 6 期，477－480。
[157] 刘伟，(2006)，《代词隐现的动态研究》。合肥：安徽大学出版社。
[158] 李亚汝，(2008)，似与不似之间：英汉语略谓结构之比较，《外国语》，第 6 期，2－8。
[159] 李艳慧，(2005)，省略与成分缺失，《语言科学》，第 4 期，3－19。
[160] 李艳惠，(2007)，空语类理论和汉语空语类的辨识与指称研究，《语言科学》，第 2 期，37－47。
[161] 吕叔湘，(1979)，《汉语语法分析问题》。北京：商务印书馆。
[162] 吕叔湘，(1980/2010)，《现代汉语八百词》。北京：商务印书馆。
[163] 吕叔湘，(1985)，肯定否定疑问，《中国语文》，第 4 期。

［164］吕叔湘，（1986），汉语的灵活性，《中国语文》，第 1 期。
［165］吕叔湘，（1987），说胜和败，《中国语文》，第 1 期，1－5。
［166］吕叔湘，（1994），语法的静态研究与动态研究，见绍敬敏主编，《九十年代的语法思考》。北京：北京语言学院出版社。
［167］陆俭明、沈阳，（2004），《汉语和汉语研究十五讲》。北京：北京大学出版社。
［168］彭利贞，（2007），《现代汉语情态研究》。北京：中国社会科学出版社。
［169］邱春安，（2008），《论英语截省句中的等同条件和孤岛修复》。南京：南京师范大学出版社。
［170］邱春安，（2009），英语截省句的等同条件，《天津外国语学院学报》，第 1 期，19－23。
［171］冉永平，（2005），词汇语用学及语用充实，《外语教学与研究》，第 5 期，343－350。
［172］沈家煊，（1999），转指和转喻，《当代语言学》，第 1 期，3－15。
［173］沈开木，（1984），“不”字的否定范围和否定中心的探索，《中国语文》，第 6 期。
［174］沈阳，（1994a），《现代汉语空语类研究》。山东：山东教育出版社。
［175］沈阳，（1994b），动词的句位和句位变体结构中的空语类，《中国语文》，第 2 期，139－148。
［176］石定栩，（2000），汉语句法的灵活性和句法理论，《当代语言学》，第 1 期，18－26。
［177］王灿龙，（2012），再论“没（有）”与“了”共现的问题，《汉语学习》，第 1 期，15－24。
［178］王环宇，（2000），谈谈“不”和“没”的语用区别及“不”和“没”的位置，《首都师范大学学报（社会科学版）（增刊）》，第 S3 期，33－38。
［179］王力，（1958），《汉语史稿》。北京：中华书局。
［180］王立群，（2006），“不”和“没（you）”的句法、语义、语用区别，《现代语文：语言研究版》，第 7 期，55－57。
［181］吴为善，（1990），节奏停顿与语义理解，《汉语学习》，第 6 期，12－15。
［182］吴义诚，（2012），从动到静：动态句法学的语言观，《中国社会科学报》，第 330 期。
［183］吴义诚、于月，（2015），省略结构的语义－语用接口研究，《现代

外语》，第 4 期，439－449。
［184］徐烈炯，（1989），空语类研究，《外国语》，第 4 期，13－26。
［185］徐烈炯，（1994），与空语类有关的一些汉语语法现象，《中国语文》，第 5 期，321－329。
［186］杨小龙，（2015），句法语用界面下现代汉语反身代词的动态研究，博士学位论文。杭州：浙江大学。
［187］叶竹钧，（1994），语音停顿与语义表达，《安顺学院学报》，第 3 期，43－49。
［188］于月、吴义诚，（2017），动态句法理论及其发展，《当代语言学》，第 1 期，122－141。
［189］张和友、邓思颖，（2013），动词分类、语义选择与汉语的空宾语结构，《北京师范大学学报》，第 4 期，49－56。
［190］张家铭，（2012），“不”和“没”用法辨析及在对外汉语教学中的应用，《辽宁工业大学学报（社会科学版）》，第 3 期。
［191］张劲秋，（1997），试论汉语的灵活性，《学术界》，第 3 期，83－87。
［192］张天伟、李大勤，（2011），《省略的句法允准》述评，《现代外语》，第 4 期，427－429。
［193］张照、李可胜，（2012），动态句法学的逻辑与计算思想，《毕节学院学报》，第 12 期，42－45。
［194］赵元任（吕叔湘译），（1968/2010），《汉语口语语法》。北京：商务印书馆。
［195］朱德熙，（1982），《语法讲义》。北京：商务印书馆。
［196］祝克懿，（1987），省略和隐含，《河南大学学报（哲学社会科学版）》，第 5 期，92－97.
［197］周永、江火，（2014），现代汉语后续句中三种省略结构的性质与允准，《语言科学》，第 6 期，601－614。

后　记

本书是在我的博士论文基础上修改完成的，完稿至今已两年有余，今日得以出版，要感谢北京科技大学外国语学院对青年教师的培养，感谢各位领导和老师的大力支持。从博一新生到完成博士论文的写作，我得到过很多老师、朋友和家人的帮助，今日重读当时的致谢，心中感激仍不减丝毫，我愿保留当时所有的感激文字，以纪念那段青葱岁月。

14 年前的那个夏末秋初，我迎着杭州淅淅沥沥的小雨、拖着沉重的行李箱独自一人来到“浙里”求学，蓦然回首，一切都仿佛昨日，点点滴滴历历在目。三年时光转瞬即逝，此刻我坐在电脑前敲打着论文最后的部分，窗外也是淅淅沥沥的小雨，三年的点滴全部涌上心头，一幕幕在脑海里回放。“浙里”的三年见证了我太多的成长，找不到任何词语能恰当地形容，但我无数次暗自庆幸，庆幸能够来到西溪，庆幸结识这么多良师益友，庆幸在这里成长。感谢我的浙大，我的人文学院，我的语言与认知研究中心，感谢你们在我的人生画卷上添上这浓墨重彩的一笔。

首先，我要感谢我的导师吴义诚教授。千言万语在心间，我却不知如何表达，因为对吴老师的感激和感恩并非言语所能体现。犹记得，初入学时的我怀着无比忐忑的心情和对未知的不安走进吴老师的办公室，不知道未来的道路是平坦还是崎岖。但吴老师用笃定的眼神和温和的笑容化解了一个科研菜鸟所有的不坚定，告诉我“要快乐地学习，要注重效率，少看手机少上网”。在后来的学习中，我慢慢体会到了这句话的重要，也在一次次的主题讨论、论文修改与发表中，建立起了学术研究的自信。

吴老师宽和的做人学问、高瞻远瞩的学术眼界和严谨的治学态度都将使我受益终身。学术研究上，从研究主题的选取到每一个字词的选用；日常生活中，从人生态度方向到具体待人接物，吴老师都教授我受用无穷的知识财富。在今后，我必将继续秉承吴老师“为学至勤、为人至真”的教导，积极努力地工作和生活，不辜负老师的谆谆教诲。

其次，我要感谢黄华新教授、彭利贞教授、李恒威教授、金立教授、周昌乐教授、李旭平副教授和史文磊副教授等，他们都给予了我很多帮助和启发。还有来自德国美因茨大学的 Walter Bisang 教授、美国印第安纳大学的 Tom Schoenemann 教授、新加坡国立大学的包智明教授等，他们开设的课程及讲座极大地拓宽了我的学术眼界。另外，还有博士论文匿名评审的专家们，对论文提出了宝贵的意见，在此谨致谢忱。

此外，我要感谢陪我一起走过这三年的小“家人”们，感谢我的师姐李艳芝，师弟胡图南、周永等，与他们的每一次交流都让我从中获益。感谢徐康、邓霞、金敏菲、刘淑默、段文华、姜其文、张传睿、张乔洋、王天翼、姜淑贞、邱辉、杨小龙等，他们的支持、鼓励和帮助都让我终生难忘。我不会忘记一起加班加点吃外卖的日子，一起自习到深夜翻墙出校门的日子，一起运动汗洒操场的日子。感谢你们让我在欢声笑语中完成学业，我会永远珍惜这份情谊。

特别要感谢我的硕士导师刘伟教授，感谢她将我领入形式语言学的大门，对我无微不至的关心和爱护，帮助并见证了我每一步的成长。

最后要感谢我的家人们。由于我远在杭州求学，三年来基本无法顾及家庭，感谢我爱人于磊的支持和包容，让我毫无后顾之忧地完成学业。感谢我的父亲于洪祥、母亲李建芝，他们给了我深深的爱护，感谢他们身体力行地为我树立了吃苦耐劳的榜样。感谢其他家人的理解与支持，我会带着他们的爱，继续勇敢前行。诸多不足与遗憾，希望能在未来的工作和研究中改进。